● 国家社会科学基金项目"创建中巴能源命运共同体的风险(19BGJ072)的阶段性成果
● 浙江财经大学法学院资助出版

# 巴基斯坦能源法律与政策研究

## Research on Energy Law and Policy of Pakistan

文绪武　著

ZHEJIANG UNIVERSITY PRESS
浙江大学出版社
·杭州·

图书在版编目(CIP)数据

巴基斯坦能源法律与政策研究 / 文绪武著.--杭州：
浙江大学出版社,2024.6. -- ISBN 978-7-308-25178-5

Ⅰ. D935.326

中国国家版本馆 CIP 数据核字第 2024UW3727 号

巴基斯坦能源法律与政策研究

文绪武　著

责任编辑　石国华
责任校对　杜希武
封面设计　周　灵
出版发行　浙江大学出版社
　　　　　(杭州市天目山路 148 号　邮政编码 310007)
　　　　　(网址：http://www.zjupress.com)
排　　版　杭州星云光电图文制作有限公司
印　　刷　广东虎彩云印刷有限公司绍兴分公司
开　　本　710mm×1000mm　1/16
印　　张　15.75
字　　数　300 千
版 印 次　2024 年 6 月第 1 版　2024 年 6 月第 1 次印刷
书　　号　ISBN 978-7-308-25178-5
定　　价　78.00 元

# 内容提要

中国和巴基斯坦能源合作是"一带一路"倡议下中巴经济走廊建设的支柱和引擎,对两国"全天候战略合作伙伴"关系意义非凡。

掌握巴基斯坦能源法律和政策是深化两国能源合作、防范合作中风险的必要条件。一方面,巴基斯坦沿袭了英国殖民地时期的《电力法》《矿山法》《石油法》等"旧法"。另一方面,随着国内经济社会发展中能源需求的持续增长,巴基斯坦颁布或修订了一些能源"新法"、新政策和新规则。近年来,巴基斯坦重视发展可再生能源,努力消除能源危机、能源贫困,强调环境保护。总体上,巴基斯坦能源法律和政策较为多样,一些领域的法律缺失,能源管理体制多次调整,能源监管逐步深化。

# 前　言

　　中国和巴基斯坦能源合作是"一带一路"倡议下中巴经济走廊建设的支柱和引擎,对两国"全天候战略合作伙伴"关系意义非凡。从 2014 年两国签署《中巴经济走廊能源项目合作的协议》开始,近十年来我国在巴基斯坦投资的能源合作项目涵盖了煤电一体化、液化天然气接收站和管道工程、水电、风电、光伏及项目融资等众多能源项目,中国的国有和民营能源企业直接参与项目建设。同时,巴基斯坦拥有 2 亿多人口,处于工业化初期,市场发展潜力巨大。

　　然而,两国能源合作面临着一些风险与挑战,需要加以防范和应对。对巴基斯坦能源法律和能源政策的掌握是深化两国能源合作的必要条件。一方面,巴基斯坦沿袭其建国前英国殖民地时期的一些"旧法",如 1910 年《电力法》、1923 年《矿山法》、1934 年《石油法》等,并进行了修订。另一方面,随着巴基斯坦国内经济社会发展,能源需求总体上持续增长,国内能源产量与消费缺口不断拉大,已有法律不可避免地存在不能适应新形势的情况,因此巴基斯坦颁布了一些"新法"、新政策和新规则,如 1948 年《矿山、油田和矿产开发政府控制法》、1949 年《石油生产规则》、1997 年《发电、输电、配电监管法》、2005 年《天然气分配和管理政策》、2012 年《石油勘探和生产政策》、2013 年《陆上石油勘探与生产规则》(2021 年修订)、2023 年《海上石油勘探与生产规则》等。近年来,巴基斯坦高度重视发展新能源和可再生能源,大力开发利用本国丰富的太阳能和风能资源,出台了一些新的政策和规则,如 2021 年《国家电力政策》、2022 年《加快发展太阳能光伏行动框架指南》等。

　　笔者在搜集、整理巴基斯坦能源法律和政策的基础上,对能源种类进行了分析,完成了这本系统研究巴基斯坦能源制度和规则的专著。

　　本书系国家社会科学基金项目"创建中巴能源命运共同体的风险协同治理机制研究"(19BGJ072)的阶段性成果。笔者希望本书的出版能弥补我国对巴基斯坦能源法律和政策系统性研究的不足,助推两国能源合作广泛深入地开展。

文绪武

2024 年 2 月

# 目　录

# 第一章　巴基斯坦能源法律与政策概述

巴基斯坦拥有多种能源和矿产资源,包括金属矿物、煤炭、建筑石材、工业矿物和宝石等。已知的矿物有 50 多种,有数千个矿山正在生产铜、金、银、铁、铅锌、煤、岩盐、石灰石、石膏、白云石、重晶石、膨土岩、陶土、耐火土、磷酸岩、硅砂大理石、花岗岩、砂石、祖母绿、红宝石和电气石等。[①] 在巴基斯坦的省级行政区中,俾路支省的矿产资源最丰富,金属、非金属矿产合计超过 51 种,其中 29 种矿产得到了开采。旁遮普省煤和铁的储量较大。信德省的矿产资源主要是煤和石材。开普省的贵重金属(金、银、铂等)、宝石和铁等矿产资源丰富。[②]

巴基斯坦联邦政府把能源产业的发展作为经济起飞的重点。根据本国的资源情况,巴基斯坦对煤炭、水电、天然气等工程项目投入了大量的资金,以降低对进口石油的依赖。[③] 然而,受经济发展、人口增长及高度依赖进口能源的影响,巴基斯坦面临着严重的能源危机,这反过来影响了居民和工商业各部门。2015 年、2018 年、2021 年先后发生了多起大停电事故,暴露出巴基斯坦电力基础设施薄弱、电力生产环节存在技术和管理漏洞等问题,其严重制约了国家经济社会发展,影响国民正常生产生活。[④]

认识到能源对国民经济发展的制约和面临的严峻态势,巴基斯坦联邦政府重点加大了国内油气资源勘探开发力度,增加了国际油气进口,大力发展新能源、可再生能源,而且在不同发展时期颁布了调整石油、天然气、电力、替代与可再生能源的法律和政策,形成了具有自身特色的能源法律体系和政策体系。在现实中,政府发布和执行的能源政策可以具体地体现为多种形式。方针、路线、战略、规划、规章、条例、决定、办法、方法、法律、法规以及各类标准和规范等,都

---

① Ministry of Energy. Year Book 2016—2017 [EB/OL]. (2017-06-01)[2023-11-12]. https://petroleum. gov. pk/publications.

② 孔亮. 巴基斯坦概论[M]. 北京:中国出版集团、世界图书出版公司,2016:390-392.

③ 陈继东. 中国西部与南部贸易能源通道建设研究[M]. 昆明:云南大学出版社,2016:116.

④ 李琳,冀鲁豫,张一驰,等. 巴基斯坦"1.9"大停电事故初步分析及启示[J]. 电网技术,2022(2):655-661.

是能源政策的具体体现形式。① 因此,本书在阐述巴基斯坦能源政策时,涉及了一些以规则、协议、指南等命名的政策文件。

# 第一节　巴基斯坦能源概况

2023 年《BP 世界能源统计年鉴》显示,2022 年巴基斯坦一次能源消费量 3.6 艾焦,人均消费 15.3 吉焦热量,约为全球人均消费热量 75.7 吉焦的 20%,有较大增长空间。目前,发达国家人均消费热量为 177 吉焦。② 2022 年巴基斯坦石油消费量每天 48.9 万桶,比 2019 年每天高出 4.3 万桶,从 2012 年到 2022 年年均增长 2%。石油炼厂加工量 2022 年为 24.3 万桶/天,2020 年为 21 万桶/天。石油炼厂产能 2020 年 41.1 万桶/天,2019 年为 40.1 万桶/天。③ 详见图 1-1 和图 1-2。

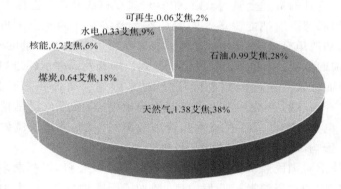

可再生,0.06艾焦,2%
水电,0.33艾焦,9%
核能,0.2艾焦,6%
煤炭,0.64艾焦,18%
石油,0.99艾焦,28%
天然气,1.38艾焦,38%

图 1-1　2022 年巴基斯坦能源消费状况

数据来源:Energy Institute. Statistical Review of World Energy 2023[EB/OL].
(2023-06-26)[2023-08-12]. https://www.energyinst.org/statistical-review.

---

① 邱立新. 能源政策学[M]. 太原:山西出版传媒集团,山西经济出版社,2016:116.
② 国务院发展研究中心,壳牌国际有限公司. 全球能源转型背景下的中国能源革命战略研究[M]. 北京:中国发展出版社,2019:683.
③ 英国石油公司(BP)从 1952 年到 2022 年发布了《BP 世界能源统计年鉴》。自 2023 年开始,该工作移交英国能源研究院负责。详见:Energy Institute. Statistical Review of World Energy 2023[EB/OL]. (2023-06026)[2023-08-12]. https://www.energyinst.org/statistical-review.

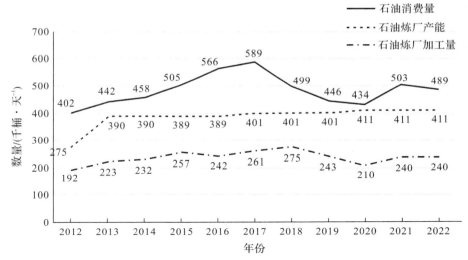

图 1-2　2012—2022 年巴基斯坦石油消费量、加工量和产能

数据来源：Energy Institute. Statistical Review of World Energy 2023[EB/OL].

（2023-06-26）[2023-08-12]. https://www. energyinst. org/statistical-review.

巴基斯坦 2020 年天然气探明储量 0.4 万亿立方米。[①] 天然气产量从 2012 年的 366 亿立方米降到 2022 年 287 亿立方米，年均降低 2.4%。天然气消费量从 2012 的年 366 亿立方米增长到 2022 年的 384 亿立方米，年均增长 0.5%。天然气进口量从 2014 年 15 亿立方米快速上升到 2021 年 122 亿立方米，在 2022 年为 97 亿立方米（见图 1-3）。2022 年天然气进口最主要的来源国是卡塔尔，进口 86 亿立方米。从尼日利亚进口 4 亿立方米，从阿联酋进口 2 亿立方米，从美国、阿尔及利亚、埃及、马来西亚分别进口 1 亿立方米。

巴基斯坦煤炭资源丰富。据巴基斯坦地质调查局估计，巴基斯坦煤炭资源约为 1850 亿吨，信德省、俾路支省、旁遮普省和西北边境省均有分布，其中信德省 1840 亿吨，占全国总量的 99.5%，俾路支省 2.17 亿吨，旁遮普省 2.35 亿吨，西北边境省 9000 万吨。最大的煤田是信德省的塔尔煤田，储量 1755 亿吨。[②] 第二大煤田宋达-萨塔煤田也位于信德省，储量为 37 亿吨。塔尔煤田是世界上

① Ghafoor A，Rehman T U，Munir A，et al. Current status and Overview of Renewable Energy Potential in Pakistan for Continuous Energy Sustainability [J]. Renewable and Sustainable Energy Reviews，2016(60)：1332-1342.

② Private Power & Infrastructure Board. Pakistan Coal Power Generation Potential [EB/OL]. (2004-06-30)[2023-10-08]. https://nepra. org. pk/Policies/Coal%20Potential%20in%20Pakistan. pdf.

最大的褐煤矿之一,硫含量为 1%~2%,灰分为 6%~7%,固定碳含量为 16% ~17%,平均热值为 5774 英制热量/磅。其他地区的煤含硫量和灰分较高,因此多用于砖窑并通过液化燃烧技术发电。因为没有中等挥发度的烟煤,巴基斯坦当地的煤不适合生产焦炭。2022 年煤炭产量 990 万吨,从 2012 年到 2022 年年均增长 12.6%。核能消费从 2012 年 0.03 艾焦增长到 2022 年 0.2 艾焦,年均增长达 22.8%。巴基斯坦目前 80% 的煤矿由小煤矿主经营,5000 多个小煤矿雇有大约 30 万矿工,煤炭产量每年约 450 万吨,其中 90% 用于砖窑制砖。由于便宜、方便以及能获得政府补贴的其他能源的竞争,煤炭在巴基斯坦工业中的使用越来越少,许多化工厂和水泥厂在 20 世纪 60 年代时转用天然气或者燃油。但鉴于目前的能源形势和进口石油高昂的成本,人们的目光又开始转向煤炭。[①]

图 1-3　2012—2022 年巴基斯坦天然气产量、消费量和进口量

数据来源:Energy Institute. Statistical Review of World Energy 2023[EB/OL].
（2023-06-26）[2023-08-12]. https://www.energyinst.org/statistical-review.

　　巴基斯坦电力需求随着经济社会发展不断增加。电力生产从 2012 年 99.5 太瓦时增长到 2022 年 145.8 太瓦时,年均增长 3.9%。但是由于 65% 左右的电源来自石油、天然气、煤炭等传统化石能源,水电、核电等新能源发电占比约 30%,导致储量消耗快,预计到 2027—2028 年,广泛使用的天然气储量将只剩

---

　　① 中国驻巴基斯坦经商处. 巴基斯坦主要矿产资源情况[EB/OL].（2004-11-19）[2023-10-08]. http://finance.sina.com.cn/roll/20041119/15381167923.shtml.

下 25%～30%,对能源安全形势构成挑战。巴基斯坦以火力发电为主,燃料主要是油气,前期电力开发力度不足,近年来增速明显。①

巴基斯坦太阳能和风能资源丰富。巴基斯坦临近赤道,太阳辐射水平高,地理位置上非常适合太阳能发电。② 太阳能主要集中在信德省、俾路支省和旁遮普省的荒漠区,风能主要集中在俾路支省和信德省。③ 2012 年之前可再生能源电力生产年均不足 0.005 艾焦,2022 年达到 0.06 艾焦,合计 15.5 太瓦时,年均增长高达 53.9%。其中风电 1.1 太瓦时,太阳能发电 1.8 太瓦时,其他可再生能源 12.6 太瓦时,同比增长分别为 -21.8%、21.2%、6.6%。太阳能装机容量从 2012 年 46 兆瓦增长到 2022 年 1243 兆瓦,年均增长 39.1%。风能装机容量从 2012 年 56 兆瓦增长到 2022 年 1435 兆瓦,年均增长 38.3%。水电消费从 0.11 艾焦增长到 0.33 艾焦,年均增长 12%。虽然巴基斯坦的可再生能源具有资源禀赋上的优势,但可再生能源发展面临资金、基础设施、竞争性发电的掣肘。④ 巴基斯坦水能资源丰富,水能潜力达 417 亿瓦,多数分布于西北边境省、北部地区、查谟克什米尔省和旁遮普省,大量水能资源尚未开发利用。水电装机容量约 6595 兆瓦,其中西北边境省 3767 兆瓦,旁遮普省 1698 兆瓦,查谟克什米尔省 1036 兆瓦,北部地区 93 兆瓦。⑤

巴基斯坦能源发展的总体特征如下:第一,能源供需缺口逐渐扩大,能源消费一直大于生产,能源短缺现象严重。第二,能源进口量日益增加。为应对国内能源生产不足,需要大量进口能源,而这不可避免地导致大量使用外汇,引发循环债务问题。⑥ 第三,能源生产和能源消费以天然气为主。虽然巴基斯坦煤炭资源和水电资源丰富,生产优势明显,但由于煤炭开采技术较低,而水能生产

① 李琳,冀鲁豫,张一驰,等.巴基斯坦"1.9"大停电事故初步分析及启示[J].电网技术,2022(2):655-661.

② Shabbir N, Usman M, Jawad M, et al. Economic Analysis and Impact on National Grid by Domestic Photovoltaic System Installations in Pakistan [J]. Renewable Energy,2020(6):509-521.

③ 屈秋实,王茂礼,牟初夫,等.巴基斯坦能源发展演变特征分析[J].世界地理研究,2019(6):50-58.

④ 屈秋实,王茂礼,牟初夫,等.巴基斯坦能源发展演变特征分析[J].世界地理研究,2019(6):50-58.

⑤ National Electricity Power Regulatory Agency. Hydel Potential in Pakistan [EB/OL]. (1995-12-30) [2023-10-28]. https://nepra. org. pk/Policies/Hydel%20Potential%20in%20Pakistan. pdf.

⑥ 从 2020 年到 2022 年,巴基斯坦循环债务逐年增加,分别为 5380 亿卢比、1300 亿卢比和 1390 亿卢比,在 2022 年 10 月合计 2.4 亿卢比以上。详见:Ministry of Energy. Circular Debt Report [EB/OL]. (2023-10-31)[2024-02-11]. https://www. power. gov. pk/Reports.

受季节影响大,水力发电不稳定,煤炭和水能占能源总生产的比重不高,而天然气生产占比较高。从能源消费结构看,天然气消费占比超过50％。第四,新能源、可再生能源快速发展。巴基斯坦新能源、可再生能源虽然发展较晚,占能源生产和消费的比例低,但发展速度快。

# 第二节　能源法律与政策沿革

18世纪中期英国东印度公司控制了印度的大片领土。从1772年开始一直持续到19世纪,英国殖民政府编纂当地法律时非常强调作为法律真实来源的习惯。① 巴基斯坦原为英属印度的一部分,于1849年随印度沦为英国殖民地。英国殖民期间,英属印度颁布了1910年《电力法》、1923年《矿山法》、1934年《石油法》等殖民地时期的法律。巴基斯坦在1956年建国后,沿袭了殖民地时期的能源法律,《电力法》《矿山法》《石油法》等也得以继续适用或修订后适用。经济发展水平、联邦制国家政治体制、本国能源资源禀赋和国际能源进口等对巴基斯坦能源法律与政策不可避免地产生了影响。尤其是随着国内经济社会发展,能源需求总体上持续增长,国内能源产量与消费缺口不断拉大,已有法律不可避免地存在不能适应新形势的情况,因此巴基斯坦颁布并修订了一些新的法律、政策和规则,如1997年《发电、输电、配电监管法》、2005年《天然气分配和管理政策》、2012年《石油勘探和生产政策》。近年来,巴基斯坦高度重视发展新能源和可再生能源,利用本国丰富的太阳能和风能资源,出台了2021年《国家电力政策》、2022年《加快发展太阳能光伏行动框架指南》。同时,"一带一路"倡议下中巴能源合作广泛开展,传统能源国际合作向低碳环保方向发展的趋势明显,巴基斯坦能源危机明显缓解。

从巴基斯坦制定的能源法律和政策、规则可以看出,巴基斯坦既受到早期英国殖民地时期所制定"旧法"的深刻影响,也在具体规则和标准上直接采纳了英美行业规范。巴基斯坦《陆上石油勘探与生产规则》明确要求石油勘探生产需要按照油田的国际作业标准,掌握和遵守相关专业机构制定的最新标准,但在列举的标准中主要是美国和英国标准。这一现象在2023年发布的《海上石油勘探与生产规则》中同样存在。即便如此,巴基斯坦能源法律和政策体系与英美也存在明显差异。美国在能源部下设了具有相当大独立性的联邦能源管制委员会,于2005年制定了《能源政策法》,确定了面向21世纪的长期能源政

———————————

① 安那伊姆.伊斯兰和世俗国家[M].吕耀军,等译.北京:中国社会科学出版社,2015:129-131.

策和能源战略。[1] 巴基斯坦既没有制定综合性的能源法,也没有设立综合性的能源监管机构。而在节能减排领域,巴基斯坦与我国同为发展中国家,均为《联合国气候变化框架公约》缔约国,面临着提高能源利用效率、确保能源安全、应对气候变暖的任务,在能源法律和政策构建上务必改变对传统化石能源的长期路径依赖,从顶层制度设计上打破化石能源及奠基于其上的经济社会发展模式路径锁定。[2]

## 一、电力法律与政策

巴基斯坦电力行业仍沿用 1910 年出台的《电力法》,并颁布了 1958 年《水电发展署法》和 1997 年《国家电力监管局法》。由于国际货币基金组织和世界银行要求巴基斯坦解决亏损严重的电力行业所面临的问题,巴基斯坦联邦政府计划实施电力改革。由于巴基斯坦已有电力行业法规无法适应现代化电力行业要求,巴基斯坦联邦政府酝酿出台新的电力行业法规。

根据 1997 年《发电、输电和配电监管法》,巴基斯坦建立了国家电力监管局,负责电力生产、输电、配电监管工作。国家电力监管局作为相对独立的电力行业监管机构,不仅为相关电力法规的推行起到了促进作用,更对电力行业相关标准的强制应用起到了监督作用,保证了电力市场的稳定,为促进巴基斯坦电力行业的健康和快速发展起到了至关重要的作用。[3]

## 二、煤炭法律与政策

巴基斯坦联邦政府高度重视矿产资源的开发和矿业发展。但是囿于基础设施建设滞后、地质勘察起步晚、勘探开采技术水平较低及资金严重不足等因素,国内大部分矿产资源尚未被开发利用。为了扭转这一经济发展的掣肘局面,巴基斯坦联邦政府出台了一系列法律和政策、规则。特别是在吸引外商投资方面出台了一系列优惠政策。虽然部分矿业政策的开放性和优惠程度还未能达到一定高度,但在矿权保障方面做得比较好,而且勘查条件比较宽松,灵活

---

①　文绪武.美国能源产业管制的法律分析[J],经济社会体制比较,2009(1):106-113.

②　文绪武,胡林梅.在压力型体制中嵌入市场化的节能减排机制[J],经济社会体制比较,2016(9):43-51.

③　喀什驻伊斯兰堡商贸联络站.巴基斯坦市场调研报告——电力能源部分[EB/OL].(2020-04-16)[2023-05-21].http://www.kstq.gov.cn/kstq/uploadfiles/20200416110721312a.pdf.

性较高,政府和当地居民对外商投资开发矿产表示欢迎,提出的条件较少。①

巴基斯坦没有制定专门的《煤炭法》,煤炭与其他矿产资源开采均适用《矿山法》。《矿山法》很少专门对特种矿产资源的勘探开发作出特别规定,而是对不同矿产资源统一适用。煤炭是重要的矿产品,《矿山法》同样适用于煤矿开采。《矿山法》有个别条款专门针对煤炭制定。如第30条规定:按照生产、运输的焦炭、煤炭从量征收3%的消费税,形成中央救助站资金。当然,仅适用"旧法"难免不能适应新情况,作为权宜之计,巴基斯坦制定了一些政策或指南作为补充。

## 三、石油法律与政策

巴基斯坦沿用了英国殖民地时期在1934年制定的《石油法》,并于1960年、1964年、1975年对个别条款和用语进行了修订。1948年《矿山、油田和矿产开发政府管制法》、2013年《石油勘探和生产政策》(2021年修订)相继颁布生效。不可忽视的是,不论是石油法律还是石油政策,不可避免地存在"旧法"不能适应新情况或政策多变的问题。为此,石油特许权总局部门需要为石油行业发展制定操作性更强的规则和示范协议。石油和自然资源部于2013年发布了《陆上石油勘探与生产规则》《陆上石油特许权协议》,能源部于2023年发布了《海上石油勘探与生产规则》《海上产品分成协议》。

## 四、可再生能源法律与政策

巴基斯坦拥有巨大的可再生能源资源潜力,可用于发电和满足能源需求。2006年,巴基斯坦制定了第一个《可再生能源政策》,实施了一些自由化和有吸引力的激励措施。该政策在2018年到期,但是其中的实践和经验为后来的可再生能源政策的更全面框架的制定提供了基础。巴基斯坦在2019年发布了《替代能源与可再生能源电力政策》,它以能源安全、电力可负担、可供所有人使用、保护环境、可持续发展、社会公平和缓解气候变化作为目标,旨在为替代与可再生能源部门可持续增长创造有利的环境。新政策的涵盖范围不断扩大,包括所有主要的替代能源和可再生能源及竞争性采购,还涉及分布式发电系统、离网解决方案、B2B方法和农村能源服务等领域。强调与电网连接的替代和可再生能源技术应用,以及在更具竞争力条件下规划发展分布式替代与可再生能源发电市场。

巴基斯坦联邦政府决定,到2025年将至少有20%的发电能力利用替代与

---

① 田隆.巴基斯坦矿业管理与投资环境[J],矿产勘查,2016(6):1034-1039.

可再生能源技术,到 2030 年达到 30％,即 2025 和 2030 目标。这些目标加上超过 30％的水力发电,与过去严重依赖进口的化石燃料相比,将成为最环保、负担得起的电力燃料。《替代与可再生能源政策》要求制定必要程序,将替代与可再生能源完全纳入国家能源规划以及国家经济和社会发展,最终造福巴基斯坦人民。联邦政府决心在私营部门的参与和合作下,追求既定政策目标和战略。

近年来,国际市场上石油、液化天然气和煤炭价格总体上涨,价格的大幅波动,增加了巴基斯坦使用进口燃料的成本,导致外汇储备急剧减少,平均发电成本大幅增加。巴基斯坦于 2022 年发布了《加快发展太阳能光伏行动框架指南》,计划快速发展太阳能,以补充和替代当前昂贵的用于发电的进口化石燃料。这将节省进口化石燃料所需要的外汇储备,有助于向消费者提供负担得起的电力,并为长期可持续的电力部门铺平道路。

## 第三节　能源管理体制

巴基斯坦联邦政府根据宪法设立了 25 个部。每个部设部长 1 名,国务部长 1 名,国务部长负责协助部长工作。每个部之下设司,负责制定政策,每个司设司长 1 名、副司长 1 名,各部所设立的司数量不等。司下设局,局下设处,处又在全国各地设有若干办事机构,每个司下属的局、处和办事机构数量不等。每个局还设有若干受其领导的自主或半自主机构。[1]

巴基斯坦于 1977 年从燃料、电力和自然资源部分离出了石油和自然资源部。[2] 2017 年 8 月,巴基斯坦对政府部门进行了重组,设立了能源部。能源部根据职能划分为石油司和电力司。[3] 能源部的建立,标志着巴基斯坦对油气和电力这两种主导能源采取了统一管理体制。但是,能源部对煤炭、可再生能源、核能、水电开发管理职能非常有限,与其他主管部门职能交叉明显。能源管理中政策变动频繁,各部门九龙治水,各自为政,政令混乱,"三角债"、窃电、电价倒挂、输变电设施落后现象不能得到有效解决。[4] 这是我国与巴基斯坦未来能

① 孔亮.巴基斯坦概论[M].北京:中国出版集团、世界图书出版公司,2016:321.

② Ministry of Energy. Year Book 2016-2017 [EB/OL]. (2017-06-01)[2023-11-12]. https://petroleum. gov. pk/publications.

③ Ministry of Energy. Year Book 2022-2023 [EB/OL]. (2023-11-10)[2023-12-12]. https://www. power. gov. pk/publications.

④ 肖欣,王哲,张慧帅."中巴经济走廊"电力投资项目运营风险评估[J].国际经济合作,2020(6):138-147.

源合作中务必重视的问题,"中巴经济走廊"建设机遇与挑战并存。[①]

巴基斯坦于 1997 年颁布了《发电、输电、配电监管法》,设立了国家电力监管局,对发电、输电、配电、售电等进行广泛的许可证管理,统一监管全国电力市场,负责制定电力运行规范,制定及调整电价政策。监管局对于电力行业各环节进行全面的监管,行使广泛的排他性监管职能,形成了较完善的电力独立行业监管体制。

# 一、能源部石油司

## (一)石油司的战略措施与职责

石油司的目标是确保石油和天然气的可持续供应和安全,满足经济发展和国家战略需求,协调能源和矿产资源开发,以满足巴基斯坦人民的能源需要。石油司采取的战略措施有:(1)采取一体化的方式,促进油气矿产资源的勘探和快速发展;(2)通过结构改革,解除对石油、天然气和矿产部门的管制及实现自由化和私有化发展;(3)为了吸引私人投资,建立可信赖的机构,促进石油和矿业部门发展;(4)发展技术人员和专业人力资源;(5)优化现有的石油和天然气管道输送基础设施;(6)通过平衡天然气供应和国内外来源,用本地天然气替代进口燃油。

石油司的职责是负责处理与石油、天然气和矿物有关的所有事务,具体包括七个方面。

(1)与国家和国际石油、天然气、矿产有关的事项。包括:①有关油气勘探、开发和生产的政策、立法、规划;②各种石油和石油产品的进口、出口、精炼、分销、销售、运输和定价,其中石油和石油产品的价格由油气监管局决定;③国际油气方面的事项;④促进联邦机构和研究机构的特别研究和发展规划。

(2)地质调查工作职能。包括负责实施:①1948 年《矿山、油田和矿产开发政府管制法》以及石油勘探和生产,天然气输送、分配,石油精炼和销售规则;②陆地、近海和深海地区的石油开采特许权协议;③进口石油和天然气勘探开发的机械、设备等。

(3)负责实施 1974 年《石油产品销售联邦控制法》及相关规则。管理政府在石油、天然气和矿产领域全部或部分拥有的联邦投资和事业,但分配给工业和生产司的事项除外。

---

① 张超哲.中巴经济走廊建设:机遇与挑战[J].南亚研究季刊,2014(2):79-85.

（4）负责实施：①1961年《石油产品开发附加费条例》及相关规则；②1967年《天然气开发附加费条例》及相关规则；③1976年《埃索经营（归属）条例》；④2006年《巴基斯坦碳水化合物开发研究院法》及相关规则。

（5）协调能源政策，包括节约能源措施和能源统计数据；设立国家能源政策委员会秘书处。

（6）设立伊斯兰堡中央矿山监察局。

（7）与油气监管局相关的联邦政府职能。

（二）石油司的组织结构

石油司由四个处组成，即行政处、开发处、矿产处和政策处，并设一个附属部门、一个办公室、一个自治机构，管理13家公司。

行政处由一名联合秘书、2名副秘书、6名科长、若干辅助人员、1名信息科技网络管理员组成。行政处负责以下职能：人事和综合管理；政策处、石油和天然气公司、巴基斯坦地质调查局、巴基斯坦矿产开发公司和巴基斯坦碳氢化合物开发研究院的行政管理事务；石油和天然气公司的公司事务；与技术援助、参观和培训有关的事务；油气司及其下属组织的协调工作；石油司的网站和网络；与能源部国防计划委员会相关的协调工作；与议会有关的事务。

开发处由一名联合秘书、两名副秘书和4名科长及辅助人员组成，主要负责协调政策，处理石油天然气基础设施和矿产部门项目批准，监测发展计划。处理外国援助和贷款，与世界银行、亚洲开发银行、美洲开发银行协调；处理联合部长级委员会、生态组织相关事务；编制发展预算、长期计划、经济调查和预算演讲。负责执行内阁决策、外国投资、私有化和天然气项目进口事务等。

矿产处是石油司的一个技术部门，职能是：制定、更新和监测国家矿产政策，审查和传播地质数据；为联邦机构改善监管体制、国际矿产协议谈判和能力建设等提供支持；促进本地和外国对矿产部门的投资；与联邦机构协商制定部门发展计划并提供投入；处理联邦公共机构和附属部门的矿产开发计划和业务问题；监测公共机构矿产开发项目的进展情况；通过出版物、研讨会、讲习班、路演和参与世界论坛等方式促进矿产部门发展。

政策处由石油特许权总局、石油总局、天然气总局、液化气总局和特殊项目总局组成。每个局由一名局长领导。政策处负责制定石油和天然气政策，预测未来需求，评估现有政策、规则和法规的影响。

石油司的附属部门是巴基斯坦地质调查局，下属办公室是中央矿山监察局，自治机构是巴基斯坦碳氢化合物开发研究院。石油司管理控制的13家公司分别是：石油和天然气开发有限公司、隋北天然气管道有限公司、隋南天然气有限公司、巴基斯坦国家石油有限公司、巴基斯坦石油有限公司、巴基斯坦阿拉伯炼油厂有限公司、赛恩德格金属有限公司、拉合尔煤炭开发公司、政府控股私人有限公司、巴基斯坦矿产开发有限公司、省际天然气系统有限公司、巴基斯坦液化天然气有限公司、巴基斯坦液化天然气接收站有限公司。

## 二、石油特许权总局

巴基斯坦于 2012 年发布了新的《石油勘探与生产政策》,规定了重组后石油特许权总局的职能,包括:(1)决定对国内所有石油特许权、石油勘探和生产活动的授予、监管、取消和监测;(2)发布各省之间、联邦政府与各省政府之间重要战略布署;(3)监督勘探开发公司的开发计划和工作进度;(4)由成员协助各省勘探和生产公司的工作;(5)监督特许权的收入制度;(6)解决公司在各类特许权中所面临的经营问题,协助其发展;(7)针对特许权下的勘探生产活动与部门发展目标提出建议;(8)解决勘探公司与各省之间的争议;(9)就勘探开发公司产生的争议解决提出建议;(10)就定期审查、评估和升级石油政策提出建议;(11)在石油特许权总局任职的省政府成员和相关员工的工资由各省政府支付。

## 三、能源部电力司

巴基斯坦的电力行业曾长期处于国家垄断状态。成立于 1958 年的巴基斯坦水电发展署原为巴基斯坦联邦政府水利电力部下属单位,负责规划和建设全国水利、电力项目,运行和维护国家电网系统。① 20 世纪 90 年代,巴基斯坦联邦政府实施电力改革,对水电发展署进行了重组,将输电、发电、配电和售电业务拆分为若干个独立公司,并逐步实行私有化。② 到 2007 年,水电发展署成为一家专门负责国有水电开发的公司,国有火力发电、输电和配电业务由巴基斯坦电力公司负责,包括 10 个配电公司、4 个火力发电厂以及国家输配电公司。2015 年,中央电力交易局从国家输配电公司分离成为市场运营商,主要负责电力采购、交易结算和市场开发。巴基斯坦原子能委员会负责核电设计、开发和运营,管理 2 个核电站。电力系统调度运行主要由国家输配电公司下属部门国

---

① Khan Amir Jahan. Structure and Regulation of the Electricity Networks in Pakistan [J]. The Pakistan Development Review,2014(4):505-530.

② 中国驻巴基斯坦使馆经商处. 巴基斯坦水电发展署员工抗议拆分和私有化[EB/OL]. (2007-11-01)[2023-12-10]. http://pk. mofcom. gov. cn/aarticle/jmxw/200711/20071105201136. html.

家电力调度中心负责。①

巴基斯坦能源部电力司负责国家电力市场。电力司作为联邦部级机关,负责制定、实施电力行业战略。

卡拉奇电力公司是在电力私有化改革中形成的垂直一体化公用事业企业,现为巴基斯坦最大的私营电力公司,在卡拉奇地区享有独立的发电、输变电、配电经营权。此外,在发电侧还有近50个独立发电商和一些小型发电商。

## 四、煤炭管理体制

根据宪法,巴基斯坦是联邦制国家。② 1956年《宪法》就规定,巴基斯坦是英联邦的一个伊斯兰共和国,实行联邦制和代议制。③ 矿产属于"省主题",煤炭作为矿产也属于"省主题"和省管辖范围,煤炭所有权、煤炭矿业权的租赁及特许权费的收取属于省政府的特权。同时,煤炭属于能源资源,外商直接投资参与的大型煤电开发由联邦政府和省政府共同管理。不同的联邦机构和省级机构参与煤炭勘探、开发、生产和利用。④

与煤炭开发利用相关的联邦机构包括:水利水电部、私人电力和基础设施局、水电发展署、国家电力监管局、投资局、巴基斯坦地质调查局、巴基斯坦矿产发展公司、拉合尔煤炭发展公司、规划发展部能源处、科学技术部科学与工业研究委员会、环境保护署等。

与煤炭开发利用有关的省级机构主要有:(1)各省工业与矿业发展指挥部,负责发放煤炭开发勘探许可证、煤炭生产和矿业租约。(2)信德煤炭管理局,负责勘探、开采、开发、利用信德省巨大的煤炭资源,吸引潜在投资者在信德省建设一体化煤矿和燃煤电厂,提供一站式服务。(3)矿山检查员,负责制定矿山和采矿工人安全方面的法律法规规章。(4)矿山救援中心,负责在发生矿山火灾、气体爆炸、矿山坍塌与透水事故等紧急事件时的救援工作。(5)矿业培训中心。

---

① 李琳,冀鲁豫,张一驰,等.巴基斯坦"1.9"大停电事故初步分析及启示[J].电网技术,2022(2):655-661.

② 从1956年2月颁布第一部宪法至今,是巴基斯坦政治体制的宪法时期,除了军人政府废除或暂停实施宪法外,巴基斯坦政治体制遵循宪法原则。巴基斯坦历次颁布的宪法都将巴基斯坦定义为联邦制国家。参见:杨勇.巴基斯坦对外政策决策研究[M].北京:时事出版社,2019:98.

③ 孙红旗.巴基斯坦研究第一辑[M].北京:中国社会科学出版社,2012:46。

④ Private Power & Infrastructure Board. Pakistan Coal Power Generation Potential [EB/OL]. (2004-06-30) [2023-10-08]. https://nepra. org. pk/Policies/Coal%20Potential%20in%20Pakistan. pdf.

(6)省级环境保护署。(7)旁遮普矿业发展公司,负责编制本省煤炭和矿产资源开发、调查、开采、处理计划,并负责改善煤炭开发所需的道路、供水、供电及其他辅助设施。

# 五、水利电力部

水利电力部在执行与水和电力问题有关的所有政策方面发挥着主导作用。其职责包括:开发水利和电力资源方面的国家事务;处理有关 1960 年印度河用水条约和印度河流域工作的所有问题;与水电发展署联络;与国际工程组织水和电力部门、国际大坝委员会、国际灌溉和排水委员会、国际大型电力系统委员会协调;协助联邦机构,促进水利和电力部门的专门研究。

# 六、电力监管局

## (一)监管局的设立

监管局根据 1997 年《发电、输电、配电监管法》设立,由联邦政府任命的 1 名主席和 4 名成员组成。4 个省各指派一名成员,由联邦政府在考虑各省政府的建议后任命。监管局设一名副主席,由各成员轮流任命,任期一年,轮流顺序为俾路支省、开伯尔—普赫图赫瓦省、旁遮普省、信德省。

监管局主席和成员均要求为人正直、卓越,在法律、商业、工程、金融、会计或电力服务业务方面的经济领域有不少于 12 年的经验。监管局作为一个整体,应具有与其职能有关的必要知识、能力、技能和经验。主席和成员任期 4 年并有资格连任,除非按规定辞职或提前免职。主席和成员若年满 60 岁,不得继续任职。

监管局的任何行为和程序均不得仅因监管局章程存在空缺或缺陷而无效。监管局主要办事处设在伊斯兰堡,并可在其认为适当的地方设立办事处。

主席辞职应以书面形式。若联邦公共服务委员会调查发现主席或成员因精神、身体丧失能力或犯有不当行为无法履行职责,或未能披露规定的利益冲突,联邦政府可以将主席及成员免职。

监管局在履行职能和行使权力时,应按照法律规定的程序。监管局会议作出决定时应经 3 名成员通过。成员须就会议时间、地点以及应作出的决定事项等获得合理通知。监管局的决定须由出席会议的成员多数作出。若赞成和反对票相同,主持人有决定性一票。监管局的所有命令、决定、决策均须以书面形式作出,并须指明属于主席和所有成员的决定。

（二）监管局的权力和职能

《发电、输电、配电监管法》第2章规定了监管局享有的广泛权力和职能，其他章节也有部分条款涉及监管局的权力和职能的规定。包括：（1）专门负责监管电力服务。专门行使省政府以外的一系列职权，依法颁发许可证，规定电力服务人员的登记程序和标准，协助联邦政府制定国家电力计划；确保有效的关税结构和市场设计，使电力市场获得足够流动性。（2）规定经许可注册的发电公司和个人的投资计划及标准。（3）规定并执行经许可注册的发电公司和个人的绩效标准。（4）规定会计准则并为获得许可注册的发电公司和个人建立统一的账户制度。（5）规定授予许可证的费用及续期费用。（6）审查自身发布的命令、决定、决策。（7）按照规定程序解决被许可人之间的争议。（8）发布操作程序指南和标准。按照国家电力政策和国家电力计划促进包括电力交易在内的市场发展。（9）为执行法律及其规则、规章，发布必要的指令、守则、指南、通告及通知。（10）确定发电、输电、配电公司提供电力服务的费用、费率和其他条款及条件的排他性权力，建议联邦政府发出通知。（11）审查获得许可或注册的发电公司和个人的组织情况，避免对电力服务和电力持续高效供应产生不利影响。（12）鼓励获得许可或注册的发电公司和个人制定统一的行业标准及行为准则。（13）向公共部门项目提供建议。（14）向联邦政府提交获得许可或注册的发电公司和个人活动报告。（15）要求任何与电力服务有直接或间接关系的人提供相关信息和事项。（16）履行与上述职能相关的其他职责。

巴基斯坦国家体制上属于联邦国家，监管局的职能受到省管辖权的一些制约。《发电、输电、配电监管法》第7条规定：省政府可以在本省范围内建造发电厂和电网，铺设省内使用的输电线路并确定其电价，监管局不得就该收费提出质疑。在批准水力发电电价之前，监管局应考虑该发电设施所在地省政府的建议。监管局在履行职能时，应按照透明、公正原则，保护消费者和电力服务公司利益。

## 八、替代与可再生能源管理体制

为实施替代与可再生能源技术政策、计划和项目，促进技术转移，实现经济可持续增长，巴基斯坦于2010年颁布了《替代能源发展局法》，设立了替代能源发展局。

替代能源发展局的主席由联邦政府根据规定的条件任命。联邦政府任命首席执行官并决定其报酬和权力。首席执行官由正直的，能够胜任替代能源发展项目的工程专家担任，负责替代能源发展局的行政管理、资金和技术事项。

替代能源发展局为实施其职能,在必要时可以设立专业委员会和下属组织,设立替代与可再生能源技术研究院,可以指定职员、专家、顾问和工作人员。替代能源发展局设立替代能源基金,该基金不可撤销,由替代能源发展局管理。

替代能源发展局的成员包括:主席、首席执行官、6 名其他政府部门秘书、6 名私营部门专家、4 个省的首席秘书。政府部门秘书分别来自财政司、水利电力部、规划与发展司、石油与自然资源部、科学技术部、环境部。秘书经替代能源发展局推荐后由联邦政府任命。联邦政府可以在认为合适时增加或减少发展局成员人数,可以规定私营部门成员资格条件和任命方式。发展局半数成员可以组成法定人数,若投票时赞成票与反对票相同,主席有决定票。主席缺席时,其指定的成员应主持会议。

替代能源发展局行使的职能有:(1)制定替代与可再生能源资源利用的国家战略、政策、计划;(2)作为替代与可再生能源项目和产品的评估、监督和认证论坛;(3)作为替代与可再生能源技术商业应用的协调机构;(4)为替代与可再生能源资源生产提供便利条件,包括:①为风能、太阳能、小型水电、燃料电池、波浪、海洋、生物气、生物质等替代与可再生能源项目提供"一个窗口"服务;②自行或通过与公共及私人实体合资合伙,开展替代与可再生能源项目,从技术和财务角度开展项目和技术评估;③通过对替代与可再生能源的可行性研究和调查识别发电和其他应用机会;④对替代与可再生能源方面的建议进行技术、财务、经济评估,向国家电力监管局提出许可证和收费申请;⑤为促进和开发替代能源,与国内国际机构进行协调互动;⑥为促进农村离网地区电气化,协助相关当局和省政府及特殊地区开发实施相关计划;⑦提出安装利用可再生能源的立法建议。

根据 2019 年《替代与可再生能源政策》,替代能源发展局的政策目标是在促进非公用事业采购替代与可再生能源技术项目方面发挥积极的协调作用。这种支持包括但不限于:产品和服务市场进入;现成的合同和投标框架模板并定期更新;与巴基斯坦证券交易委员会和小额信贷机构合作,提供可供备选的群体、社区和业主资助结构;通过经批准的分级安装人,向零售消费者(B2B 除外)提供微网、当地能源系统的安全认证,并以成本回收为基础进行年度更新;可以根据服务成本对其支持和促进服务收取合理费用。

替代能源发展局将为替代与可再生能源技术项目、市政实体、产消者及企业家实施的离网、微网、地方能源系统、转供电、B2B 和净计量解决方案提供协调、信息创建和共享、监管干预和缔约支持。与监管机构合作,建立更简单的统一、模块化许可和监管框架,以降低离网、微网、地方能源系统和 B2B 解决方案的成本,从而减少联邦电力公用事业的财务支出。为市政当局准备框架协议,倡议实施市一级的小规模替代与可再生能源技术项目。

# 第二章　电力法律与政策

　　巴基斯坦沿袭英国殖民地时期于 1910 年 3 月颁布的《电力法》,距今已经有 110 多年历史。《电力法》在实施中于 1922 年、1937 年、1956 年进行了个别条款的调整。该法颁布时间久远,调整范围较窄,没有根据电力行业的发展进行大的修订。巴基斯坦主要是以制定新法和电力政策的方式应对电力行业发展中遇到的新问题,如 1997 年颁布了《发电、输电、配电监管法》,先后制定的电力行业政策有 1994 年《电力政策》(1998 年、2002 年修订)、1995 年《水电政策》、1995 年《输电线路政策》、2015 年《发电政策》等。2019 年《替代与可再生能源政策》、2021 年《能源政策》、2022 年《加快发展太阳能光伏倡议》等政策的颁布标志了巴基斯坦近年向可再生能源转型。

## 第一节　电　力　法

　　《电力法》共 4 章 58 条,第 1 章序言,第 2 章能源供应许可证,第 3 章非许可证持有人供应、输送、使用能源,第 4 章保护措施,另有一个附件。其中能源供应许可证制度占有重要地位,占 58 个条款中的 25 个,篇幅上占 29 页中的 18 页。

### 一、能源供应许可证

#### (一)授予能源供应许可证的条件

　　省级政府在两种情况下,可以在收到供应申请书和相关费用后,授予任何人向特定区域供应能源和铺设电力供应线路的许可证。第一,能源是从本供应区域以外生产提供。第二,能量经过该区域再输送或传输到其他区域。

　　授予许可证应符合以下要求:(1)许可证申请人以规定方式和内容公布申请,且省政府已考虑收到的所有反对意见,但在申请首次公布后 3 个月内收到的反对意见不予考虑。当申请的许可证涉及军营、堡垒、军火库、船坞、营地或政府用于海军、军事用途的建筑物且有反对意见时,省政府应确定巴基斯坦总工程师对授予该许可证没有异议。(2)省政府收到地方当局的异议后,若认为该异议不充分,应当书面记录并向该地方当局通报理由。(3)地方当局申请许可证时,应提前一个月就该申请发出会议通知并作出决定。(4)许可证可以规定能源供应的条件和限制、属于强制供应还是自由供应、供应价格限制及省政府认为应当规定的其他事项。(5)授予许可证不得妨碍或限制向同一地区其他人授予许可证。(6)附件视为许可证的必要组成部分,除非省政府考虑到向其他被许可人授予的许可证而作出增加、变更或排除适用的决定。①

(二)许可证的撤销

省政府出于公共利益需要,可以在出现以下情况时撤销许可证:(1)被许可方故意、不合理地长期拖延履行《电力法》要求的行为;(2)被许可人违反明确宣布的可以撤销许可证的条款和条件;(3)被许可人在许可证规定的期间或省级政府给予的更长期间内无法证明其履行了许可证施加的义务和责任,或者未缴纳保证金,未提供许可证所要求的担保,或者因破产无法充分有效地履行许可证施加的职责和义务。

在出现可以撤销许可证的情况时,若省政府不撤销许可证,可以对被许可人处一万卢比以下罚款,并允许被许可人按照省政府认为合适的附加条款和条件继续实施许可证。被许可人应遵守附加条款和条件。

如果被许可人不是地方当局,省政府出于公共利益考虑,可以经申请或经被许可人同意,经与地方当局协商后以合适的条款和条件撤销许可证下全部或部分供电区域,或变更、修改许可证的条款和条件。

省政府撤销许可证时,应向被许可人送达撤销通知。如果整个供电区域包括在一个地方当局管辖区域内,则省政府应在送达撤销通知中明确撤销许可证的生效日期。自生效日期起,被许可人依据《电力法》的所有权力和责任终止。如果撤销通知已送达地方当局,地方当局可在收到通知后 3 个月内,经省政府书面同意,以书面形式要求被许可人向地方当局出售被许可人拥有的所有土地、建筑物、工程、材料和工厂,但许可证声明不能买卖的发电站除外。若对交易价格发生分歧或争议,应经过仲裁裁决。

土地、建筑物、工程、材料和工厂的价值应按照购买时的公平市场价值,并适当考虑当前的性质和条件,以及修理状态、工作状况、对企业的适用性,但不需要考虑强制购买、商誉、可能获得的利润等因素。若地方当局不购买而其他

---

① 《电力法》附件由担保与账户、强制工程与供应、收费、测试与检验等组成,具体内容见本章第三节。

人愿意购买该企业,省政府如果认为合适且被许可人同意,或虽然被许可人不同意但是购买价格不低于地方当局的报价,省政府可以要求被许可人向其他人出售企业。

若地方当局或其他人未在省政府认为合理的时间内购买该企业,或者整个供电区域不属于单一地方当局管辖区域内,省政府可选择购买该企业。省政府选择购买时,被许可人应以向地方当局出售时类似的条款和条件出售企业。

企业出售后归买方所有,买方免于被许可人的债务、抵押和其他义务,许可证的撤销仅限于被许可人的权利(力)、权限、职责和义务。除此之外,许可证完全有效,买方应视为被许可人;如果省政府选择购买该企业,则许可证在省政府购买后失效。

企业没有被出售时,被许可人可以选择合适的方式处置其经营的所有土地、建筑物、工程、材料和工厂;如果被许可人在可行使选择权之日起 6 个月内没有作出选择,省政府可立即安排被许可人移走街道地面、地下及沿街工程,并向被许可人收取搬移和恢复费用。如果被许可人被要求出售企业,但是未能在省政府通知中规定日期前完成出售,买方可经省政府批准后经营至完成出售交易。

如果省政府撤销地方政府的许可证且其他人愿意购买该企业,省政府可以要求地方政府出售,地方政府应按照省政府认为公正的条款出售企业。

任何人购买该企业时,被许可人可选择其认为合适的方式处置属于企业的所有土地、建筑物、工程、材料及工厂;如果被许可人在有权行使选择权之日起 6 个月内没有行使,省政府可立即要求被许可人移走街道地面、地下及沿街工程,并向被许可人收取搬移和恢复费用。

### (三)许可证期限届满的处理

若许可证不是授予地方当局,且整个供应区域属于同一个地方当局辖区,地方当局可以在不超过 50 年的许可期限届满后,或者在之后不超过 20 年的许可期限届满后选择购买该企业。如果地方当局经省政府批准后选择购买,被许可人应当向地方当局出售其拥有的所有土地、建筑物、工程、材料和工厂,但许可证声明不能买卖的发电站除外。如果对交易价格发生分歧或争议,应经仲裁裁决。

土地、建筑物、工程、材料和工厂的价值应依照购买时的公平市场价值,并适当考虑土地、建筑物、工程、材料和工厂目前的性质和条件,以及修理状态、工作状况、对企业的适用性;强制购买情况下,应在许可证规定的价值基础上增加 20%。

如果地方当局选择不购买,或供电区域与一个地方当局辖区不一致,或被许可人从同一个发电厂向两个以上区域供电而这两个以上供电区域分别属于不同地方当局管辖,省政府有权根据类似条款和条件购买。买方购买时视为被许可人,免于出售方的债务、抵押及其他义务。如果省政府选择购买许可证,许可证应在省政府购买后终止。地方当局应将省政府的购买选择提前两年送达被许可人。地方当局经省政府的批准,可以放弃购买选择并与被许可人就许可证届满前的工作达成协议。

许可证有效期届满时,若地方当局或省政府均不购买该企业,被许可人可选择合适的方式处置属于企业的土地、建筑物、工程、材料和工厂。如果被许可人在 6 个月内未行使该选择权,省政府可采取行动,立即要求被许可人移走街道地面、地下及沿街工程,并向被许可人收取搬移和恢复费用。

未经省政府事先书面同意,被许可人不得在任何时候通过购买或以其他方式获得其他人供应或打算供应能源的许可证和供电企业。被许可人经省政府同意购买时,应将其购买申请提前至少一个月通知其所属地方当局和其所在供应区域其他供应企业。省政府可以改变被许可人出售企业的条款和条件及出售期限,也可以适用或不适用相关条款和条件。被许可人应在每年规定日期之前向省政府或省政府指定当局,以规定的格式编制并提交含有规定内容的年度账目报表或企业报表,在办公场所保存年度报表副本,并以每份不超过 5 卢比的价格出售给任何申请人。

## 二、能源工程

### (一)铺设、放置供应线路

被许可人可以在遵守许可证条款和条件情况下,在供应区域内外部铺设、放置供应线路,但是不得在供应区域外从事下列行为:(1)挖开或破坏街道、铁路、有轨电车的土壤;(2)挖开或破坏街道、铁路、有轨电车下面的下水道、排水沟、隧道;(3)铺设或放置电线和其他工程;(4)进行修理、更改或移除作业;(5)为适当的能源供应所必需的其他行为。

未经地方当局或所有人、占用人同意,被许可人不得在建筑物放置或铺设供电线路,不得在任何非公共用途土地上放置或铺设任何供电线路或其他工程。如果地方行政长官发出书面命令,即使建筑物、土地所有人、占用人提出反对,被许可人可以将架空线所需的支撑、支架、支柱固定到建筑物和土地上。地方行政长官在作出命令时,须确定补偿金额或年度租金,或其认为应由被许可人支付的金额。地方行政长官作出的命令须经省政府审核。

被许可人不得在联邦政府、省政府、地方政府无法修复的街道、铁路、有轨电车线路进行开挖。未经街道修复人或铁路、有轨电车作业人书面同意,被许可人不得开挖。被许可人应在省政府确定的期限内向建筑物、土地所有人、占用人发出开挖、铺设供电线路的书面通知。省政府在考虑陈述和反对意见后,方可作出书面同意。

(二)与其他工程的关系

被许可人在街道、铁路、电车、运河、水道上下方和沿线实施工程时应遵守以下规定:

被许可人在开始实施工程1个月前,应向街道维修人(简称"维修人")及有权在铁路、有轨电车、运河、水道作业的人(简称"业主")发出书面通知并附随施工比例尺图,清晰描述和表明拟定的工程。干扰或更改现有工程时,应维修人或业主要求,被许可人应提供进一步相关信息。

如果维修人通知被许可人不同意该工程、计划或要求作出修改,被许可人可以在收到通知后一周内向省政府申诉,省政府在考虑维修人的理由后可以作出最终决定。如果维修人收到通知后,未能在一个月内书面通知其批准或不批准该工程、计划,应视为批准。被许可人在书面通知维修人48小时后,可按照通知的内容和计划施工。

如果业主反对该工程、计划,或要求作出修改,可以在收到通知后3周内向被许可人发出申请书,要求就工程、补偿或业主对他人的义务等事宜通过仲裁解决。如果业主收到通知后3周内没有提出仲裁要求或已经经过了仲裁,视为业主同意工程、计划。被许可人补偿或赔偿后,可根据通知和计划执行工程,但须依据仲裁决定或双方商定进行更改。

如果拟执行的工程包括铺设与配电干线相连接的地下服务线,被许可人须至少提前48小时书面通知维修人或业主。若拟实施的工程涉及修理、更新、变更已有工程但不涉及改变已有工程的性质和位置,除紧急情况外,被许可人须至少提前48小时书面通知维修人和业主,并在该通知期满后立即施工,并尽可能昼夜施工至完工。如果被许可人未能遵守规定,应全额赔偿造成的损失和损害。如果对赔偿金额产生任何分歧或争议,应通过仲裁裁决。

若因地下电力供应线故障导致出现紧急情况,被许可人可向修理人和业主发出书面通知后放置架空线路。架空线路应在地下供电线路修理完工后尽快拆除,除非省政府书面同意6周以上使用时间。

### （三）变更工程的通知和处理

若管道、电线对被许可人履行《电力法》的职责造成干扰，被许可人可以改变管道和电线的位置（主下水道除外）。在对工程作出变更一个月前，被许可人及其他作业人应向管道、电线、电力供应线路、工程业主发出书面通知，说明拟作的变更并附上施工计划及开始施工日期。业主在收到通知和计划后 14 日内，可以要求作业人通过仲裁解决通知和计划中存在的问题。除非相关问题通过协商得以解决，否则该问题应经过仲裁解决。仲裁员应考虑业主所承担的职责和义务，并可要求作业人实施临时工程以尽可能避免发生干扰。

如果作业人没有在收到通知后 14 日内提出仲裁要求，或者其要求已得到满足，或者问题通过协商或仲裁得以解决，可以在作出变更后实施通知和计划。业主可以在作业人开始变更之前向作业人送达书面声明，表明希望由业主本人执行工程变更，并要求作业人提供约定费用的担保。作业人应在收到声明后 48 小时内实施变更工程前，提供担保并通知业主实施变更的时间和方式。如果业主拒绝实施变更工程，或者在收到通知后不遵守通知，作业人可以自己实施。业主可以要求作业人补偿履行作业人通知产生的所有费用。如果被许可人或其他人不遵守规定，应对造成的损失和损害作出赔偿，若发生争议应经过仲裁解决。

### （四）作业通知和作业要求

以下两种情况下作业人应在挖掘渠道开始前 48 小时内通知省政府和地方当局，业主有权在实施工程时到场：第一，被许可人要求挖开、铺设新供电线路或其他工程，而该工程附近有省政府、地方政府控制的下水道、排水沟、水道或其他权利人的管道、虹吸管、电线或其他工程；第二，其他权利人要求挖掘沟渠以铺设或建设新管道或其他工程，但是被许可人已经在附近放置了电力供应线。

作业人发现有必要在管道、供电线路或工程下方挖掘而不需要变更管道、供电线路或工程位置时，应在施工时加固支撑，并在挖掘时保持基础牢固。

被许可人铺设的电力供应线穿过或可能接触其他人供电、输电或用能管道、线路、服务线路时，应避免其供电线路与其他人的线路发生接触。作业人有过错时，应对此造成的损失和损害承担赔偿责任。若发生争议，应经过仲裁解决。

任何人打开或挖掘街道、铁路、有轨电车土壤或路面及下水道、排水管、隧道时，应当立即对打开或挖掘地点做围栏和保护；从日落前到日出时，在打开或挖掘地点设置足以警告行人的灯光，尽快回填地面；修复土壤和路面，修复打开或挖掘的下水道、排水管和隧道,带走施工垃圾;恢复和修复土壤、路面,或者打开、挖掘下水道、排水管、隧道后,应在 3 个月内保持良好维修状态,9 个月内不下沉。

任何人违反义务、延迟履行或不履行工程义务,街道、铁路、电车、下水道、排水沟、隧道的控制人、管理人可要求违约人履行义务,主张产生的费用损失。如果对发生的费用数额有异议或发生争议,应通过仲裁裁决。

被许可人铺设、放置供电线路或其他固定工程线路距离电报线路不足 10 码的,应至少提前 10 日书面通知电报局,说明施工或变更工程的过程、施工方式、输电量和性质、使用回填土的范围和方式。被许可人应遵守电报局为避免电报线受供电工程或工程变更影响作出的合理要求。若供电线路或其他工程有缺陷导致紧急情况,被许可人应以书面形式向电报局作出说明。任何拟执行的工程包括铺设或放置服务线时,被许可人须在实施工程前至少 48 小时书面通知电报局。

除紧急情况外,被许可人不享有沿街道、铁路、电车、运河或水道设置空中线路的权利。省政府以书面形式批准被许可人拟采用的施工方法,但该批准不减免被许可人应获得其他方面同意的义务。被许可人违反规定放置或维持架空线路时,省政府可要求被许可人立即拆除,或要求被许可人承担拆除产生的费用。

直立或横躺在架空线路附近的树木及其他物体、建筑物等干扰或可能干扰能源输送时,经被许可人申请,一级地方治安官可以以其认为合适的方式要求移除树木、建筑物及其他物体。地方治安官在处理被许可人申请时,若树木先于架空线路存在,可以要求被许可人给予树木的利害关系人合理补偿,利害关系人也可以要求被许可人作出补偿。"树木"包括灌木、树篱、树丛及其他植物。

被许可人在行使《电力法》赋予的权利时,应尽量避免对雇员造成损害、伤害和不便,若造成损害应全额赔偿。若就赔偿或补偿金额产生分歧或争议,应由仲裁裁决。

## 三、能源供应

被许可人或其代理人可在发出通知后的合理时间,进入供能场所检查、检验、测试电线、电表及其他测量器具、电线、配件、工程和装置,确定所供应能量数量及装置所用的电量,在不需要能源供应时,移走属于被许可人的供电线路、仪表、最大需求指示器或其他测量仪器配件、工程及器具。若涉及使用消费者的器具,应在进入消费者处所时拥有公共工程部秘书、经理或被许可人的书面授权。进入消费者家庭处所时,须事先获得地区行政长官许可。

消费者拒绝被许可人及其授权人进入住所履行职责或拒绝提供合理设备时,被许可人可以在送达停电通知 24 小时后停电,但停电时间不应超过消费者拒绝被许可人进入或拒绝提供合理设备持续的时间。

除特别规定外,被许可人无权要求使用其提供的特殊器具以控制、干扰用能,任何人不得以任何器具或能源不适当地干扰被许可人的电线和工程安全及有效运行,或干扰被许可人向其他人供应能源。除家用单向电动机外,消费者不得在未安装被许可人同意的电容前使用能源。如果消费者提出安装电容的要求,被许可人应提供安装服务,费用由消费者承担。

被许可人在经省政府同意并咨询地方当局后,可以制定与《电力法》及许可证相关规则不一致的条件,规范其与潜在消费者的关系。被许可人未经批准擅自规定的条件均无效。省政府在经过协商并在书面通知被许可人后,可以全部或部分取消经批准的被许可人制定的条件。

对被许可人是否违反规定要求安装器具,或是否控制和干扰能源使用发生争议时,须提交电气检查员决定。如果被许可人和消费者同意,则通过仲裁决定。

除非许可证另行规定了供应条款和条件,供应区内的所有人有权以相同的条件获得能源供应。任何人不得要求被许可人专门向其房屋供能,除非其与被许可人达成保障被许可人的投资有合理回报的协议并支付专门供应能源产生的固定费用。若双方对应付款项有分歧或发生争议,应通过仲裁裁决。

被许可人在就能源供应达成协议时,不得对任何人有偏向,但可以在许可证规定的限额内收取经商定的能源供应费用。除非被许可人书面同意,否则不得向消费者收取更高的用能费用。在没有其他约定时,被许可人可以向消费者按照实际的能源供应量或省政府批准的其他方法收取费用。省政府在批准被许可人的收费条款时应考虑下列情况:消费者的负荷系数、负荷功率因数、规定期间的能源总消耗及需要能源供应小时数。

## 四、供应中断

因消费者疏忽未支付能源费用时,被许可人可以在发出书面通知 7 日后,切断作为被许可人财产的供电线路和其他工程,直到该费用和其他款项以及切断和重新连接供应所产生的费用得以支付。消费者在收到断供通知后,可以将费用和其他相关争议提交电力检查员。被许可人在电力检查员作出决定前不得采取断供措施。

被许可人可以书面要求消费者缴存无争议的费用和其他款项的50%作为押金,并要求消费者缴存继续供应能源的押金。若消费者未能履行,被许可人可以采取断供措施。被许可人的供电线路、仪表、配件、工程和装置放置于房屋内或房屋上方时,若该房屋并非被许可人的财产,在针对房屋所有人的民事法庭程序或破产程序中不得执行该供电线路、仪表、配件、工程和装置。

## 五、用能计量

向消费者提供的能源须通过正确的电表、最大需求指示器和其他测量装置来确定。被许可人须根据消费者要求提供电表、最大需求指示器和其他测量装置,但被许可人可要求消费者为电表、最大需求指示器和其他测量器具的价格提供担保,并签订租用协议,除非消费者选择自行购买。最大需求指示器和其他测量装置应能够正确运行,否则消费者不承担租金。

电表、最大需求指示器等计量器具是消费者财产时,消费者应保持计量器具能正确计量。若发生违约,被许可人可在向消费者发出通知7日后停止供能。

被许可人可以在通知消费者后在合理时间内取下并带走消费者的计量器具进行检查和测试。如果发现测量装置计量不正确,检查、测试、取下、带走测量装置的所有合理费用应由消费者承担,除非电表、最大需求指示器和其他测量装置是租用的。如果对该合理费用的金额产生疑问或争议,应提交电气检查员作出最终决定。若疑问或争议是关于测量装置是否能正确计量,被许可人不得自行取下、移除测量仪器。

消费者在获得被许可人书面同意前,不得将任何仪表、最大需求指示器或其他测量装置与被许可人的供电线路进行连接,或断开与供电线路的连接。消费者不得损坏仪表、最大需求指示器及其他测量仪器,不得改变数值,不得阻碍能量记录和供应。

若被许可人与消费者之间就仪表、最大需求指示器及其他测量器具是否正确有分歧或争议,电气检查员须在收到任何一方申请后90日内作出决定。若电气检查员认为测量器具不正确,应估算提供给消费者的能量或供应的电量;若电气检查员未能在90日内作出决定,或被许可人、消费者拒绝接受电气检查员的决定,该争议应提交给省政府作出最终决定。被许可人、消费者在向电气检查员提出申请7日前应通知另一方。

被许可人除了可以在消费者住处放置仪表、最大需求指示器或其他测量装置外,还可以在其他位置放置测量装置以确定和调节提供给消费者的能量、供应时间、能源利用效率及与供能相关的其他数据。

如果能源供应费用完全或部分取决于仪表、指示器或仪器读数,被许可人应将仪表、指示器或仪器放置在其配电干线与消费者的住处之间,并保持仪表、指示器或仪器正确无误。如果仪表、最大需求指示器记录了供能量且误差在允许范围内,则计量值视为正确。

被许可人可以基于下列因素,向消费者收取不诚实地取得、消费、使用能量的费用,即消费者连接、断开、损害、变更、阻止测量设备计量的供能费用时:(1)消费者在任何时间段的负荷或最大用电需求;(2)消费者负荷系数中以千瓦时计算的最大能量消费;(3)消费者的负荷功率;(4)消费者获取、消耗、使用能源的小时数和使用时间;(5)消费者获取、消耗、使用能源的目的。

## 六、向其他区域供能

省政府可通过书面命令,授权被许可人向其供应区域以外提供能源并铺设、放置供电线路。首先,未经被许可人同意,省政府不得授予被许可人向其他被许可人供能,除非省政府认为其他被许可人的拒绝不合理。其次,接受供应的一方已与被许可人就供应达成具体协议。再次,已获授权的被许可人不得在供应区域外挖掘或损坏街道、铁路或有轨电车周边下水道、排水管、隧道。未经地方当局或维修人书面同意,被许可人不得干扰电报线路。

## 七、非被许可人供应、输送、使用能源

除被许可人外,任何其他人未经省政府事先批准不得从事能源供应业务。无地方当局和被许可人同意时,省政府不应在地方当局的辖区和被许可人供应区域批准供能,除非省政府认为地方当局和被许可人的拒绝不合理。若有分歧或争议,应提交给省政府作出最终决定。

地方当局可通过书面命令,授予并强制获得省政府批准从事供能业务的被许可人供应能源。地方当局为了街道照明的需要,享有被许可人的权力并承担相应责任。其他情况下,街道维修人可通过书面命令授予并要求拟输送能源的人享有被许可人在街道挖掘、铺设土壤和放置、维修、变更、拆除供电线路的权利。如果街道维修人在收到申请后 14 日内未发出命令,视为拒绝。省政府可以对命令的发出或拒绝作出修改。

除被许可人外,其他人不得在街道或其他地方以超过 250 瓦特的功率输送和使用能量,以下情形除外:(1)通常可能有 100 人以上聚集的地方;(2)属于1934 年《工厂法》所指的工厂;(3)属于 1923 年《矿山法》所指的矿山;(4)省政府

通过一般或特别命令宣布的供能场所。对于一个地方是否属于通常可能有 100 人以上聚集发生争议时,由省政府作出最终决定。

# 第二节 电力保护措施

《电力法》第 4 章专门规定了保护措施,分一般条款、行政管理、犯罪与程序事项、补充规定。

## 一、一般条款

任何人不得以任何方式在能源生产、输送、供应和使用中损坏铁路、电车轨道、运河、水道及地方当局管控的码头,不得阻碍或干扰铁路、电车通道和水路运输。

生产、输送、供应、使用能源的人(简称作业人)在建造、铺设和放置供电线路和其他工程时应采取合理的预防措施,避免损害电报、电话电信通信及线路。如果作业人和电报局之间就作业人建设、铺设、放置供电线路或其他工程时是否违规操作,或电线、线路或电流是否受到损害发生争议,应提交联邦政府决定。若联邦政府认为作业人的电线或线路不合理地靠近供电线路或供电工程,可要求作业人对其系统进行必要更改。如果作业人未遵守要求造成损失,应全额补偿。对补偿金额的争议应通过仲裁裁决。

## 二、行政管理

省政府可通过官方公报,通知设立咨询委员会。咨询委员会由一名主席和两名以上其他成员组成。省政府可通过一般或特别命令决定咨询委员会的组成人数,以及任命委员会成员的方式,确定委员会职责和程序,确定委员会成员任期及就委员会履行职责产生的费用和差旅费发出指示。

设立联邦电力局,其成员包括:(1)联邦政府提名的主席;(2)旁遮普省、西北边境省、信德省、俾路支省省政府各提名一位成员;(3)伊斯兰堡首都区提名一位联邦政府成员;(4)铁路委员会主席提名一位成员。适当情况下,联邦政府可以指定两名以下其他成员。

联邦电力局出现的空缺应尽快由离任成员的主管当局提名。电力局有通过法律和程序实施监管的权力,可以在成员出现空缺时行使权力。

联邦电力局为实现《电力法》的目标,可以制定、执行以下规则以规范能源生产、输送、供应和使用:(1)规定申请许可证的格式和应支付的费用;(2)规范公告的发布;(3)规定对申请提出异议的方式;(4)规定被许可人以指定形式准备和提交账户;(5)规定由被许可人向消费者提供正常、持续、充足的能源供应,为系统能正常充分供应对不同部分进行测试;(6)保护人身和财产不因接触或临近能源生产、输送、供应、使用器具和装置受到伤害;(7)管制回流绝缘的使用和低电阻绝缘金属回流,防止金属管道、结构或物质融化和有害的电解作用,尽量减少对电线、供应线路的有害干扰;(8)防止电报线路、电磁观测站及实验室受到能源生产、输送、供应、使用的有害影响;(9)规定电气检查员所需的资格;(10)授权电气检查员和规定人员进入、检查和检验生产、输送、供应和使用能源器具及设备,并进行测试;(11)授权和规范测试、检验费用及电气检查员费用;(12)对其他相关事项作出规定。

联邦电力局可对违反规定的行为处以 300 卢比以下罚款。违反行为持续的,可处每日 50 卢比以下罚款。

## 三、犯罪与程序事项

### (一)对不诚实地获取、消费和使用能源的处罚

下列行为视为不诚实地获取、消费和使用能源行为:(1)篡改、干扰被许可人为能源供应和记录安装的测量仪器、测量装置,包括千瓦计、千瓦时计、电表、千伏安表,变压器、电压互感器及其保险丝的设置顺序和连接;(2)在套管、覆盖物或玻璃上钻孔,或通过机械、磁性或任何其他手段堵塞仪器,导致仪表、最大需求指示器、其他测量装置无法正式记录所供应的能量;(3)未经被许可人书面同意,将其装置、器具、仪器与被许可人的工程直接连接以消费和使用能源,而不是通过电表最大需求指示器和其他测量装置。对不诚实地获取、消费和使用能源的,可判处 3 年以下监禁,或 5000 卢比以下罚金,或两者并用。为此使用的手段、装置、人为方法构成不诚实的初步证据。教唆、合谋从事该行为的,视为不诚实地获取、消费和使用能源。

任何安装和使用装置、器具或其他人为手段不诚实地获取、消费、使用能源的人,无论是否获得任何收益,应当处三年以下监禁或 5000 卢比以下罚金,或两者并用;如果存在为不诚实地获取、消费、使用能源的装置、器具或其他人为方法,推定其犯有罪行,除非有相反证明。教唆、合谋实施该行为的视为犯罪。人为方法包括:(1)通过人为跳线与天线线路直接进行电气连接;(2)通过人为

接线把消费者装置与变压器、电缆、主仪表直接进行电气连接;(3)通过电钳、螺丝刀、切刀或其他仪器断开仪表连接;(4)通过任何方法打破仪表玻璃盖或以任何方式在仪表盖或仪表外壳上钻孔;(5)用人工磁铁停止或减缓仪表盘的旋转;(6)通过人为电路改变仪表相序,停止、减缓或逆转仪表盘的旋转。

**(二)被许可人违法行为的处罚**

被许可人出现下列情况时,可处 1000 卢比以下罚金:(1)向供应区域以外提供能源,铺设、放置供应线路;(2)没有合理理由,违反法律和许可证规定的规则,停止供应或不供应能源;(3)违反命令。如果犯罪或违约行为持续,每天可处以 100 卢比罚金。

其他人输送、使用能源时不按规定向地区行政长官发出书面通知的,可处以 500 卢比罚金。如果犯罪持续,每日可处以 50 卢比罚金。

**(三)消费者不适当使用测量装置**

对消费者下列行为处 500 卢比以下罚金:(1)未经被许可人书面同意,将电表、最大需求指示器、其他测量装置与被许可方提供能源的供电线路进行连接或断开;(2)未经被许可人书面同意,为与被许可人的工程联通进行铺设或安排铺设;(3)未经被许可人书面同意,在有较高收费方法情况下却使用了较低计费方法,或使用被许可人提供的器具及能源时危害了被许可人供电线路安全或有效运行,或干扰被许可人向其他人有效供应能源。若违法行为持续,按日处以罚金 50 卢比。

**(四)对其他违法行为的处罚**

恶意导致能源浪费、转移,或切断、损害电力供应线路或工程的,处 2 年以下监禁,或 1000 卢比以下罚金,或两者并用。未获得许可证从事能源供应业务的,处 3000 卢比以下罚金。持续违反的,每日处 300 卢比以下罚金。

恶意熄灭公共路灯的,处 6 个月以下监禁,或 300 卢比以下罚金,或两者并处。

因过失造成能源浪费、转移,或因过失破坏、拉下、损坏供电线路、柱子、杆子、灯具或其他与供电有关设备的,处以 200 卢比以下罚金。

对其他不遵守《电力法》规定或不遵守依据《电力法》发布的命令,或被许可人不遵守许可证,处以 100 卢比以下罚款。违反行为持续时,按日处以 20 卢比以下罚金。

### （五）送达与执行

《电力法》规定的通知、命令、文件可以通过张贴或留置送达。联邦政府或省政府作为收件人时，指定的官方办公室是收信地址。地方当局是收件人时，地方当局的办公室是收件地址。公司是收件人时，公司注册办公地是收件地址。如果公司的注册办公室不在巴基斯坦境内，其在巴基斯坦总部地址是收件地址。自然人是收件人时，其通常住所或最后业务所在地是收件地址。

房屋所有人、占有人收到通知、命令、文件时视为送达。若该房屋无人，将通知、命令、文件副本固定在房屋明显位置后视为妥善送达。

消费者应支付的能源供应费用和其他费用可以作为土地欠款收取。被许可人及其正式授权人可以要求警察协助执行，可向地区治安官、助理专员提出申请，助理专员可指示警察局负责人员提供协助。

如果被许可人因消费者未支付能源费用发出停电或断开连接通知，法院不得发出禁止被许可人停止向该房屋供应能源的命令，但原告、申请人或上诉人在诉讼、申请或上诉后 30 日内向法院存入被许可人主张的款额和所有费用的除外。法院在作出要求消费者缴纳款项的上诉审裁判后，应要求消费者将款项存入法院指定的被许可人名下银行账户。省政府可以通过一般或特别命令，授权电力检查员行使相关职权。

## 第三节　电力法附件

《电力法》最后部分是电力法的附件。《电力法》规定，附件是所授予许可证的必要组成部分。附件由担保与账户、强制性工程与供应、收费、配电干线测试与验收、供电计划五方面组成。

## 一、担保与账户

被许可人不是地方当局的，在许可证确定的期限或省政府依照《电力法》确定的较长期限内，被许可人应向省政府表明其能够在供应区域充分、有效地履行许可证规定的职责和义务。被许可人应在实施工程前向省政府提供许可证规定或省政府确定的担保。被许可人提供的担保应在工程完成时或省政府批准的更早日期退还。

如果被许可人不是地方当局，企业在根据《电力法》提交年度账目报表之前,应由省政府指定或批准的人进行审查和审计。审计师的报酬按照省政府指示的数额,审计师在执行职责时产生的所有费用应经省政府批准,并由被许可人支付。

被许可人须向审计师及其职员、助理提供为审计工作所需的所有簿册、文件、凭证、资料及审计师履行职责所需的设施。审计应按照省政府的指示进行。审计报告和省政府指示的部分报告应附在被许可人年度会计报表中。省政府如果认为合适,可接受被许可人指定审计师的审查和审计。除非省政府另有指示,被许可人应将为经营目的使用的资本账户与其他经营业务账户分开。

## 二、强制性工程与供应

### (一)执行工程

被许可人应在许可证生效后 3 年内执行许可证确定的工程。若许可证未明确工程,省政府可以在许可证生效后 6 个月内发出书面命令,要求被许可人执行工程。

许可证生效两年半后,供应区域所在街道 6 个以上房屋所有人或占有人、省政府、地方政府,可以申请被许可人提供配电主线,被许可人应在 6 个月内遵守要求。所有人、占有人在收到被许可人书面通知后 14 日内,应向被许可人发出书面合同,保证其使用能源的期限不低于两年,能为被许可人带来合理回报。省政府、地方当局在收到被许可人书面通知后 14 日内,应向被许可人提供书面合同,承诺街道公共照明灯使用能源不低于 7 年。若被许可人和所有人、占有人就担保是否充分发生争议或纠纷,或对担保金额发生争议,应由省政府或仲裁决定。申请书应以《电力法》规定的格式提出,在申请书上签名并送达被许可人。被许可人应将申请书副本留存在办公室并免费提供给申请人。

配电主线铺设并开始供应能源后,供应区域内的房屋所有人、占有人要求被许可人提供能源时,被许可人应在收到申请后一个月内或电气检查员允许的较长时间内开始持续提供能源,除非发生龙卷风、洪水或其他不能控制的事件导致无法供应。

申请人应在收到被许可人书面通知后 14 日内,以省政府批准的格式向被许可人提出书面合同,并提供使用能源两年以上的足够担保,保障被许可人有合理收益。申请人应向被许可人支付铺设服务线路的成本及从被许可人配电主线延伸 100 英尺以上服务线路的成本。

（二）中断供应

下列情况下,被许可人有权中断供应:(1)被许可人要求提供担保的通知送达 7 日后,房屋所有人、占有人未提供担保,或提供的担保无效,或变更后的房屋所有人、占有人未提供担保。(2)房屋所有人、占有人使用的器具或使用能源的方式不适当,干扰被许可人向其他人有效提供能源。(3)房屋内的电线、配件、工程及设备状况不佳,可能影响被许可人或其他人使用能源。(4)房屋所有人、占有人变更、增减了电线、配件、工程或器具且没有事先通知被许可人进行检查、测试、计算、收费。(5)房屋所有人、占有人存在以下行为:①使用能源时损害到被许可人供应线路的安全和有效运行;②以较低的费用使用能源;③破坏、干扰、伪造被许可人保护电表、最大需求指示器和其他测量器具所用的封装、封套、外盖;④改变电表、最大需求指示器和其他测量器具的读数;⑤阻碍仪表、最大需求指示器或其他测量器具正确记录能源供应情况;⑥阻碍仪表、最大需求指示器或其他计量器具正确记录能源消耗和使用情况。

（三）最高费率及争议解决

所有人、占有人使用能源的单位时间费率不得超过其房屋最高消耗所需的最高费率。如果所有人、占有人要求被许可人以指定的最高费率提供能源,被许可人无权变更该上限,除非被许可人在收到书面通知一个月后可以从所有人、占有人处追偿因服务线路改变引起的费用。

如果所有人、占有人对能源供应提出了要求且被许可人可以向电气检查员证明最近的配电干线已经达到满负荷,或者如果以更大的电流输电将导致电压不足进而严重影响附近其他消费者的供电效率,被许可人可在不超过 6 个月的合理期限内拒绝接受申请,以便检查员考虑变更配电干线或铺设、放置新配电干线。

若就能源计量或担保金额、成本或服务费用产生分歧,任何一方可申请将争议提交电气检查员。电气检查员自申请之日起 90 日内,并在给予双方听证机会后作出决定。若电气检查员未在 90 日内作出决定,或者一方不接受决定,该争议应提交给省政府作出最终决定。

（四）铺设配电干线

被许可人在铺设或放置服务线前,须提前 21 天通知地方当局及毗邻街道的所有房屋拥有人、占用人,声明被许可人打算铺设、放置服务线,并明确地方当局或 5 名以上所有人、占有人可以根据许可证的规定要求在该期间内同时铺设、放置必要的配电干线。

配电干线铺设后,除非发生旋风、洪水、风暴或其他超出被许可人控制的事件,省政府、地方当局可以要求被许可人通过配电干线供应不少于 7 年的公共灯用能。

### (五)向配电人供能及费率

趸售被许可人向配电人提供能源时应遵守下列规定:趸售被许可人供应范围内的配电人可提出供能申请,指定供应地点、开始供应时间和单位时间最高费率,趸售被许可人应在收到申请后确定供应日期。趸售被许可人可以要求配电人签订书面协议,明确接收并支付不少于 7 年的供应,供应收费应不低于趸售被许可人能产生合理回报的收费。

配电人供能的单位时间最高费率不得超过供应的必要目的,且在按规定提出新申请前不得增加;如果因此产生分歧或争议,应通过仲裁决定。仲裁时,仲裁员应考虑以下事项:(1)配电人获取能源的准备时间;(2)趸售被许可人提供能源所需的时间;(3)趸售被许可人供应能源发生或将要发生的资本支出;(4)趸售被许可人在停止供应时发生的无效资本;(5)趸售被许可人应向其供应区域内的任何配电人提供能源,即使配电人只希望获得其所配送能源的一部分。趸售被许可人如有要求,配电人应就特殊条款包括每年支付的最低金额签订协议,必要时通过仲裁解决;(6)配电人打算停止从趸售被许可人接收能源时,须至少提前 12 个月发出书面通知。

# 三、收费

如果消费者反对被许可人依据省政府批准的收费方式收费,可以发出书面通知,要求被许可人选择以实际供应能源或供应中所含电量收费。被许可人作出选择后不应采取其他收费方式,除非得到消费者同意。

被许可人在通过任何配电干线供应能源前,须以公开广告通知能源收费的方法。如果被许可人已发出该通知,则须至少提前一个月书面通知省政府和相关地方当局及能源消费者。

如果消费者的电表由被许可人提供,而被许可人改变了从配电干线供能的收费方式,被许可人应当提供一个新仪表,或提供新收费方式所需要的其他必要仪器。

被许可人收取的能源价格不得超过其许可证规定的最高限价。对于省政府批准的收费方法,价格不超过省政府在批准该方法时确定的最高价格。若省政府在许可证生效 7 年后认为许可证确定或经批准的最高限价应予以修改,则应将该事项提交咨询委员会。若咨询委员会建议作出修改,省政府可根据该建议作出命令。

被许可人可以依照许可证向消费者收取最低费用。在适用最低收费期间,即使消费者没有使用能源,也应支付该最低费用。被许可人应与省政府、地方当局就收费和能源价格达成协议。如果出现分歧或争议,应通过仲裁决定。

## 四、配电干线测试与验收

被许可人应当自费建立并保持适当数量的测试站以便于省政府可以直接测试配电干线能源供应压力和周期性。测试站应与配电干线保持合理距离和供电。

电气检查员测试时,被许可人应向每个测试站提供能源,并提供设施以检验和测试仪器的读取。被许可人在每次测试及仪器的读取、检查时,可派代表人在场,但不得干扰读取、测试和检查。

电力检验员对被许可人的工程进行测试时,须向被许可人发出合理通知。测试应在电力检验员认为最少干扰被许可人电力供应的适当时间进行,且不干扰电力供应。除非省政府要求或命令,电气检查员无权进入或干扰被许可人的工程。

被许可人不对电气检查员引起的能源中断或不正常供应负责。除非省政府发出命令,否则3个月内不得对被许可人的工程进行两次或两次以上测试。

## 五、供电计划

被许可人在开始供应能源后,应立即安排对供应区域制定供应计划,在计划上标明路线。如果是地下工程,则应标明现有电线、街道配电箱和其他工程的大致深度,并在每年及时更新该计划。如果电气检查员有要求,被许可人应以断面图显示所有其他地下工程的情况。

每一项供电计划都应按省政府要求的比例绘制。断面图应采用省政府要求的水平和垂直比例尺。被许可人应将计划和断面图及复印件保存在办公地点或供应区域内的主要经营场所,供所有申请人公开查阅。

若电气检查员要求且被许可人不是地方当局时,被许可人须向电气检查员和地方当局免费提供及时更新的计划和断面图副本。

# 第四节　发电、输电、配电监管法

　　巴基斯坦于 1997 年颁布了《发电、输电、配电监管法》，目的是消除巴基斯坦的能源贫困，确保电力市场监管透明、确定、有效，为发展和维持竞争性电力市场提供法律框架，兑现巴基斯坦发展可再生电力市场的国际承诺以及采取有效措施减缓不利气候变化，有效应对电力市场发展的利益冲突。《发电、输电、配电监管法》分一般规定、监管局、许可证和行政管理四章。1998 年经过较大幅度修正，增加了上诉法庭、登记、费用、绩效与标准、其他规定等专门条款，计 4 章 11 节 51 条。鉴于监管局的设立和职权已经在第一章第三节能源管理体制中阐述，本节在论及监管局时，重点放在监管局履行职能时的利益披露、法庭与上诉法庭、国家电力政策和电力计划的制定、发电监管等方面。

## 一、利益披露

　　监管局成员与提供电力服务的公司有直接、间接财务利益或任何联系时，可合理地认为其履行职责与该利益之间存在冲突，其公正考虑和决定问题、提供意见的能力受到损害。

　　监管局成员与监管局及其委员会讨论、决定的任何事项有利益关系时，须在讨论该事项前，以书面形式向监管局披露该利益及其性质。利益披露情况须记录在对该事项进行讨论或作出决定之前的会议记录中。作出披露的监督局成员不得参与或出席管理局的任何相关审议和决定，不参与相关投票。

　　管理局成员如果未按规定披露其利益，即属犯罪。一经定罪，可处为期一年的监禁，或 1000 万卢比以下的罚款，或两者同时适用。被控犯罪的人如果能证明其不知晓构成该罪行的事实，并在发现相关情况时履行了应有的谨慎和勤勉，视为有效抗辩。

　　监管局成员经任命后，应将其在巴基斯坦经营业务的法人团体中拥有或获得的所有直接、间接金钱利益以书面形式通知联邦政府。利益的性质及其具体情况发生变化时，应在监管局报告中披露。

　　如果主席意识到某成员存在利益关系，可以对该成员发出不参与或不继续参加的指示。其他情况下，主席应安排将该成员的利益向有关人员披露，收到指示的成员须遵从指示。

　　监管局主席须向有关人员包括正在等待监管局决定或裁定的人披露其利

益关系。主席及有利害关系成员不得参加决定该事项,除非相关人员同意。

其他人作为监管局代表履行职责、行使权力,或作为雇员履行职能、提供服务,或向监管局及其委员会、代表提供协助或咨询时,应立即向监管局发出书面通知,说明存在的利害关系及具体情况。其他人在需要避免利益冲突时,应披露存在的利益关系。若不依法披露即属犯罪。一经定罪,可处一年以下监禁,或 1000 万卢比以下罚款,或两者同时适用。任何被控犯罪的人,如果能证明其不知晓构成该罪行的事实,并在发现相关情况时履行了应有的谨慎和勤勉,则视为有效抗辩。

监管局主席、成员、员工、专家、顾问、指导人和其他员工,根据《发电、输电、配电监管法》或规章制度行为时,应视为 1860 年《巴基斯坦刑法典》意义上的公务员。监管局可根据合适的条款和条件聘用管理人员、工作人员、专家、顾问、指导人员和其他雇员,这些人不属于 1973 年《公务员法》所指的公务员。

# 二、法庭

监管局可从其专业人员中设立法庭以解决被许可人之间的合同和其他纠纷。监管局可将其职权授权给主席、成员或特别法庭,但下列职权除外:(1)授予、拒绝授予、修改、变更、撤销许可证或许可证条件的权力;(2)决定或修改税费的权力;(3)批准、不批准、修改投资计划或电力收购计划的权力;(4)建议规则和制定、废除法规的权力。

# 三、上诉法庭

## (一)上诉法庭的设立

联邦政府应通过官方公报,通知设立上诉法庭以行使本法规定的管辖权。上诉法庭的成员由联邦政府指定,包括前高等法院首席法官,任期 4 年。成员按联邦政府、旁遮普省、开伯尔普赫图赫瓦省、信德省、俾路支省的先后顺序轮流提名。年满 65 岁的,不得任命为上诉法庭的首席法官。

上诉法庭的财务人员由合格的注册会计师、成本和管理会计师、注册财务分析师担任,并由各省和联邦政府按信德省、旁遮普省、联邦政府、开伯尔普赫图赫瓦省、俾路支省的先后顺序轮流指定。

上诉法庭的电力成员应是巴基斯坦工程委员会成员,具备电气工程专业,并由各省和联邦政府按俾路支省、开伯尔普赫图赫瓦省、联邦政府、旁遮普省、信德省的先后顺序轮流指定。

上诉法庭的财务成员和电力成员按规定的条款和条件任期3年,但不得指定年满60岁的人担任。上诉法庭成员应为巴基斯坦公民且是全职人员。

**(二)成员资格**

上诉法庭的成员应具备以下资格:(1)至少拥有大学硕士专业学位或资格;至少有15年的专业工作经验;(2)除了轻微罪行外,没有犯罪记录;(3)过去没有具体活动或行为导致其诚实、正直、可靠性、能力和客观性受到合理质疑。下列情况发生时,应取消上诉法庭成员资格:(1)被判犯有道德败坏的罪行;(2)被宣布破产;(3)联邦政府任命成立的医疗委员会宣布其身体或精神不健康无法履行职责。

如上诉法庭成员因缺席或其他事由未履行职责达到3个月,其成员资格自动丧失。上诉法庭的决定应以多数人同意作出。如上诉法庭的成员少于3名,出席的2名成员构成法定人数。但如果法定人数为2人,须一致同意才能作出决定。会议出席人数达到法定要求时,作出的决定或裁定有效且可强制执行。

**(三)上诉法庭职位空缺的处理**

若上诉法庭成员职位出现空缺,联邦政府应指定一名新成员。若首席法官职位出现空缺,联邦政府应任命一名现有成员担任代理首席法官。任何人担任首席法官的时间不得超过3个月,但联邦政府应自该空缺出现之日起3个月内填补上诉法庭的空缺。首席法官缺席或丧失行为能力的,不影响其他成员担任上诉法庭成员和行使职权。

**(四)上诉程序**

任何人不服监管局及其成员或法庭决定、命令时,可在监管局或其成员作出决定、命令后30日内,以书面方式向上诉法庭提出上诉,上诉法庭须在提出上诉后3个月内作出决定。上诉法庭在审查上诉时,可进行其认为必要的进一步调查,并在给予监管局、法庭及上诉人庭审机会后作出命令,确认、更改或撤销针对上诉的决定或命令。如果被上诉的决定是监管局针对税费作出而上诉法庭反对监管局的决定,可将该事项连同有关指引发回监管局。管理局应在收到上诉法庭指引后一个月内审查其决定。

上诉法庭的决定须以书面形式作出,详细说明上诉中提出的问题及上诉人、监管局、法庭的论点。上诉法庭应依据法律和事实作出决定,在作出决定之日起5日内向上诉人、被上诉人提供决定副本。监督局及法庭的决定、命令在上诉期间具有约束力,可以向具有地域管辖权的高等法院针对上诉法庭的决定提起上诉。

### (五)利益披露

上诉法庭成员如果有任何金钱或其他利益可能影响不诚实地履行职责、公正决定或无偏私地给出建议,可以合理地视为存在利益冲突。上诉法庭成员与上诉法庭拟讨论或决定的事项有任何利害关系的,应以书面形式向法庭秘书披露该利益及其性质。上诉法庭成员应将其从法人团体中获得的所有直接、间接金钱和其他物质利益书面通知上诉法庭秘书;利益披露是上诉法庭关于该特定事项记录的一部分。

### (六)上诉法庭的权力

上诉法庭在处理上诉时视为民事法院,具有 1908 年《民事诉讼法》赋予法院的权力,包括要求任何人出席法庭并审查其宣誓,要求提供文件,审查证人和文件。

上诉法庭可要求并审查任何人有关上诉的记录、资料、文件,可成立一个由国内外电力行业专家组成的专家组以协助履行职责。

### (七)预算与基金

上诉法庭应当独立预算,预算资金包括联邦政府 1 亿卢比的初始拨款和上诉程序的收费、罚款。超过实际支出的税后盈余应在一年内汇入联邦综合基金,实际支出中的赤字由联邦政府弥补。监管局应完整、准确地保存实际支出和收入账簿,账目每年应由巴基斯坦审计长进行审计。

## 四、国家电力政策和电力计划的制定

联邦政府应当准备和制定国家电力市场发展政策,并经共同利益委员会批准。联邦政府在制定政策时,可以从监管局寻求协助。

国家电力政策应规定以下事项:(1)煤炭、天然气、核物质与材料、水电和可再生能源资源的最佳开发利用系统;(2)发展高效和流动性的电力市场设计;(3)集成国家和省级输电系统;(4)对发展可再生能源市场作出专门规定,确保逐渐增加可再生能源在电力行业的份额;(5)与电力部门发展、改革、改善和可持续性有关的其他事项。

联邦政府可以自行或根据省政府动议,并经共同利益委员会批准,审查和修订国家电力政策。联邦政府应与省政府协商并根据国家电力政策制定国家电力计划，每5年发布一次。在准备和修改国家电力计划时，联邦政府应公布国家电力计划草案，并在通知发出后30日内就建议和意见发出邀请。如果省政府建议修订国家电力计划，经联邦政府同意后可以采纳。监管局应根据国家电力政策和国家电力计划履行职能。

## 五、发电监管

发电实施许可证制度，未经监管局依据《发电、输电、配电监管法》规定的条件发放许可证，任何人不得建造、拥有、运营发电设备。

发电许可证申请书应明确发电设施的类型、位置和预期寿命。监管局在进行审查后，可依照本法规定的条件及监管局施加的条件，授予被许可人建造、拥有、运营联网发电设施许可证。

在发电设施直接或间接连接到国家电网公司输电设备情况下，被许可人应向国家电网公司提供发电设备以实现电网安全、可靠、无歧视的经济调度和运行，遵守监管局确定的电压支持和国家电网公司制定的非经济性调度补偿。

联邦政府在与监管局协商后，通过官方公报通知不同类型发电许可证的逐步退出机制，退出不得超过《发电、输电、配电监管法》生效后5年。发电公司在符合电网连接技术标准且符合以下条件时，可以建设、运营、维护发电设施，不需要获得许可证：(1)拟设立发电设施的发电公司应制定一份涵盖财务、地质、水文、技术、安全和环境详细情况的方案，并提交监管局批准；(2)若发电公司提交的方案打算建立水力发电设施，监管局应考虑拟议的工程是否影响河流的最佳开发前景，或其支流用于发电时是否符合饮用水、灌溉、防洪及其他公共用途，并确保获得联邦政府和省政府的必要批准。

个人可以建造、维护、运营自备发电厂和专用输电线路，但自备发电厂通过电网提供的电力应与发电公司发电设施提供的电力受到相同的监管。个人建造自备发电厂并维护、运营该发电厂的，享有从自备发电厂至其使用目的地开放接入的权利，但开放接入应有足够的输电设施。输电设施的可用性由国家或省电网公司视情况决定。有关输电设施可用性的争议由监管局裁决。

发电公司有义务依据《发电、输电、配电监管法》和相关规则、规章的规定，建造、运营、维护发电站、联线、变电站和专用输电线路。

在发电设施直接或间接连接到国家、省级电网公司输电设备时，发电公司应为国家输电网和关联设备的安全、可靠、无歧视、经济调度和运行提供发电设备，遵守监管局确定的电压支持和输电系统运营商制定的非经济性调度补偿。

发电公司可根据《发电、输电和配电监管法》及相关法规,向输电、配电、供电和市场交易商提供电力,并可根据规定向消费者提供电力。各发电公司应向监管局提交其发电站的技术细节,与输电公司协调输送所发电力。

# 第五节　电力业务许可证

电力系统是一个高度复杂的工业系统,巴基斯坦对输电、配电、销售、供电、电力市场运营、市场交易等不同环节均实行许可证管理。首先,相关许可证按照业务类型可分为输电许可证、配电许可证、售电许可证、供电许可证、市场运营商许可证、电力交易商许可证,进行分类监管。《发电、输电、配电监管法》规定了不同类型许可证的授予条件和被许可人的职责,要求被许可人是按照1984年《公司条例》注册的公司而非个人。其次,法律对卡拉奇供电公司、水电开发署、开普省能源发展局作出特别安排。再次,法律对许可证登记、执法、法律责任、电力收费的确定、履行绩效标准等作出规定。因此,巴基斯坦构建了电力监管领域较为完善的许可证制度和规则体系。

除被许可人外,其他人在提供电力服务时均应按规定的方式和条件向监管局进行登记。登记后应随时维持规定的最低资本要求,有足够设施确保有效提供所登记的服务。监管局出于公共利益需要并经被许可人同意,可以修改、变更许可证和已批准的登记。若被许可人不同意,监管局应就修改或变更许可证是否有利于公共利益召开听证会,并作出与听证会结果相一致的决定。未经监管局事先批准,被许可人、登记人不得放弃、转让或向任何人转移许可证。

## 一、输电许可证

《发电、输电、配电监管法》第16条规定,输电实行许可证制度,取得许可证后,才能够从事输电业务。

联邦政府应制定授予输电许可证的资本标准,包括但不限于最低偿付能力要求和最低技术及人力资源要求。

输电许可证的申请书应明确申请许可证的服务类型、拟输送电力的位置地图和计划及监管局要求的其他资料。

## 二、国家电网公司

监管局根据法律规定并经必要询问后,授予被许可人从事电力输送,但一次只能授予一个许可证。被许可人拥有在许可证规定区域提供输电服务的专有权。国家电网公司的资格标准应包括但不限于最低偿付能力要求和最低技术及人力资源要求。

国家电网公司的职责有：(1)负责在非歧视基础上运营和提供安全可靠的输电和互联服务，包括向拟与其设施直接连接的大宗电力消费者提供服务。(2)按监管局确定的电价、收费、输电及互联服务条款和条件向公众提供输电服务。(3)未经监管局批准，不收取任何输电费用，不施加输电条件。(4)电力系统保持一体化运营时，要求其所属部门和关联企业不从事发电和配电业务，但该规定不适用于卡拉奇供电公司和水电开发署。(5)履行系统运营人的职能。

## 三、省电网公司

监管局根据法律规定并经必要询问后，可授权省政府拥有的公司从事该省管辖范围内的电力输送，但监管局在任何时候只能为每个省授予一个输电许可证。省电网公司的资格标准应包括但不限于最低偿付能力要求和最低技术及人力资源要求。

省级电网公司的职责有：(1)负责在非歧视基础上运营和提供安全可靠的输电服务，包括向拟与其设施直接连接的大宗电力消费者提供服务。(2)按监管局确定的电价、收费、条款和条件向国家电网公司及其他公司提供输电和互联服务。(3)根据需要从国家电网公司购买互联服务，并按照监管局确定的电价、收费、条款和条件将其设施连接到国家电网。(4)遵循监管局制定的绩效标准，包括安全、健康和环境保护指示。(5)向公众提供监管局批准的电价、收费、输电及互联服务的条款和条件。(6)未经监管局批准，不向公众收取输电服务费用，不附加其他条款和条件。(7)未经监管局批准，不收取任何输电费用，不附加输电条件。(8)要求所属部门或关联企业不从事发电和配电业务(9)开发、维持、公开其为履行服务义务并经监管局批准的投资计划及资产收购、出售计划。

## 四、专门用途输电

监管局可以为了公共利益，授予被许可人建设、拥有、维护、运营专用输电设施。被许可人应做到：(1)按照监管局决定的费率、费用、条款和条件，在必要时向国家电网公司和其他人提供输电和互联服务。(2)根据需要从国家电网公司购买互联服务，并按照管理局确定的费率、费用、条款和条件将其设施连接到国家电网。(3)使其输电设施按照国家电网公司发布的指示运行。(4)遵循监管局制定的输电性能标准,包括监管局和政府机构发布的安全、健康和环境保护指示。(5)向公众提供监管局批准的电价、收费、输电及互联服务的条款和条件。(6)按照监管局规定的方式和程序维持账目。

## 五、配电许可证

除按照《电力法》获得配电许可证和规定条件外,任何人不得从事配电服务。授予配电许可证的资格标准应包括但不限于最低偿付能力要求和最低技术及人力资源要求。

申请配电许可证的申请书应明确申请许可证的服务类型,提供配电服务的区域,电力来源、范围及所支付的费率。

配电人的职责包括:(1)在许可证规定的时期内向服务区域提供配电服务,但是发电公司可以向大宗电力消费者销售电力;(2)负责在其服务区域内非歧视地向符合监管局规定资格标准的所有消费者提供配电服务;(3)向公众提供监管局批准的配电电价、收费及其他条款和条件;(4)在配电许可证签发后3个月内,告知公众获得配电服务的方式和程序;(5)根据系统运营商的指导,将传输设备提供给其他被许可人;(6)遵循监管局制定的配电和传输性能标准及监管局、政府机构、省政府发布的安全、健康和环境保护指示;(7)按照监管局规定的方式和程序设立账目;(8)经监管局事先批准后,制定、维护和公开其为提供服务义务收购、出售资产的投资计划。

配电人向电力消费销售电力分两种类型,第一种是向大宗电力消费者售电,第二种是向其他配电公司售电。监管局可允许配电人向其服务区域内的大宗电力消费者出售电力,大宗电力消费者打算停止向配电公司购买电力的,应在停止购买前一年以书面形式通知其意图。配电公司也可以根据监管局批准的费率、收费、其他服务条款和条件,将电力出售给其他配电公司。

## 六、市场运营商许可证

未经监管局许可,任何人不得做市场运营商。授予市场运营商的资格标准由联邦政府规定,包括但不限于:(1)最低偿付能力要求;(2)最低技术和人力资源要求;(3)被许可人的公共服务义务,包括服务质量、交易透明度、及时收取款项、收取联邦政府征收的税收及附加费等。

有资格获得市场运营商许可证的公司,可依据规定的方式和条件向监管局提出申请。提出许可证申请时,须附一份商业守则草案,市场运营商可以从事经许可的活动,监管局可以要求申请人以必要方式提供与申请许可证有关的其他资料。市场运营商的职责是:(1)经监管局批准,可以制定必要的商业守则以便履行其作为市场运营商的职能。(2)按照监管局批准的商业守则、政策和程序,管理市场参与者及其代表的运营、业务标准及业务行为。(3)监管局出于公众利益需要,可指示市场运营商制定、修订商业守则。若市场运营商在 30 日内未遵从监管局的指示且没有提供不遵从的正当理由,则市场运营商的商业守则视为已制定或修订并生效。

## 七、电力交易商许可证

获得监管局发放的许可证后,才可以从事电力交易。授予电力交易许可证的资格标准应规定:(1)最低偿付能力要求;(2)最低技术和人力资源要求;(3)被许可方的公共服务义务,包括服务质量、交易透明度、及时收取费用、有效收取和提供联邦政府可能征收的税收和附加费等。

申请电力交易商许可证时应明确许可证的服务类型、服务模式和方式及其他应明确的信息。电力交易商的职责如下:(1)按许可证规定的条件进行电力交易;(2)进行双边交易,签订适当的交易合同提供供电的必要保障;(3)确保有合适的电表用于能源核算,并遵守监管局规定的核算规范;(4)视情况与输电商和配电商达成必要的协议;(5)向监管局宣布其最大月交易量和 5 年期交易计划;(6)遵从系统运营商发出的指示;(7)公开向消费者提供监管局批准的费率、收费及其他销售条款和条件;(8)按照监管局规定的方式和程序设立账目;(9)监管局规定的其他义务。

## 八、供电许可证

未经监管局许可,任何人不得向消费者供应电力。2018 年修订《发电、输电、配电监管法》生效前获得配电许可证的,视为持有供电许可证,期限为 5 年。授予供电许可证的资格标准由联邦政府规定,包括但不限于:(1)最低偿付能力要求;(2)最低人力资源要求;(3)可能的最终供电人;(4)被许可人的公共服务义务,包括服务质量、交易透明度、及时收取款项、有效收取和提交联邦政府可能征收的税收和附加费等。

申请供电许可证应明确许可证的服务类型,拟提供服务的模式和方式以及监管局要求的其他信息。电力供应商的职责是:(1)在许可证指明的区域内向消费者销售电力,制定该区域供电计划。(2)负责在其供电区域内向所有符合监管局规定资格标准的消费者非歧视性地销售电力,但被许可人不得向与其他供应商签约的大宗电力消费者出售电力。(3)要求配电商切断拖欠电费或涉嫌盗窃的电力消费者的电力供应。(4)公开向消费者供电的费率、收费及其他条款和条件。(5)在发放许可证后 3 个月内,向公众明确获得服务的程序、经批准的计费和收费方式及程序及不交电费、窃电、断电、重新连接的方式和程序,以及追回欠款和其他费用的程序。(6)按照监管局规定的方式和程序设立账目。(7)经监管局事先批准,制定、维护和公开其为提供服务义务收购、出售资产的投资计划。

## 九、系统运营商许可证

未经监管局许可,任何人不得承担监管局规定的系统运营商职能。从 2018 年《发电、输电、配电监管法》修正案生效后两年,国家电网公司视为系统运营商。授予系统运营商许可证的资格标准由联邦政府规定,包括但不限于:(1)最低的技术和人力资源要求;(2)被许可人的公共服务义务,包括服务质量和交易透明度;(3)有资格获得许可证成为系统运营商的人,可以依据规定的格式、方式、条件向监管局提出申请;(4)提出系统运营商许可证申请时,须附有一份电网守则草案,规定系统运营商从事许可证下活动的形式和方式;(5)监管局可要求申请人提供与申请有关的其他资料。

系统运营商的职责包括但不限于:(1)发电调度和投入;(2)输电调度和发电中断协调;(3)输电拥堵管理;(4)跨境输电协调;(5)辅助服务的采购和调度以及长期容量的系统规划;(6)经监管局批准,制定电网管理代码;(7)按照监管局批准的政策和程序,管理运营、工作标准及业务。

监管局为了公众利益需要,可指示系统运营商制定电网代码,或修订其现有电网代码。如果系统运营商在 30 日内未遵从监管局指示且没有提供不遵从的正当理由,则系统运营商的电网代码视为已制定或修改并生效。

## 十、向其他主体授予许可证

从《发电、输电、配电监管法》生效日起,监管局可以将卡拉奇供电公司服务区域的许可证授予给一个以上被许可人。在《发电、输电、配电监管法》生效起 6 个月内,卡拉奇供电公司视为被许可人,应在此期间内申请许可证。法律关于其他被许可人的条件同样适用于卡拉奇供电公司。

水电开发署、开普省能源发展局视为被许可人。《发电、输电、配电监管法》生效后 6 个月内,水电开发署、开普省能源发展局视为被许可人,但其应在此期间内申请相应的许可证并同样遵守被许可人发电、输电和配电条件。

## 十一、登记

除被许可人外,其他人在提供电力服务时均应按规定的方式和条件向监管局登记。登记后应随时维持规定的最低资本要求,有足够设施确保有效提供所登记的服务。若监管局出于公共利益需要并经被许可人同意,可以修改、变更许可证或已批准的登记。若被许可人不同意,监管局应就修改或变更许可证是否有利于公共利益召开听证会,并作出与听证会结果相一致的决定。未经监管局事先批准,被许可人、登记人不得放弃、转让或向任何人转移许可证。

## 十二、执法

### (一)监管局的调查和程序

监管局可以任命 2 名以上官员调查任何违反《发电、输电、配电监管法》及相关规则、法规、准则规定的事项。

监管局在指定调查人员的通知中应明确发起调查的原因、被调查人可能的违反事项及完成调查的时间。调查通知的副本应当提供给被调查人,被调查人有义务向调查人员提供调查所需的便利。调查开始时,经书面通知,调查人员可以要求任何人出示其保管、控制的簿册、登记册和文件。任何妨碍调查人员行使权力,故意不出示调查人员所要求的簿册、登记册或文件时,如果调查人员认为被调查人不遵守调查会影响消费者利益,则须提起法律程序并予以惩罚。因调查人员的行为受到侵害的,可以向监管局投诉。监管局应在收到投诉后 15日内开始聆讯,按照规定的程序确定投诉的真实性。

### (二)对违法行为的处罚

《发电、输电、配电监管法》第 27 条规定了违反本法及相关法规的处置方法,对不遵守许可证条件和登记的行为予以处罚。

对公司罚款 1000 万卢比到 2 亿卢比。持续违法情况下,每天处 10 万卢比的额外罚款。对个人罚款 100 万卢比到 1000 万卢比。持续违法情况下,每天处 1 万卢比的额外罚款。处以罚款前,应向拟被处罚人提供合理的听证机会。

拟被处罚人是发电公司、被许可人或登记人时,罚款不得作为监管局决定的税费成本。

### (三)禁止令

监管局书面记录违法事由后,对于持续违法行为可以采取下列措施:(1)禁止发电公司、被许可人、登记人提供电力服务;(2)禁止任何人从该发电设施购买电力;(3)要求发电公司、被许可人或登记人改善电力服务。如果监管局确信不存在违反本法及其规章制度,可自行或根据发电公司、被许可人、登记人申请,撤销或改变禁止令和要求。

### (四)暂停与撤销

监管局可以暂停或撤销持续违反法律的许可证或登记。监管局撤销或暂停许可证之前,应发出通知,说明理由,且可以提供纠正机会。若监管局撤销或暂停许可证,可采取以下全部或部分措施以延续许可证、登记所涉及的设施:(1)允许被许可人、登记人按照监管局规定的条款和条件继续经营该设施;(2)与其他人签订合同,立即接管该设施的运营;(3)委派1名管理人接管设施的运营。监管局的上述行动可持续至后续被许可人按监管局所决定的条款和条件接管设施时,包括支付安装在被许可人或登记人设施内的工厂、机械和其他设备得到补偿。

## 十三、电力收费的确定

监管局在确定、修改、修订提供电力服务的费率、收费及条款和条件时,应遵循国家电力政策、国家电力计划和联邦政府发布的指南,以实施国家电力政策和国家电力计划。考虑的因素包括:(1)保护消费者不被收取垄断价格或寡头垄断价格;(2)被许可人的研究、开发和资本投资项目成本;(3)被许可人的效率、运营和服务质量;(4)鼓励电力行业的经济效率;(5)联邦政府的经济和社会政策目标;(6)消灭剥削并尽量减少经济扭曲。

监管局在确定、修改、修订电力服务的费率、收费和条件时应遵守以下指南:(1)税费应允许被许可人收回谨慎发生的所有成本,以满足消费者的需要。对于服务成本以外的费用,例如基于公式设计的不超过一年的收费,不需要对被许可人的审慎性进行评估;(2)税费一般应考虑折旧费和与其他可比风险资本投资相称的资本投资回报率;(3)税费应允许被许可人获得一定回报率,以促进对设备和设施的持续合理投资,改善并提高服务;(4)税费应包括这样一种机制,允许被许可人是否因有效地提供服务和服务质量而受益或受惩罚;(5)税费应在可行范围内反映边际成本,考虑该行业的融资稳定性;(6)监管局应优先考虑竞争而非监管,并为此目的采取政策并确定税费;(7)只要税费在财务上可持续,允许以低于规定的成本水平向消费者提供服务;(8)税费应尽可能反映向具有类似服务要求的同类消费者提供服务的成本;(9)税费应设法为客户提供稳定性和可预测性;(10)税费应可理解,不产生误解,明确说明每个组成部分。监管应尽可能平衡考虑,优化所有可能受费率、收费、条款和条件影响的利益。

监管局应为了公众消费者利益,统一确定、修改、修订电力服务的利率、收费、条款和条件的程序,包括但不限于:收费申请时间、客户和其他相关方参与收费审批的过程及等待确定收费期间的客户退款保护。

监管局作出决定的期限不超过 4 个月,时间从监管局收到符合规章、规则要求的申请开始计算。联邦政府应在监管局正式宣告决定后 15 日内发出通知,并在官方公报中公告监管局批准电力服务的收费、费率、费用及其他条款和条件。监管局可以根据联邦政府发布的燃料费用和政策指南对批准的收费进行月度调整。月度调整应在每月 7 日前完成,并应在官方公报公布调整情况。

监管局应在《发电、输电、配电监管法》生效后 18 个月内,明确其批准输电公司、配电公司的投资和电力收购计划的程序及标准。制定的程序应尽量减少对国家电网公司、省级电网公司和配电公司之间所签订合同的监管。经监管局批准的投资计划和电力收购计划应考虑联邦政府发布的国家能源计划。监管局批准投资计划和电力收购计划后,须根据批准的条款和条件包括收费和费率条件准许配电公司签订长期购电合同。

# 十四、绩效与标准

组织结构方面,监管局为了公共利益需要,应根据《发电、输电、配电监管法》规定的程序,批准被许可人从事以下发电、输电、配电活动:(1)设施合并、重大收购和销售;(2)扩大经营业务;(3)重组业务结构。

绩效标准方面,监管局应规定发电、传输和配电公司的绩效标准,鼓励提供安全、高效、可靠的服务,包括:(1)电压和稳定性等服务特性;(2)计划和非计划停电;(3)利润保留;(4)连接新客户所需要的时间;(5)限电(load shedding)的原则和优先事项。

行业标准和行为准则方面,监管局应规定行业标准和统一的行为规范,包括:(1)发电、输电、配电设施安全性、可靠性和成本效益的规划标准;(2)发电厂、电力线路和电网连接的技术标准;(3)电网输电线路运行和维护标准;(4)设施施工惯例和标准;(5)操作标准和程序;(6)保养时间表;(7)维护足够的热备用和计划以满足需求;(8)设备规格与标准化;(9)甩负荷及其恢复程序。

投诉办公室设立和处理程序方面,监管局可以设立地区一级投诉办事处,听取和决定有关超额收费、不遵守批准的计量和收费指示、不支付费用、窃电和用能方面投诉。投诉办公室在收到投诉后采取行动前,须向被许可人或被投诉人发出通知,以查明案情,提供听证机会。办公室核实投诉后,如果发现被许可人或被投诉人有故意违反,应予以处罚:(1)对被许可人根据违反情况作出罚款;①(2)被许可人的员工有违法行为的,处 3 年以下监禁或 1000 万卢比以下罚款,或两者合并适用;(3)公司客户有违法行为时,依法处以罚款;(4)其他个人有违法行为时,处 3 年以下监禁或 1000 万卢比以下罚款,或两者合并适用。

# 第六节　电力行政管理

## 一、省检查办公室的设立及其职能

各省政府应建立检查办公室并授权其履行下列职责:(1)执行配电公司关于电能计量、计费、电费和窃电的决定;(2)决定计量、计费、收费纠纷,可以授权省政府任命的电力检查员根据 1910 年《电力法》行使该职权;(3)制定相关程序,以便配电公司和消费者可以将违反计量、计费和收费及其他相关指示的事项提交到检查办公室;(4)执行省政府确定的对违规行为的处罚。

省政府在监管局要求时,应提交省政府掌管的与省检查办公室有关的文档副本,监管局评估省检查员所要求的其他报告、声明和信息。

任何人认为受到省检查办公室的决定或命令侵害时,可以在收到命令后 30 日内,以规定的方式向监管局提出申诉,监管局应在 60 日内作出决定。

利害关系人可向监管局书面投诉被许可人违反《发电、输电、配电监管法》及相关规定、命令、规则、法规、许可证或指示的行为。监管局在收到投诉后采取行动前,应向被许可人或其他被投诉人发出通知,说明理由,并提供听证机会。

---

① 依据《发电、输电、配电监管法》第 27 条 B 款规定,被许可人是公司时,罚款 1000 万～2 亿卢比。持续违约情况下,每日处 10 万卢比的额外罚款。被许可人是个人时,罚款 100 万～1000 万卢比。持续违约情况下,每日处 1 万卢比的额外罚款。

## 二、监管局年度报告

监管局应在每个财政年度结束时向共同利益委员会和联邦政府提交年度报告,陈述国内电力服务状况,说明电力设施所有权、运营、管理、效率和控制情况,以及输电和发电能力、目前和未来的电力需求、电力服务成本及其他相关事项。

## 三、联邦政府规则

联邦政府可自行或根据监管局的建议,并在官方公报上发出通知,就《发电、输电、配电监管法》规定的事项制定规则,但联邦政府制定规则应与监管局和省政府协商,并在公布之日起不少于14日内征求公众意见。如果联邦政府和省政府之间存在分歧,该规则应提交共同利益委员会作出决定。

规则可以就以下事项作出规定:(1)指定监管局成员的程序和省政府上诉法庭程序;(2)公布费率和电价;(3)向共同利益委员会或联邦政府提交各种报告和编制报告的方式;(4)对许可证申请及违法行为进行调查的程序;(5)获取信息;(6)其他相关事项。

## 四、监管局规章

监管局为履行其职能,可通过官方公报公布其规章,规章不得违反《发电、输电、配电监管法》和联邦政府规则。

规章可以规定下列事项:(1)任命官员、工作人员、其他人及其服务条款和条件;(2)申请发电、输电、配电设施的形式和方式;(3)申请许可证的费用和所需文件;(4)被许可人计量、计费和收费程序;(5)解决被许可人和消费者之间纠纷的程序;(6)案件通知的方式和程序;(7)其他相关事项。

监管局制定规章前,须在两份广泛发行的报纸上征求公众意见,公布时间不少于30日。

# 第七节　国家电力政策

提供可靠、安全、高效和负担得起的电力是推动巴基斯坦经济可持续增长的主要动力之一,但是电力短缺对巴基斯坦的社会经济平衡产生了不利影响。巴基斯坦联邦政府制定各种政策来解决电力问题,包括但不限于针对发电和输电部门的政策。

进入 21 世纪后,随着经济和社会发展对电力需求的增长,巴基斯坦电力短缺问题不仅没有缓解,而且更为严重直至出现电力危机。电力短缺的趋势从 21 世纪初就开始,到 2007 年更为明显,直至在 2011—2012 年发生电力危机。大规模停电给国家财政带来的损失数以亿计,关键行业产业受到严重影响,大面积居民用电发生限电,国民经济恶化。① 巴基斯坦在 2013 年发布了《国家电力政策》,涵盖了发电、输电、配电三个部门,并制定了这三个部门的政策目的、目标和指导原则。然而,由于多种原因,政策举措的实施主要集中在发电部门,为电力部门所设定的目标未能全面实现。

2018 年《发电、输电、配电监管法》修正案得以通过,为建立一体化、可持续和竞争性的电力市场奠定了基础。修正案第 14 条 A 款规定联邦政府应根据共同利益委员会的批准,制定、修改国家电力计划。于是,巴基斯坦联邦政府于 2021 年制定了新的《国家电力政策》,为电力市场和电力部门的发展、改革、改善和可持续性做准备。新的《国家电力政策》确定了政府电力部门寻求实现的主要目标,规定了政策方向,提供了关键指导原则和辅助框架,指导电力部门实现既定目标。其愿景是确保通过自我维持的电力部门普遍获得电力,最佳利用本地资源,综合规划方法,高效、流动性和竞争性的市场设计,环境友好且电力消费者负担得起。然而,《国家电力政策》并没有规定实施计划或具体的操作指示,这应由政府以定期编制国家电力计划的形式来实现。这些计划可为电力部门特定环节的具体行动提供指导方针。

## 一、电力行业目标

获得负担得起、安全和可持续能源是电力部门的总目标,各目标之间没有高低之分,实现这三大目标将使政府电力部门的愿景具体化。根据《国家电力政策》采取的所有行动应均衡实施,不影响实现目标中的任何一个,同时确保与联合国 2015 年提出的可持续发展目标保持一致。巴基斯坦也是国际气候公约《京都议定书》《巴黎协定》缔约国。政府、监管机构和所有部门实体及省级实体在履行其各自职能时,都应以这些目标为指导,克服电力部门所面对的困难和障碍,并制定未来的行动计划。

---

① Sheheryar Zafar Choudri. Investment Opportunities & Risk Assessment for Chinese Power Sector Enterprises in Pakistan[D]. 北京:华北电力大学,2019.

### (一)获得负担得起的能源

**1.可获得性**

所有地区包括农村偏远地区以负担得起的价格获得电力供应是国家社会经济发展的基石。在负担不起电价的情况下,即使提供了电力,其价值也是有限的。政府应努力确保所有消费者都能以与其支付能力相称的电价获得电力。发展有效和流动性的市场设计。流动性强的市场设计和负担得起的电力供应有助于电力部门的资金周转和商业可行性。

**2.能源安全**

能源安全包括能不间断地获得能源,是电力部门至关重要的目标。政府应努力使国家发电用燃料组合多样化,优化利用水电、可再生能源、煤炭、天然气和核能等能源资源。

**3.可持续性**

电力部门可持续至关重要。电力部门各实体应努力采取必要措施以确保这种可持续性,包括:采取措施使得环境退化降至最低、技术和业务的可持续性、电力部门的综合发展以及资金上自我维持,包括逐步消除循环债务。优化能源强度,提高能源利用效率,采取节能措施,将有助于电力整体可持续性。

## 二、指导原则

电力部门应根据效率、透明度、竞争、财务可行性、本土化和环境友好这6项原则制定行动计划,实现《国家电力政策》设定的目标。

**1.效率原则**

通过逐步提高发电机组和系统运行效率、优化使用燃料、减少输电和配电线损及改进收集、需求侧管理、节能、健全治理实践(如去中心化)等来提高电力全行业价值链的效率。

**2.透明度原则**

透明度是电力行业的核心价值观之一,也是吸引投资的必要条件。透明度能增强消费者信心,最终会提高电力行业的流动性。通过制定可预测的政策框架、统一应用监管框架、从制度上消除利益冲突、工艺自动化和数字化应用,以及向所有利益相关者传播真实、及时信息的最佳实践来确保透明度。

**3.竞争原则**

竞争有助于提高质量,提高效率并降低成本。加强电力行业竞争将为向竞争性电力趸售市场奠定基础。竞争应是整个电力行业价值链发展和经营的基石。

### 4.财务可行性

整个电力行业的可持续性有赖于电力行业各部门的财务和商业可行性。采取的措施包括:(1)促进在电力服务水平不足地区能以最低成本投资;(2)电费要尽可能反映输电和配电成本;(3)及时将成本传递给消费者,同时取消政府提供的所有补贴;(4)回收因开放进入、分布式发电等原因而产生的成本。①

### 5.本土化和研发

采取多管齐下的本土化方法,提高电力行业价值链的当地含量、技术转移和研发。也可以通过政府协议、商业协议的方式由巴基斯坦联邦政府和私人实体及参与者促进技术转让。此外,还将采取步骤建立发展基金,以支持国内研发,增加提升当地能力所需的资源。

### 6.环境责任

环境责任是世界公认的保持电力行业可持续性的重要支柱。该行业的所有方面都应以环境目标为导向,以国际义务为基准,包括碳足迹、脱碳及巴基斯坦减少和限制温室气体排放的承诺。

## 三、电力行业的政策领域

《国家电力政策》确定了电力行业的九个领域,所有行动都应着眼于达到既定目的,实现电力行业的愿景。这九个领域分别是发电、输电、配电和供电、系统运营、市场开发和经营、服务成本收费和补贴、能源利用效率和节能、综合规划、治理。

### (一)发电

尽管能源需求存在季节性变化,电力行业可持续发展要求建设充足的发电能力以满足国家用电高峰需求。分担投资风险及合理的投资回报应基于市场条件并与发电能力增加相适应。发电能力增加应反映一体化、协调和可持续电力供应原则,实现在整个电力行业价值链中资源的最佳利用。除战略性发电项

---

① 新发电商的开放进入会导致既有发电商一定程度上无法收回已经发生的投资成本,这一现象被称为搁置成本。如何处理搁置成本是多个国家发电业管制改革棘手问题。搁置成本产生于电力管制改革这一特定背景,其回收离不开效率与公正双重考量。是否允许回收、回收方式、回收期限等均存在差异。参见:文绪武,胡林梅.发电业管制改革与搁置成本回收法律路径[J].杭州电子科技大学学报(社会科学版),2013(4):53-58.

目外,增加发电能力应基于竞争和成本最低原则。增加发电能力应满足以下条件:(1)采用的资质和方法论已列入《国家电力计划》;(2)经联邦政府与省级政府协商批准;(3)相关主办政府或省政府提供超过最低成本的增量成本。此外,为了确定成本最低并确保消费者获得最便宜的电力,确保不同燃料、技术的价格平稳,联邦政府应在制定发电框架时就发电参数、基准、假设条件等与省政府进行必要的协商。

发电组合应逐步减少对进口燃料的依赖,实现对煤炭、水电、可再生能源、当地天然气和核能等本地资源的最佳利用。发电组合决策应根据综合规划体系作出,向更清洁、更经济和更安全的发电组合过渡。经联邦政府与相关省协商并得到公共利益委员会批准的特别许可方可开发河流水电项目,单纯的河流水电项目不涉及灌溉、防洪和季节性蓄水。河流水电项目可以有一些蓄水设施,以调节日常水流波动和电厂日常峰值运行。项目的设计和运行应考虑到最佳利用场地潜力。

增加核能发电须纳入《指示性发电产能增加计划》,通过协商程序下的跨部门决定,并考虑发电经济性、电价和部门需求。逐步发展可持续的可再生能源市场,根据最小成本原则,逐步增加可再生能源发电份额。进行区域可再生能源资源评估,以优化的水平成本和企业能力确定、优先考虑可再生能源区域。未来的可再生能源发电将基于这种评估,重点是采取措施鼓励和促进技术转让,以便提高当地开发可再生能源市场的能力。

以成本最小和竞争原则促进当地煤炭和天然气资源的有效利用。分布式发电应符合电力行业综合规划。采取措施将分布式发电纳入电力行业规划,以确保分布式发电的可持续性。

对现有的公共部门热电厂进行私有化审查和评估,以租赁或其他方式为其未来可能整合到电力批发市场做准备,也可以考虑让现有热电厂退役。《国家电力计划》应规定相应的评估机制和后续实施路线图。实施机制应考虑与雇员相关的社会事项,包括但不限于搬迁安置、纳入其他公用事业公司、按相同的条款和条件延续雇佣期等。

《国家电力政策》与2015年发布的《发电政策》发生任何冲突或不一致时,应优先遵守《国家电力政策》。2015年《发电政策》与《国家电力政策》不冲突的规定继续有效,直至共同利益委员会批准修订为止。

根据《宪法》第157条规定,省政府可以制定本省发电、输电和配电方面的电力政策,并在本省内执行相关项目。只要省项目不连接到国家电网也不对联邦政府任何实体施加任何义务,不需要满足《指示性发电产能增加计划》的要求。省项目经过联邦政府同意,在满足《指示性发电产能增加计划》提出的成本最小和筛选条件情况下,可以接入到国家电网。

根据 2019 年《替代能源与可再生能源政策》及修订版本,对于《指示性发电产能增加计划》选定的项目,如果该项目已由省政府 2021 年 6 月 20 日前发出意向书并有意向联邦政府实体销售电力,有关联邦政府实体可向该项目发出支持函。

(二)输电

输电网络是电力可持续和电力安全的骨干。应努力发展一个强大的输电网络,以实现发电站和负荷中心之间平稳输送电力的目标。这种一体化将确保电力行业顺畅运行,避免拥堵、停电和局部限电。根据巴基斯坦《宪法》第 157 条第 2 款和法律规定,省政府有权在该省范围内建设电网、铺设输电线路,从事电力输送工作。省政府打算将其输电系统连接到国家电网时,国家电网公司将全权负责集中式《输电系统扩展计划》。《输电系统扩展计划》应规定国家输电系统和省输电系统的一体化。为了进行这种一体化,省电网公司和专用输电许可证应与国家电网公司协调,在实施前的构思阶段提供国家电网公司所要求的所有相关数据,并准备《输电系统扩展计划》。国家电网公司、省电网公司及专用输电许可证在履行各自职责时,应确保符合监管机构批准的《输电系统扩展计划》。

国家电网公司可探索不同的投融资方式,以扩大传输网络,包括省级政府的投融资、PPP 模式和政府间安排。PPP 模式下的所有开发应在竞争基础上进行,为所有相关方提供平等机会。

重组、改革电网运营人以实现《国家电力政策》规定的政策指令,也可以依据《国家电力政策》开发、批准的其他工具重组、改革电网运营人。国家电力公司应及时公开通过批准的《输电系统扩展计划》相关信息。

(三)配电和供电

配电部门是直接对接电力消费者的部门。配电部门的财务可行性以配电系统高效运作和及时从电力消费者获得补偿为前提。现有的运营导致监管机构确定的成本无法收回,造成循环债务积累,由此威胁到整个配电部门的可持续性发展。为了电力市场能实施有效的收费结构以确保流动性,电力监管机构应审查损失及收费目标,并在决策中反映出来。此外,电力监管机构应允许及时、谨慎地收回坏账,并根据行业惯例和程序,将便利化条款纳入监管框架。

为了协助有关实体能达到上述基准和目标,应及时寻求其他国家实体和省政府的适当干预。省级政府应向电力行业实体提供一切必要的支持,其中包括成本收回、电费收取、窃电检查和启动法律程序等。电力监管机构还应为配电公司员工的问责制采取具体措施,以满足监管机构确定的基准和目标。此外,为了减少循环债务的威胁,联邦政府将在执法机构的支持下,将防窃电措施和有效的成本回收系统制度化。

为确保实施经正式批准的有效市场设计,促进市场发展,电力监管机构应确保电力供应商承担并履行其职责,使其符合经批准的市场设计中规定的原则。国有配电公司可以进行重组或改革,以实现《国家电力政策》规定的目标,实现依据《国家电力政策》开发、批准的政策工具和制度设计。

为了扭转国有配电公司的业绩,各方应与能源部电力司协商,制定战略路线图。该路线图应包括改善公司治理、技术能力、安全和商业绩效的干预措施。路线图应制定明确的活动和要实现的里程碑事件,并及时进行绩效评估。能源部电力司或其指定实体也应负责地在批准的路线图范围内监测国有配电公司的业绩。

国有企业可以探索不同的融资和投资方式以扩大配电网络,包括省级政府或开发性投融资、PPP 模式(限于以 BOT、BOOT 为基础)和政府间安排下的投融资。PPP 模式下的所有开发都将在竞争基础上进行,为所有利益相关方提供平等机会。配电公司在增加配电网时应按照电力监管机构批准的配电投资计划进行,必要时应与《指示性发电产能增加计划》和《输电系统扩展计划》保持一致。国有配电公司应探索各种选择,包括使用技术和功能外包,以改善管理费用,公布配电网受限的预测信息及输配电计划信息。

(四)系统运营

高效的系统运营对电力行业至关重要,因为它能够对发电公司所发电力进行安全、可靠、非歧视的经济调度。应采取措施确保系统运行的完整性。从电力池到国有供电商或任何其他供电实体的分配分销应按照现有的电力池分配机制进行,或按照《国家电力计划》的后续规定进行。

系统运营人可以进行重组、改革,以实现《国家电力政策》和《国家电力计划》确定的目标,实现根据《国家电力政策》批准的设计目标。应通过信息技术的自动化系统实现功能。这将提高系统运营的透明度,进行安全、可靠和非歧视性的经济调度。

为了提高可再生能源发电比例,应升级监控与数据采集系统及其他相关系统。系统运营人应公开其为实施可竞争性电力趸售市场所需要的信息,包括电力短期预测、输电堵塞、负荷和输电线路可用容量、基于单位承诺的调度、市场价格、储备等信息。

(五)市场开发和经营

经监管机构批准的高效和流动性电力市场设计有助于实现政策目标。趸售市场设计应确保实现以下目标:(1)所有市场参与者在非歧视性的基础上开放接入;(2)创造一个能吸引投资的环境;(3)改善电力行业的供应安全;(4)确保趸售市场进一步发展到高级阶段;(5)促进市场的竞争性安排;(6)促进市场参与者之间的支付纪律;(7)通过改善市场状况,取消购电的长期主权担保;(8)确保趸售市场设计与未来零售市场作业之间的兼容性;(9)确保市场透明度、可预测性和可问责性;(10)创造一个兼容、参与式的区域电力市场环境。

经批准的趸售市场设计及其实施和后续工作应考虑以下因素:(1)电力消费者能够选择更换电力供应商,初期只针对大型或大宗电力消费者,然后逐步实现零售市场自由化;(2)制定激励措施,促进电力系统中最有效发电商的可持续进入;(3)不得制造参与者无法充分利用市场条件的异常情况;(4)通过市场自由化的方式为政府创造最低负担;(5)通过履行现有能源合同、购电协议及市场设计中的无缝过渡保持投资者信心;(6)通过向所有供应商的消费者统一应用交叉补贴和其他电网收费,为所有市场参与者提供公平的竞争环境;(7)联邦政府应就开放进入和市场自由化产生的成本回收问题作出决策;(8)确保公开获取信息,并在市场上采取其他透明度措施,特别是向市场上可靠和独立服务提供者提供这些信息和措施;(9)推动交易工具标准化,提高流动性;(10)战略项目的商业化;(11)确保对不同市场参与者之间的贸易失衡采取适当的争议解决机制;(12)确保市场参与者的问责制,为市场建立纪律;(13)考虑国际市场发展经验和当地市场条件;(14)通过简便的监管调整,逐步提高市场竞争;(15)在市场参与者之间公平分配风险。

市场经营者负责趸售市场发展,与利益相关者协商并经监管机构批准。为确保电力趸售市场设计的实施及进一步发展,监管机构应及时为电力供应、采购、公开进入、竞争性投标、电力进口等制定、修改和更新监管框架,并确保有效的市场监测和执行。但在双边竞争性合同交易市场实施后,各输电和配电被许可人应根据政策和法律框架确定的条款,向所有市场参与者提供输配电系统和互联服务的非歧视开放接入。

电力监管可以对市场经营者进行重组或改革,以实现《国家电力政策》的目标。电力监管机构应确保市场经营者公布运营竞争性趸售市场所必需的所有信息。

(六)服务成本收费和补贴

电力行业财政可持续性是以收回全部服务成本为前提的。应通过有效的收费结构,在可行范围内确保电力行业有足够的流动性。监管机构应将发电端电价调整与消费端电价保持一致,电价调整由被许可人提出,并由监管机构就季度和月度调整及时作出决定。

鉴于各种参数包括社会经济目标、预算目标及监管机构关于国有配电公司向消费者的收费建议等,联邦政府可以继续建议对不同消费者和不同地区提出统一收费。监管机构应为了消费者利益,为所有国有配电公司确定统一的收费。此外,联邦政府可通过直接或间接补贴,对卡拉奇电力公司和国有配电公司维持统一的消费端收费。即使在私有化之后,联邦政府仍可以继续该措施。

电力行业资金上的可持续性将消除对联邦政府的补贴需求,但联邦政府对生命线、工业或农业消费者的补贴除外。联邦政府应及时发放由政府提供的补贴,以促进电力行业的资金可持续性。

监管机构为了确保电力行业的流动性并为电力趸售市场提供公平竞争,可收取额外费用,该额外收费应视为配电公司、供电商应承担的成本。额外收费应考虑电力行业的可持续性、社会经济目标、商业可行性、消费者的负担能力及统一的收费政策。同样,政府也可以在消费端收费中纳入其征收的附加费,附加费应视为配电公司、供电商的成本。

监管机构将为登记分布式发电制定指导方针,方便分布式发电纳入有关实体的综合规划和需求预测。此外,监管机构应制定路线图,逐步取消分布式发电的许可制度。监管机构应根据联邦政府的决定,规定消费端分布式发电和开放进入引起的成本回收收费。联邦政府可以随时提供各种优惠措施,鼓励消费分布式发电,尽量减少成本。

(七)能源利用效率和节能

节能和高效利用能源是管理电力需求和供应的有效工具。通过能源利用效率和节约节省的 1 兆瓦时电力的成本远远低于生产 1 兆瓦时的相应成本。因此,应共同努力提高能源利用效率和节能。

所有电力行业相关实体应确保严格遵守、执行国家能效和节能管理局制定的效率标准和节能措施。为促进国家能效和节能管理局履行其职能,电力行业实体应协助下列工作:(1)实施战略计划;(2)进行相关定量或技术经济分析;(3)进行相关调查、监视、监测、检查和能源审计;(4)电力消费统计和评估;(5)实施设备和器具方案、工艺、标准、规范、产品标签所需的投入;(6)与需求侧管理相关的投入和反馈;(7)编制、更新国家节能政策和节能计划所需的投入;(8)识别相关机会、技术示范、开展试点项目、扩大服务范围和信息、培训和教育以及最佳节能做法所需的投入。

监管机构将与国家能效和节能管理局合作,通过监管框架促进激励性的需求参与机制,有效利用现有资源。

(八)综合规划

为满足国家当前和将来的能源需求,电力行业规划应与能源价值链相匹配。因此,能源部今后将在可持续发展基础上制定综合性的未来能源计划。应在《国家电力政策》发出后一年内实施相应的过渡路线图、结构调整和制度建设。《国家电力政策》建立的框架以及被许可方的投资和电力获取计划应反映综合能源计划及其原则,包括燃料组合,从而有助于实现既定政策目标。

电力监管机构应在举行公开听证并与利益相关者尤其是与省级政府协商后批准《指示性发电容量增加计划》。该计划是未来十年发电产能滚动扩展计划,应由相关实体根据电网规范制定,每年经监管机构批准。国家电网公司应提交《输电系统扩展计划》,支撑《指示性发电容量增加计划》并经监管机构批准。《指示性发电容量增加计划》是滚动计划,可由国家电网公司根据电网代码编制,并经监管机构批准,可以是年度计划,也可以是 3 年、5 年或 10 年计划。所有利益相关者应遵循和实施这两个计划。可以每年修订一次计划,也可以由《国家电力计划》作出规定。

为确保获得可负担得起的电力供应,电力监管机构与省政府协商并经共同利益委员会批准后,可以将备选发电项目的输电成本标准纳入《国家电力计划》。未来的电力采购应依据《指示性发电容量增加计划》和《输电系统扩展计划》这两个计划,并遵守相应的政策框架和监管规定。《国家电力政策》应包括必要的电力出口综合性规划和框架性规定。

卡拉奇电力公司的发电和输电扩展计划及运营应逐步融入系统,以实现政策目标。其路线图应在《国家电力计划》中规定,或在根据《国家电力政策》编制批准的设计和文件中作出规定。

政府致力于按照国家法律框架为支付电费的消费者逐步消除所有领域的限电,包括农村地区。此外,为了促进财政上不可行地区的电网扩张,将探索离网和微电网解决方案。综合规划应规定农村电气化,向无电地区提供电力服务。电力监管机构应在其网站上发布经批准的《指示性发电容量增加计划》《输电系统扩展计划》及配电投资计划。

(九)治理

良好的治理是企业实体高效和可持续绩效的先决条件,并最终为整个电力行业的可持续发展作出贡献。所有电力行业实体和利益相关者在其决策和经营中都应采取透明度原则、公平竞争原则和善治原则。

部长级和各电力行业相关部门、行业实体的决策程序和决策时间应进行优化,促进高效运营。此外,所有以自己名义运营并设立董事会管理的行业实体应按照经批准的战略框架透明行事。国有企业董事会应根据公司治理规则任命,对董事会成员的任命均应以业绩为准。应为行业实体制定业绩基准,并根据基准对董事会的业绩进行审查。

政府应探讨私有化的各种备选办法,以提高国有实体的经营效率。《国家电力政策》发布后一年内,共同利益委员会应依职权对过去的监管绩效进行独立评估。随后每四年,根据行业综合规划机制采取识别行动和能力建设措施以提高监管机构的能力,应对新出现的行业挑战,最小化监管滞后问题。《国家电力计划》应规定评估原则和轮廓,适时更新绩效标准、规范和其他监管框架,以便于实际操作。

## 四、政策实施

### (一)实施

为实现《国家电力政策》目标,有必要制定适当的计划、框架、指导方针和机制,提供操作工具。《国家电力政策》是电力行业改革、发展、完善和可持续性的首要保护。联邦政府将与省政府相互协商,编制《国家电力计划》。该计划虽然是五年计划,但着眼于未来 15 年。《国家电力计划》应提供指导方针和实施机制以实现电力行业政策目标。根据《国家电力计划》,联邦政府可发布具体框架,以便于特定部门实施。《国家电力计划》中任何与《国家电力政策》不一致的规定均无效。

### (二)监测

能源部电力司负责审查和监测《国家电力政策》《国家电力计划》的实施进展情况。如果经过审查表明,电力行业与其他行业之间的互动对实施《国家电力政策》有意义,则能源部电力司应与其他行业及部委合作实施电力行业新计划,各部应为《国家电力政策》的实施提供便利条件。能源部电力司将按季度审查进展情况,每年向共同利益委员会提交一份关于《国家电力政策》实施进展情况的详细报告。能源部电力司可以指定其他实体执行任务。所有联邦和省级相关实体应就《国家电力计划》《国家电力政策》向能源部电力司提供季度进展报告。

### (三)适用性、审查和更新

《国家电力政策》在发布后立即生效,联邦政府的现有政策在不与《国家电力政策》相冲突情况下继续有效。联邦政府可以自行决定或应省政府请求,向共同利益委员会提出审查或修改《国家电力政策》的建议。

# 第三章　煤炭法律与政策

　　煤炭消费与巴基斯坦经济发展有着密切关系。由于各种类型能源生产不足,巴基斯坦能源危机频发。随着人口增长和经济发展,能源需求和消费不断增加。受高度依赖油气能源、能源利用效率低、循环债务、资源安全等问题影响,巴基斯坦面临着重大能源危机。巴基斯坦联邦政府应进行政策设计最大限度地降低债务水平,避免贷款型投资。虽然巴基斯坦有着丰富的可再生能源资源,但仍不得不进口大量的碳氢能源以满足国内能源需求。[①] 在公共危机的治理困境中,巴基斯坦联邦政府存在制度协调、人员协调、信息协调及物资协调等方面的能力缺失。[②]

　　巴基斯坦联邦政府没有制定专门的煤炭法,但是沿用了英国殖民地时期于1923年制定的《矿山法》。该法同样适用于煤炭开采和煤矿管理,重点规定了矿山检查官、矿业局和矿业委员会、矿山作业与管理、矿工健康与安全、工作时间、矿业规章制定、对违法行为的处罚和程序等。

　　巴基斯坦联邦政府始终鼓励投资矿产勘探和开发,通过有吸引力的财政和监管制度来提高矿业部门的国际竞争力,巴基斯坦联邦政府在1995年宣布了第一个国家矿产政策。这一倡议给矿产部门带来了大量外国直接投资,从而发现了世界级的煤炭、铜金、宝石矿藏,并大大增加了公共财政收入。经与利益相关者、省协商后,该政策于2013年进行了更新,并经共同利益委员会批准后实施。[③]

---

①　Rehman A,Ma H Y,Radulescu M,et al. Energy Crisis in Pakistan and Economic Progress:Decoupling the Impact of Coal Energy Consumption in Power and Brick Kilns [J]. Mathematics,2021(9):17-32.

②　孙红旗.巴基斯坦研究(第二辑)[M].北京:中国社会科学出版社,2017:118.

③　巴基斯坦《宪法》第153条规定了共同利益委员会的设立方式和组成。规定共同利益委员会由总统任命。委员会由总理、各省首席部长及总理提名的联邦政府3名成员等组成。共同利益委员会向议会负责,并向议会两院提交年度报告。

# 第一节　矿山检查官

## 一、矿山检查官的产生及职权

主管政府可通过政府公报,任命一名合格人员担任巴基斯坦全国或省总检查官,并任命一名合格人员担任总检查官管辖的矿山检查官。① 与巴基斯坦境内任何矿山或采矿权直接、间接相关的任何人不得被任命为总检查官或检查官。任何人在被任命为总检查官或检查官后,不得直接或间接与任何矿山及采矿权有利益关系。地方行政长官可根据政府的一般命令或特别命令行使检查官的权力,履行检查官的职责。总检查官和检查官视为公务员。总检查官可以通过书面命令禁止、限制检查官的行为,可以宣布检查官在当地区域内行使的权力。检查官应将其行使职权的法规和规则依据提供给所在区域、矿山所有人及其代理人和管理人员。

矿山总检查官和检查官的职权包括:(1)进行检查和调查,以确定矿山是否遵守法律、条例、规则和细则以及根据本法制定的命令;(2)进入、查看、检查矿山及矿山任何组成部分;(3)检查矿山任何部分的现状和条件、矿山通风、与矿山有关的现行细则,以及与矿工安全、健康和福利相关的所有事项;(4)为执法所需,在矿区范围内或其他地方,要求相关人员进行陈述,但任何人不得被要求回答或提供使自己构成犯罪的证据;(5)要求出示依法制作的任何账簿、登记簿及其他文件,并予以保管、复制、摘录;(6)在通知矿山管理人或其代表后,或移除样品以分析矿山中使用或处理的材料和物质。

总检查官、检查官在提前至少 3 天通知矿山经理后,可以通过特别书面命令授权其代表在任何白天或夜间进入矿山及其任何部分进行测量或矫正,但无正当理由不得阻碍、妨碍矿山正常工作。如果总检查官或检查官认为有紧急情况,则无需提前发出通知。矿山的每一位矿主、代理人、经理应向总检查官、检查官及其授权代表提供所有合理设施,以便检查人员能够进入、查看、测量、检查、查询。

---

① 主管政府有两类。就核物质、矿物油、天然气及联邦法律宣布为危险易燃物质油气田矿山而言,主管政府是指联邦政府;就其他矿山而言,主管政府是指省政府。

## 二、检查官的信息保密义务

首席检查官、检查官及协助人员在检查矿山过程中获得的与矿山相关的所有副本、摘录、登记册或其他记录均为机密信息,不得向任何人披露,除非是根据 1923 年《劳工赔偿法》向地方行政长官、劳工赔偿专员或相关矿山的所有人、代理人或上级管理披露。总检查官、检查官为确保人员安全时,可以进行披露。

如果总检查官、检查官或任何其他人违反信息保密规定,未经主管政府同意披露信息,将构成犯罪,应处一年以下监禁或罚款,或两者并用。在主管政府就伪造文件作出处罚前,法院不得进行刑事审判。总检查官、检查官应将任何投诉视为绝密,不得告知矿主或其代表因收到投诉而进行检查。

# 第二节　矿业局和矿业委员会

## 一、矿业局

主管政府可为巴基斯坦的任何地区、省、矿山集团组建矿业局。矿业局由下列人员组成:(1)由主管政府指定的总检查官、检查官以外的公务员担任主席;(2)总检查官或一名检查官;(3)由主管政府指定的其他人员一名;(4)由矿主或其代表指定两人;(5)矿工利益代表两人。矿工利益代表的指定顺序是:若一个或多个注册登记工会的成员人数不少于矿工总人数 1/4,该工会可以按照规定的方式指定代表;若一个或多个注册登记工会拥有矿工人数不少于 1000 名,该工会指定其中一名代表,另一名由主管政府指定;如果无法适用前两种方式,则由主管政府提名矿工利益代表。

主席应指定一人担任矿业局秘书。主管政府可就秘书、矿业局成员履行职责的差旅费作出指示。

## 二、矿业委员会

任何与矿山有关的问题应提交矿业委员会。委员会成员应包括:(1)由主管政府或主管政府授权官员或机构指定的人担任主席;(2)由主席指定富有处理相关问题经验的人员 1 名;(3)另外 2 名人员,其中一名由矿山所有者、代理人或经理指定,另一名由主管政府指定以代表矿山雇员的利益。

矿山检查官和受雇管理矿山的人不得担任矿山委员会主席或成员。若矿主、代理人或经理未能行使提名权,不影响委员会进行调查和处理。

矿山委员会应听取并记录总检查官、检查官及矿主、代理人、经理要求的信息,将其决定通知总检查官、检查官以及矿主、代理人或经理,并向主管政府报告。主管政府应在收到报告后,根据该报告作出命令,除非总检查官或矿主、代理人、经理就委员会的决定提出异议。在发生异议时,主管政府可继续审查该决定,并通过其认为适当的命令。若总检查官提出异议,应立即通知矿主、代理人或经理。主管政府可决定是否应向矿业委员会成员支付报酬,包括开展调查的报酬。

## 三、矿业委员会的权力

矿业局、矿业委员会可行使其认为必要的检查官权力,加快作出决定、报告。矿业局和矿业委员会委员拥有 1908 年《民事诉讼法》授予民事法院的权力,强制证人出庭,强制出示文件、材料;被矿业局、矿业委员会要求提供信息的人应履行《巴基斯坦刑法典》第 176 条规定的义务。根据该规定,依法应向公务人员发出通知或提供信息的人故意不依照法律规定的方式和时间提供的,应处以一个月以下监禁或 1500 卢比以下罚款,或两者并用。如果该通知或信息与犯罪有关或为防止犯罪所需要或逮捕罪犯所需要,处以六个月以下监禁或 1000 卢比以下罚款,或两者并用。

主管政府可作出指示,由相关矿主或其代理人承担矿业局、矿业委员会进行调查的全部或部分费用。总检查官、检查官可以向矿主所在地或具有司法管辖权的地方行政长官申请执行该矿主或代理人的任何动产。

## 第三节 采矿作业与矿山管理

## 一、采矿作业开始前的通知

矿主或其代理人、经理须于采矿作业开始前 15 日,将拟议的采矿作业情况通知矿山所在地区的总检查官和地区行政长官。如果作业计划未在该通知发出之日起 60 日内开始,则该通知视为过期。除非再次发出作业通知,否则不得开始作业。

## 二、矿山经理

每座矿山应有一名具有规定资格的人担任经理,负责矿山作业的控制、管理和指导。每个矿主或其代理人应指定自己或其他具有资格的人担任经理。若矿山没有指定矿山经理就开展工作,矿主和其代理人均被视为违反规定。

## 三、矿主、代理人和经理的职责

各矿主、代理人和经理应保障所有作业均按照法律、法规、规则和细则以命令进行。如果任何人违反规定,矿主、代理人和经理也被视为违反了规定,除非其能证明已采取一切合理手段防止违反行为,公布并尽其所能地执行了规定。若矿主或代理人能证明下列情形,不视为违反规定:(1)其没有参与矿山管理的习惯,也没有参与矿山管理;(2)其已经制定了所有必要的财务和其他条款使经理来履行其职责;(3)该违法行为是在他不知情、不同意、不纵容的情况下发生。

除上述情形外,矿主、代理人不得在对其提起的任何诉讼中以任命了矿山经理为由作为抗辩。

# 第四节　矿工健康与安全

矿工健康和安全制度涉及四方面。其一是矿主、代理人、经理在矿工日常起居、餐饮、医疗急救方面的义务,二是存在危险因素时检查官的权力和异议处理,三是事故通知,四是职业病通知的程序性规定。

## 一、矿工日常起居、餐饮、医疗急救

每个矿山应提供公共厕所和小便池,并按规定提供合适的饮用水。矿山雇佣人员超过 100 人时,须提供符合规定标准的食堂供雇员就餐使用。矿山应为雇员在工作间歇时提供符合规定标准和规模的休息场所。

矿山应在便利的地方配备救护车、担架、夹板、绷带和其他规定的医疗器具,并准备就绪。主管政府可通过政府公报宣布各矿山应提供急救室,配备规定的设备,提供医疗和护理人员。

## 二、检查官在矿山存在危险因素时享有的权力

如果总检查官、检查官认为矿山或与矿山控制、管理相关的任何事项、事物或做法对人的生命健康和安全有危险或有缺陷时,可向矿主、矿主代理人和经理发出书面通知,明确存在的危险、有缺陷的事物和做法,并要求矿山按照通知中指明的时间作出补救。

如果总检查官、检查官认为抽掉或减少支柱可能导致支柱破碎、工作构件坍塌,或危及矿井,或者他认为拟进行的密封和隔离作业可能受到火灾、洪水影响,可以发出书面命令,禁止矿主、代理人、经理抽掉或减少支柱。

如果总检查官、检查官认为,矿山雇佣人员的生命健康或安全面临紧急、直接的危险,可以发出书面命令,禁止其在矿山及附近作业,直至该危险消除为止。矿主、矿主代理人、经理可在收到该命令后 10 日内,向总检查官提出上诉。总检查官可确认、修改或取消该命令。总检查官、检查官作出命令的,应立即向主管政府报告,通知矿主、代理人或经理。取消命令的,不需要向主管政府报告。

如果矿主、代理人、经理反对总检查官、检查官的要求或命令,可以在收到该要求或命令的通知后 20 日内或之后,以书面形式将其反对的理由提交主管政府,主管政府应将该反对理由提交矿业委员会。

在收到矿业委员会决定之前,总检查官、检查官提出的要求和命令应得到遵守。在就反对意见作出决定前,矿业委员会可以应矿主、矿主代理人或经理申请,暂停执行总检查官、检查官提出的要求。

## 三、事故通知和调查

矿山内或矿山附近发生以下事故时,矿主、矿主代理人、经理应按规定方式和时间通知主管当局:(1)造成死亡或严重身体伤害事故;(2)意外爆炸、着火、自发加热,突发火灾、水灾或其他液体物质的喷发或涌入;(3)易燃、无毒气体流入;(4)绳索、链条或其他齿轮断裂,致使人员或材料在轴、斜坡上下降或升高;(5)人员、材料下降或上升过程中,笼子或其他运输工具过紧;(6)与 25 伏特以上导体发生接触引起电击或烧伤;(7)其他规定的事故。

检查官收到导致意外死亡的通知及其他资料后,应尽早对该事件进行调查。如果收到该通知的当局并非检查官,则当局须安排检查官对事件进行调查。自死亡事故发生之日起 3 日内,除非检查官已提前对事故地点进行检查或告知其不打算进行调查,否则事故地点不得受到干扰或变动。

若为确保矿山或雇佣人员安全,在符合以下条件时,可干预事故地点:(1)经理决定有必要干预该场所;(2)干预不影响后续调查;(3)工人代表必须有合理的机会检查该地点;(4)必须制定准确计划,计划副本应提供给检查官及工人代表;(5)与事故有关的一切物体都必须尽可能保持事故发生时的状态。

主管政府可以在政府公报上发布通知,指示将因受伤导致缺勤 48 小时以上的人身事故记入登记簿,或者安排检查官展开事故调查。矿主、矿主代理人或经理应在每半年和一年结束后 14 日内,将登记簿中记录的人身伤害事故副本发送给总检查官。

## 四、职业病通知

任何受雇于矿山的人患有职业病,或感染有主管政府在官方公报公告的采矿作业所特有的职业病时,矿主、矿主代理人或经理应按照规定方式在规定时间向总检查官和其他当局发出通知。

主管政府可发布命令,指定合格医生。如果总检查官、检查官有理由相信在矿山工作的任何人感染了职业病,则可以提交给证明医生征求其意见。如果医生认为其患有职业病,则该医生应立即向总检查官发送书面报告,说明病人姓名和地址、所患疾病名称、病人目前或最后一次工作的矿山名称及地址。

总检查官相信病人患有书面报告证明的职业病时,须向医生缴付规定费用。该费用应由矿主、代理人、经理按应支付的拖欠土地收入支付。总检查官、检查官经证明医生建议,可指示矿主、代理人、经理将感染职业病的人转移至较少或没有疾病加重危险的地点。

## 五、指定调查法庭

政府有权在事故发生时指定调查法庭。矿山或附近发生意外爆炸、火灾、起火、透水或其他意外时,如果主管政府认为应对事故原因及情况进行正式调查,可指定有资格的人进行调查,亦可指定任何具有法律或特殊知识的人担任评估员。调查人根据 1908 年《民事诉讼程序法典》,拥有民事法院的权力,可以强制证人出庭,强制出示文件及重要物品。被调查人有义务根据《巴基斯坦刑法典》第 176 条规定提供所有信息。调查人认为必要或适当时,可以行使本法授予检查官的权力。调查人应向主管政府提交报告,说明事故原因及事故情况,并附加评估员意见。主管政府可以在合适的时间,以合适的方式公布矿业委员会提交的报告,并公布调查法庭提交的报告。

# 第五节　工作时间

由于矿山工作的特殊性,《矿山法》对矿工工作时间及豁免适用、妇女权益、加班工资、童工、员工登记册、休息权利、带薪休假等作出了专门规定。

## 一、工作和休息时间

《矿山法》规定,任何人在矿山一周工作时间不得超过 6 天。地上工作一周工作不得超过 48 小时,一天不得超过 8 小时。一天工作时间加休息间隔,不得超过 10.5 小时。连续工作不超过 5 小时,期间应有至少半小时休息时间。

两个或两个以上轮换人员不得在地上同时进行同一类型工作;不同时间段的休息间隔不得视为轮班。

## 二、地下工作时间

一天在矿井下工作时间不得超过 8 小时。任何矿山受雇人员不得在非工作时间停留在地下矿山内,工作时间根据员工登记册中显示的时间为准。若上一个班的工作时间延续到午夜,第二天应从上一个轮班结束时开始计算 24 小时,午夜后的工作时间应计算到前一天。过去 12 个小时已在一个矿山工作的任何人不得在另一个矿山工作。

## 三、工作时间通知

矿山经理应当负责在办公室外以规定方式张贴公告,通知矿山工作的开始和结束时间。如果有轮班,要公告轮班的开始和结束时间。通知应明确标出受雇人员休息开始和结束时间。若总检查官有要求,该通知副本应提交总检查官。

如果矿山是在 1930 年 4 月 14 日后开始采矿作业,工作时间通知应在开工 7 天前张贴。如果提议对矿山已经确定的开工时间或结束时间作变更,或者对上午 8 点至下午 2 点的一般工作时间或地上受雇人员休息时间作出变更,则变更通知要以规定形式提前至少 7 天张贴公告,该变更通知的副本应在更改前至少 7 天提交给总检查官。

不得雇佣妇女从事地下矿井工作。下午 7 点后至早上 6 点之间,妇女不得在地面上工作。针对矿工工作时间和通知的规定不适用于担任管理、技术、保健、福利服务岗位或以保密身份工作的人。

## 四、例外规定

在涉及矿山或受雇人员安全的紧急情况下,经理可以允许受雇人员从事保护矿山或受雇人员安全的必要工作;如果出现这种情况,经理应立即做好记录并在总检查员或检查员下次检查矿山时提交。任何被剥夺正常休息的人有权在两个月内获得补休,补休时间与应休未休时间相等。

因工作流程性质要求连续加班的,应经总检查官事先批准,批准后的地上和地下工作时间可以提高到一周不超过 56 小时、一天不超过 10 小时。

若发生特殊工作压力,总检查官可以临时豁免矿山工作时间方面要求,但豁免时间不超过 90 天,且一天最长工作时间不超过 10 小时,包含休息和用餐间隔在内,一天不超过 12 小时。主管政府可以在上述规定工作时间上限范围内,通过命令给予矿山外的准备性或间歇性工作永久豁免。

## 五、加班工资

在矿山工作超过 8 小时或一周内工作超过 48 小时的,无论是在地面还是地下工作,有权获得正常工资两倍的加班工资。加班时间以每天或每周计算,以对加班人更有利者为准。

正常工资指能够以货币表示的履行明示或默示雇佣合同应得的报酬,但不包括:(1)住宿、照明、供水、医疗或其他设施;(2)矿主所支付的养老基金或公积金;(3)旅行津贴或旅行优惠;(4)受雇人员因受雇而支付的特别开支;(5)酬金、奖金、加班津贴或矿山利润分红。

如果采用计件工资,主管政府可与雇主和矿山雇员代表协商,尽可能确定与雇员平均计时工资相等的收入。

## 六、禁止使用童工、青年人保护及年龄争议

任何儿童不得受雇于矿井①,也不允许出现在地下矿井。未满 17 岁不得受雇于矿山的任何部分,除非其工作时随身携带一个工作牌,工作牌上要标明健

---

① 根据《矿山法》第 3 条定义条款,儿童是指不满 15 周岁的人。

康证书。该健康证书由合格医生颁发,由矿山经理保管。

未满 17 岁的人不得在矿山工作,除非其每天至少有连续 12 小时休息时间,其中下午 7 点至第二天上午 7 点之间至少有连续 7 小时休息时间。获准在矿山从事学徒及接受职业训练的人不受此限制,但其在受雇或工作期间,工作间隔至少有连续 13 小时的休息时间。

如果总检查官或检查官与矿山经理之间就任何人是否为儿童或未满 17 岁产生异议,在没有明确年龄证明时,该问题须由总检查官决定,或者由检查官转给合格医生决定。按照规定方式颁发的有关人员年龄证明及合格医生发放的证书是年龄的确凿证据。

## 六、员工登记册

主管政府可就矿山保存员工登记册作出规定,矿山应按规定的格式记录并保存员工登记册。登记册应记录下列情况:(1)员工姓名、出生日期和雇佣性质;(2)工作时间;(4)休息间隔;(5)休息天数;(6)如果工作是轮班制,其所属的班次。

登记册应记录雇员的特殊情况和工作时间。主管政府可以通过一般命令或特别命令宣布各矿山都要按规定格式保存并放置登记册,显示在矿山地下作业员工的姓名。

## 七、带薪休假

在矿山连续工作满一年的,下一年享有带薪年休假,天数按以下比率计算:在过去 12 月内,地下每工作 17 天享有一天休息,地上工作 20 天享有一天休息。休假期间包括该期间发生的公共假日。

如果矿山员工在 12 个月内没有休完规定的假期,则未休假应计入下一年 12 个月内。该雇员应休假期累计达 20 天时,停止计算应休假期。发生申请休假但被矿主、矿主代理人、经理拒绝的,不论拒绝休假的理由为何,未休假天数应计入应休假期,不论合计休假天数是否超过 20 天上限。

若有权休假的员工在获准休假之前被解雇,或已申请休假但被拒绝且在获准休假之前离职,则矿主、矿主代理人、经理应向其支付应休假期间工资。

由于以下原因导致服务中断的,视为雇员在矿井内完成了一段连续工作:(1)公共假日;(2)带薪休假;(3)疾病、事故导致的带薪或不带薪休假;(4)不超过 12 周的产假;(5)由于煤炭、电力、原材料短缺、库存积压、机械故障或任何其他原因导致矿主未能使用或拒绝、无法使用点名册上员工而导致的停工;(6)不违法的罢工、停工。

矿山工作人员有权在主管政府宣布的公共假日获得工资,有权享受一年不超过 10 天的全薪临时请假,并享受 16 天的半薪病假。但临时请假和病假不得累加结转至下一年。如果是全薪休假,工资按其前 3 个月实际工作日平均工资计算;如果是半薪休假,则按前 3 个月实际工作日平均工资的一半计算。获准休假不少于 4 天的,在休假开始前,有权得到获准休假期间的工资。检查官可代表任何曾受雇于和正在受雇于矿山的员工提起诉讼,要求矿主、矿主代理人或经理支付款项。

# 第六节　政府职权

《矿山法》规定了主管政府享有制定配套法规、规则方面广泛的职权,规定了公告配套法规、规则的职权。政府还享有建立救援站及批注、公布、修改、废止细则的权力。

## 一、主管政府制定法规的职权

主管政府可通过政府公报发布公告,制定与《矿业法》相一致的法规,包括:(1)总检查官、检查官资格;(2)规定和规范总检查官、检查官检查矿山的职责和权力;(3)规定矿主、矿主代理人、经理及其下属人员的职责;(4)规定矿山经理及其下属人员的资格;(5)规定通过考试或其他方式确定矿山经理及其下属人员的资格,以及颁发和更新合格证书的方式;(6)确定考试及授予、续期证书所须缴付的费用;(7)确定经理管理一个以上矿山的合法性,以及由不具备规定资格的经理管理的合法性;(8)调查矿山经理及其下属的不当行为,暂停、取消其资格;指定雇佣 250 人以上矿山的福利待遇主管和安全主管,规定安全主管的资格及应履行的职责;(9)根据 1884 年《爆炸物法》及相应规则,规定爆炸物的储存和使用;(10)根据 1910 年《电力法》及规则,规定矿山中电力的生产、储存、转换、传输和使用,规定矿山中所有电气设备和电缆的使用、护理和管理;(11)禁止、限制或管制妇女在矿山开采中从事地下劳动或对其生命、安全、健康有危险的特定种类劳动;规定和管制矿山雇员的培训和医疗检查;(12)为了矿山雇员安全,规定下井作业的方式、通风井和出口数量,以及通风井、矿井、出口通道和沉降物的围栏;(13)禁止以矿山经理或其他身份雇佣人员,但由矿主支付薪金并直接向矿主或经理负责的人除外;(14)规定矿山道路和工作场所安全,要求在两座矿山之间设置和保持足够屏障；规定运货使用的矿山道路的尺寸、载重限制、运载距离；管制已开采矿坑的检查，讨论矿坑和封闭防火区，对废矿、海洋、湖泊、河流及其他天然及人工地表水、公共道路或建筑物附近的矿坑作出限制；(15)规定和管制矿井通风，及对粉尘、电离辐射、放射性气体、火灾、易燃物、有毒气体应采取的措施；(16)规定矿山机械、设备、材料的护理和使用。规定矿山运输道路上的人员安全保障，禁止、限制、规范特定类别井下机动车的使用；(17)规定在矿山内提供充足的照明，要求及规范安全灯使用，搜查进入矿山者是否携有违禁物品；(18)规定防止爆炸、起火或矿井水位异常，防止由此产生的危险。在可能导致或加剧矿井水位异常、火灾情况下，禁止、限制或管制开采矿物；(19)规定矿主、矿主代理人、经理应提供事故和危险事件通知，规定矿产产量、报告、申报表格式和提交时间，以及接收人员和接收当局，规定矿主、矿主代理人、经理向主管当局发出职业病通知的方式、时间及向医生缴付的费用；(20)规定矿主、矿主代理人、经理应保存的计划、保存方式和保存地点；(21)规定矿山内部或周围发生事故、意外爆炸、着火的过程；(22)规范矿主、矿主代理人、经理发出矿山开始作业的通知格式及详情；(23)根据1890年《铁路法》，规定在铁路和主管政府指定的公共工程50码范围内采矿作业之前，矿主、代理人、经理应发出通知。

## 二、政府制定规则的职权

主管政府可通过在政府公报上发布公告，制定与《矿业法》相一致的下列规则：(1)规定矿业局主席和成员的指定及指定程序，制定意外事故登记册的格式；要求向矿山经理和其他下属人员提供设施和服务保障，保证其有效履行职责；(2)就指定调查法庭、规定法庭程序及权力、向法庭成员支付交通津贴及向矿主、经理、矿主代理人主张法庭开支作出规定；(3)规定雇佣妇女的矿山保留适当房间供6岁以下儿童使用，规定一般或特殊情况下矿山女性雇员的人数、房间数量和标准，以及相关监督事项；(4)规定矿山坑口或坑口附近的洗浴场所配有淋浴间和更衣室供男性使用。要求为女性提供单独的洗浴场所和房间，并规定该场所和房间标准。房间数量一般参照矿山雇佣的男性和女性人数，并考虑特殊情况；(5)规定矿山向员工提供的建筑物、住宿、家具及其他设备标准、可能收取的费用及矿山食堂管理代表人；(6)规定应提供的厕所和小便池规模，制定饮用水供应、急救室、庇护所、内设设备和家具标准，相关监督的性质和范围、供应和维护医疗器械的舒适性，以及救护车工作人员的培训；(7)规范通知工作时间的格式，规定通知以指定方言进行张贴公布；(8)确定晚上12时至第二天上午 7 时之间连续 7 小时的休息时间；(9)明确年轻人可受雇或以学徒身份工作、接受职业培训的条件；(10)明确监督、管理职位或以保密身份受雇的人员；(11)禁止矿山雇佣未经合格医生证明满 15 岁的人员，并规定授予和撤销年龄证明的方式和情况；(12)规定健康证格式及发放、撤销健康证的条件；(13)规定员工登记册格式，明确计件工资员工工资、要求制作加班工资登记簿及其格式；规定休假、不准许休假的记录以及休假、带薪休假期间的工资支付；(14)规定张贴《矿业法》及配套法规、规则摘要使用的方言；(15)为保护公众利益，要求对矿山或矿山任何部分设置围栏；(16)根据 1890 年《铁路法》，当矿坑工作中断时，应保护属于政府、地方当局、铁路公司的财产免受损失；(17)要求矿主、矿主代理人、经理提供规则要求的通知、申报表和报告，规定通知、申报表和报告的格式、详细信息及提交时间；(18)规范《矿业法》和法规未规定的其他事项。

## 三、主管政府要求建立救援站的权力

主管政府可通过政府公报，发出以下要求：(1)在指定地点为指定的矿山集团或指定矿山建立中央救援站，规定建立救援站的方式和人员；(2)规定中央救援站的管理、组成、权力、职能以及业务开展；(3)规定中央救援站的位置、设备、控制、维护及其功能；(4)规定救援站消费税的征收，税率按特定区域内矿山生产和运输的焦炭和煤炭每吨三派萨征收，并设立中央救援站基金；①(5)规定救援队的组建、培训、组成和职责；(6)对开展矿山救援工作作出一般性规定。

## 四、法规和规则的发布

法规和规则应先行发布后才能生效。建议制定的法规和规则草案应在生效前 3 个月发布信息。

在发布法规草案之前，应将草案提交给各矿业局。在矿业局有合理机会就制定法规的适当性及条文妥当性作出报告前，不得制定、公布法规。法规和规则应在政府公报上公布，并在公布时生效。

主管政府为了防止危险发生，可在未事先公布、未提交给矿业局的情况下制定法规，以避免公布和提交给矿业局可能造成的延误。但是以这种方式制定的法规，自制定之日起的有效期不得超过 2 年。

---

① 1 卢比等于 100 派萨。

## 五、细则

如果总检查官、检查官有要求,矿主、矿主代理人、经理可以制定并向总检查官提交一份与《矿山法》或当前有效法规、规则相一致的细则草案,用于控制和指导矿山管理人员或雇员,避免事故发生。

若矿主、矿主代理人、经理在总检查官或检查官提出要求后两个月内未能提交细则草案或者提交的细则草案不充分,总检查官、检查官可以提出其认为充分的细则草案,也可以对草案提出充分的修订建议并发送给矿主、矿主代理人、经理。若总检查官、检查官在发送细则草案或修订草案之日起两个月内无法和矿主、矿主代理人、经理就细则条款达成一致,应将细则草案提交给矿业局裁决。在没有矿业局情况下,应提交给主管政府指定的官员或当局裁决。

若矿主、矿主代理人、经理和总检查官、检查官同意细则草案,总检查官、检查官应将细则草案的副本发送给主管政府批准。主管政府可对细则草案进行适当修改。在主管政府批准细则草案之前,无论是否有修改,均应以主管政府认为最合适的方式通知受影响人,公布获取细则草案副本的地点,受影响人或其代表应在 30 日后将异议提交给主管政府。异议应以书面形式提出,并说明异议的具体理由、要求补充的遗漏或修改。主管政府应考虑受影响人或其代表在规定时间内提出的异议,以发布细则的形式作出批准,也可以在适当修改后批准细则。

细则经主管政府批准后生效。矿主、矿主代理人、经理应安排在矿山或附近显眼位置张贴细则的英文版本和规定方言版本,雇员可查看、阅读细则。细则有污损、涂改或毁坏时,应尽快更新。每个矿山应以英语和规定方言张贴《矿山法》及配套法规、规则的摘要。主管政府可发布书面命令,全部或部分废止细则,也可以撤销、修改命令。

## 六、豁免权及其限制

主管政府可通过政府公报发布通知,豁免一些地方、矿山、矿山集团和人员适用《矿山法》的全部或部分规定。但是,任何地方、矿山、矿山集团均不得豁免适用禁止使用童工及青年人健康证和工作时间的限制性规定。除非在紧急情况下为了国家利益,且已与雇主和工人组织协商,否则不得豁免适用禁止妇女从事矿山井下工作和工作时间的规定。除战争、威胁国家安全的紧急情况及矿山和雇员人身重大安全风险外,不得豁免适用矿山地面和地下工作时间的规定。

# 第七节　处罚和程序

《矿山法》针对妨害检查官履行职责、伪造记录、违法的危险行为、对矿山责任人的指控规定了监禁、罚款等不同的法律责任。

## 一、妨害检查官履行职责

任何人妨碍总检查官、检查官或其指定人员履行《矿山法》授予的职责,拒绝提供或疏忽不提供合理设施以便检查人员进入、检查、检验、调查矿山的,处3个月以下监禁,或1000卢比以下罚款,或两者合并适用。任何人拒绝总检查官、检查官要求出示其保存的登记册或其他文件,阻止或试图阻止检查人员履行职责的,处600卢比以下罚款。

## 二、伪造记录

有下列情形的,处3个月以下监禁或1000卢比以下罚款,或两者合并适用。(1)伪造法定的证书及官方副本,或故意在证书及官方副本中作出虚假陈述;(2)故意使用伪造的或虚假证书;(3)制作、出示、使用明知虚假的声明、陈述、证据,为自己或他人获得或续期证书以便在矿山就业;(4)伪造本法要求和保存的计划、登记、记录;(5)制作、发出、交付的申报表、通知、记录或报告中包含知道或应当知道不真实的声明条目和情况。

## 三、不按规定提供计划

无正当理由不按照规定格式、方式,或未在规定时间内制作、提供计划、申报表、通知、登记册、记录或报告,处以罚款400卢比。

## 四、违反规定用工

违反《矿山法》、法规、规则、细则规定,或违反禁止、限制就业的命令,处1000卢比以下罚款。

## 五、不通知意外事故

不通知造成严重人身伤害的意外事故,处 1000 卢比以下罚款。[1] 如果该意外事故造成死亡,可处以 3 个月以下监禁或 31000 卢比以下罚款,或两者合并适用。违反主管政府指示,未在规定的登记簿中记录因受伤导致缺勤 48 小时以上意外事件的,处 1000 卢比以下的罚款。

## 六、不服从命令

任何人违反《矿山法》、法规、规则、细则或命令,而相关规定、命令未明确规定处罚的,应处以罚款。在首次处罚后,若违反行为持续,可按日处以 200 卢比罚款。

## 七、违法行为导致危险后果

任何人违反法规、规则、细则或命令且导致死亡的,可处以 1 年以下监禁或 4000 卢比以下罚款,或两者合并适用。如果该违法行为导致严重人身伤害,可处以 6 个月以下监禁,或 2000 卢比以下罚款,或两者合并适用。如果该违法行为导致矿山及矿山周边工人身体受伤或危险,处 1 个月以下监禁,或 1000 卢比以下罚款,或两者合并适用。被处罚的人再次违法导致危险后果的,双倍处罚。

若法院在上诉、改判或其他情况下判处罚款,可在作出判决时,命令向受伤人员支付全部或部分罚款作为赔偿。若受伤人员死亡,则命令向死者法定代理人支付罚款。

## 八、对矿主、矿主代理人、经理的指控

除非总检查官、地方行政长官或检查官书面授权,否则不得对矿主、矿主代理人、经理提起刑事指控。

法庭受理指控应遵守以下时效规定:(1)发生犯罪之日起 6 个月内;(2)检查官获悉犯罪之日起 6 个月内;(3)若主管政府已指定调查法庭进行调查,自调查报告编制之日起 6 个月内。

---

[1]　根据《矿山法》第 3 条,严重人身伤害是指涉及或很可能涉及身体任何部位的永久损失或永久伤害,或视力受伤,或身体任何部位骨折,或受伤人员因受伤被迫请假超过 20 日。

　　地方治安法官有权审判对矿主、矿主代理人、经理所犯罪行的指控并判处监禁。总检查官、检查官、区治安法官提起诉讼的案件中,若审理法院认为案件应提交给矿业局或矿业委员会,则法院可以中止刑事诉讼并报告主管政府。主管政府在收到报告后,可将案件提交矿业局或矿业委员会,也可以指示法院继续审判。

# 第四章　石油法律与政策

石油被誉为安全、繁荣的关键和文明的基础。[①] 巴基斯坦本国生产的原油仅能满足总需求的 15%，其他 85% 是通过原油和成品油的进口实现的。这些原油是由六家主要炼油厂和两家小型炼油厂提炼。炼油厂有自己的商业标准条款合同，从供应商即沙特阿美和阿布扎比国家石油公司进口原油。[②] 根据巴基斯坦联邦政府的解除管制、自由化和私有化改革政策，能源部石油司逐步解除了对石油部门的管制。在第一阶段，2000 年 7 月 1 日解除了对炉用燃料油的进口管制，允许石油销售公司、发电厂、工业消费者和私营贸易商进口炉用燃料油。在第二阶段，2001 年 4 月 1 日起，批准石油经销公司进口高级柴油。从 2002 年 9 月 1 日起，允许石油经销公司和大宗消费者根据其要求，以成本竞争为基础，自行选择高级柴油的进口来源。

## 第一节　石油法

巴基斯坦建国后，沿用了英国殖民地时期制定的 1934 年《石油法》，并于 1961 年、1975 年进行了修订。依据《石油法》第 2 条，石油是指任何液体的碳氢化合物、碳氢混合物及包含液体碳氢化合物的可燃混合物。《石油法》由石油控制、石油测试、处罚与程序、附则组成，共 4 章 31 条。

### 一、石油控制

石油控制属于联邦政府职权，石油进口、运输、储存一般情况下均需要获得许可证。《石油法》对不需要获得许可证的情形也作出了规定。

---

① ［美］丹尼尔·耶金.石油风云［M］.东方编译所，译.上海：上海译文出版社，1992：3.

② Ministry of Energy. Year Book 2016—2017［EB/OL］.（2017-06-01）［2023-11-12］.
Ministry of Energy，https：//petroleum. gov. pk/publications.

《石油法》第 3 条规定,任何人进口、运输、储存石油均应获得许可证并遵守相关规则。第 4 条规定,联邦政府有权就以下事项制定规则:(1)规定石油进口地和出口地;(2)对石油进口进行管制;(3)规定申请进口危险石油许可证的时间,规定没收或以其他方式处置未在规定时间申请许可证或申请许可证被拒绝且尚未出口的危险石油;(4)管制石油运输;(5)明确石油运输的容器和管道性质及条件;(6)管制石油储存地点和储存条件;(7)指明储存石油的容器的性质、情况和条件;(8)明确进口、运输或储存石油的许可证格式和条件,明确申请许可证的方式、颁发许可证的部门及费用;(9)决定托运人、收货人或承运人是否应取得石油运输许可证;(10)就石油进口、运输和储存授予联合许可证;(11)规定石油中可加入有毒物质的比例,并禁止有毒物质超过规定比例的石油进口、运输、储存;(12)处理联邦政府认为有必要对石油进口、运输和储存进行合理控制的其他事项。

所有装有危险石油的容器应在容器表面贴印、压印、油漆或印刷警告标志。如果不可行,应在容器附近明显位置标示"汽油""机动车燃料"或标明危险性质的警告。但下列情况不需要标示:(1)安全有塞的玻璃容器、石器、金属容器,容器内危险石油低于两加仑且不用于出售;(2)机动车运输工具或内燃机油箱所装的用于提供动力的石油;(3)石油运输管道;(4)全部位于地下的储罐;(5)联邦政府通过公报通知的其他容器。

豁免许可证的情况主要有:第一,若运输或存储非危险石油的容器容积不超过 200 加仑且总量不超过 500 加仑,则不需要获得许可证。第二,少量危险石油不需要获得许可证,即若拥有的石油总量不超过 6 加仑且不用于销售,则不需要取得进口、运输、储存石油的许可证。但是没有获得许可证的危险石油应保存在有安全塞的玻璃容器、石器或金属容器中,安全塞玻璃容器、石器的容量应不超过 1 夸脱,金属容器的容量应不超过 5 加仑。第三,机动车运输工具和固定式发动机许可证的豁免。机动车运输工具的所有人及驾驶员,若符合法律有关运输工具的注册和牌照规定,进口、运输、储存运输工具燃料箱或内燃机燃料箱内的石油时无须取得许可证,但运输或储存危险石油的总量应不超过 20 加仑。第四,根据 1890 年《铁路法》,铁路管理局作为承运人时,不需要为进口或运输其持有的石油取得任何许可证。同时,联邦政府可通过发布官方公报,作出其他豁免许可证的规定。联邦政府可以授权官员进入石油进口、储存、生产、精炼、混合及运输场所,检查与石油使用有关的容器、工厂、电器。可制定规则,规范授权官员的程序。

## 二、石油测试

联邦政府可通过官方公报发布通知,授权官员进入石油进口、运输、储存、生产、精炼、混合的场所,检查和采集石油样本并进行测试。可以制定抽样和测试规则,包括规范用于检测的石油样品,确定应付款样品的价值和付款方式,以及官员行使权力的管理程序。

《石油法》第15条对标准测试设备的存放、标记和使用作出了规定,即确定石油闪蒸点标准的设备须存放在联邦政府指派人员处,并通过官方公报通知。设备应标记"标准测试设备"字样,及时进行验证和校准,必要时进行更换。任何人若希望检查标准试验设备,在支付规定的费用后,在任何合理的时间可以进行检查。

《石油法》第16条对其他测试设备的认证进行规范。指派人员在收到规定的费用后,应将以认证为目的而提交的石油闪蒸点测试装置与标准测试装置进行比对。如果发现其他测试设备符合标准测试仪器,指派人员须在该仪器刻上特别编号和认证日期,以规定格式提供证书,写明该仪器已与标准测试设备进行了比对,并指明对该仪器进行的校正。证书在规定期限内有效。除非有相反证据证明,否则证书在有效期间内所记载的事项为有效证明。指派人员须以规定的格式造册登记根据本条制作的所有证书。

联邦政府可授权官员对根据本法采集的样本进行测试,也可以对任何人提交的用于测试的石油进行测试并颁发测试证书。石油测试应使用经认证的测试设备。

测试人员在测试石油样品后,须以规定的格式出具证书,载明该石油是否有危险。如果测试的石油无危险,须注明石油的闪蒸点。测试人员应在相关人员支付规定费用后,向其提供证书副本。副本可在法庭出示用以证明原始证书的内容。除非有相反的证据证明,证书在任何诉讼中应作为证据使用。证书是证明所采取的石油样品出处、是否有危险以及石油闪点的结论性证据。

石油所有人或其代理人如果对测试结果不满,可以在收到测试结果的通知之日起7日内,向指派人员申请提取新样本并重新测试。重新取样与测试应在石油所有人、代理人或其他代表在场的情况下进行。如果经过重新测试,发现原始测试出现错误,测试人员应取消原始证书,制作一份新证书,并免费向石油所有人或其代理人提供一份经核证的副本。

联邦政府有权就石油测试制定以下规则:(1)标准测试设备的规格、验证、修正和更换;(2)标准测试设备的检验费用;(3)将测试设备与标准测试设备进行比较的程序;(4)规定测试证书的格式及有效期;(5)规定测试证书登记册的格式;(6)规定测试设备与标准测试设备进行比对的费用;(7)规定测试人员进行石油测试的程序、同一石油多个样品测试结果的平均方法及测试可能允许的温度变化;(8)规定石油测试证书的格式及可收取的费用;(9)规定在对某一批次石油测试结果的一致性产生疑问的情况下,将石油测试样品批次划分为子批次的方法、每个子批次样品的选择和测试方法以及根据这些样品的测试结果进行平均的方法;(10)规定进行重新测试的费用,并规定原测试错误时应退回的款项;(11)规定执行石油测试职责官员的指派程序,并就测试中的任何附带事项作出规定;(12)联邦政府可以针对黏稠石油、固体石油、含有沉积物或增稠成分的石油测试规则作出特殊规定。

## 三、处罚和程序

对下列违法行为处 500 卢比以下罚款:(1)违反石油控制法律和规则,非法进口、运输、储存、生产、精炼、混合石油;(2)许可证持有人在控制、进口、储存石油时,违反许可证规定的条件;(3)暂时控制或负责石油进口、储存、生产、精炼、混合或运输地点的人,拒绝、疏忽向指派人员出示与石油有关的容器、工厂、设备信息,或阻碍检查,未进行合理配合;(4)暂时控制或负责石油进口、运输、储存、生产、精炼、混合地点的人员,拒绝或疏忽向指派官员出示位于该地点的石油,不协助石油检查,或拒绝采集石油样本;(5)不提供石油事故相关信息。

违反上述规定的人再次发生应受处罚行为的,每次可处 2000 卢比以下罚款。两种情况下,裁判官或上诉审的高等法院可指示没收石油和容器:第一,违反石油控制法律和规则,非法进口、运输、储存、生产、精炼、混合石油;第二,进口、运输、储存的石油超过允许量。违反《石油法》的行为由一级裁判官或联邦政府特别授权的二级裁判官审理。

联邦政府可通过官方公报发布通知,授权官员进入并搜查其有理由相信违法进口、运输、储存、生产、精炼、混合石油的场所,扣押、扣留、移除违法行为涉及的部分或全部石油。获得授权的官员可以依据1898年《刑事诉讼法典》进行搜查。

因石油、石油蒸气着火,或石油存放地及附近发生爆炸、火灾意外,导致死亡、严重人身伤害时,责任人须立即向最近的裁判官或警察局提供信息。如果裁判官或经授权的裁判官有理由相信石油或石油蒸汽着火事故导致人员死亡,应按照1898年《刑事诉讼法典》的规定进行调查。所有调查结果以及法医对死亡案件进行的死因调查结果,须尽快提交给联邦政府、巴基斯坦爆炸物首席检查官和省政府。

## 四、附则

附则主要规定了巴基斯坦联邦政府制定其他规则、规制其他易燃危险物质及对地方当局权力的限制的内容。第一,联邦政府在根据《石油法》制定任何规则时,可以为保护公众免受石油进口、运输、储存、生产、精炼、混合造成的危险,制定必要附属事项。可以对省或地方特殊情况作出特别规定。第二,联邦政府可通过官方公报发布通知,将《石油法》修改后适用于任何易燃危险物质,可以就其他物质测试制定特殊规则。第三,联邦政府可通过官方公报发出通知,限制地方当局执行石油运输或储存方面的权力,包括限制地方政府的执行权和行使权力的行为。

# 第二节 矿山、油田和矿产开发政府控制法

《矿山、油田和矿产开发政府控制法》于 1948 年制定,全文仅有 6 条,主要规定了联邦政府制定相关规则的权力、对违法行为的处罚、与其他规则不一致的处理、豁免权及"主管政府"的界定。[①] 该法分别在 1955 年、1960 年、1964 年、1976 年、1977 年进行了修订。

《矿山、油田和矿产开发政府控制法》规定较为笼统、概括,对不同类型特许权协议、租约、许可证的规定不管是内容还是授予的程序和条件上均没有明确规定,难以对石油勘查、勘探的具体操作作出具体明确的直接指引,大量规范需要政府根据授权制定规则或相应的政策,这为联邦政府制定石油规则提供了大量空间。另外,依据不同法律制定的规则可能产生不一致或冲突,实践中可能引起适用规则时无所适从。这一方面反映了巴基斯坦石油特许权法律规则渊源的多样性,另一方面也反映了巴基斯坦石油行业法律规则的复杂性。

## 一、联邦政府制定规则的权力

法律授权联邦政府为了公共利益,有权就下列事项作出规定:(1)授予、续期勘查、勘探许可证、采矿租约或其他采矿特许权的事项,以及规定申请应支付的费用;(2)授予或续期勘查、勘探许可证、采矿租约或其他采矿特许权的条件,以及规定执行、续期许可证、租约和特许权的表格;(3)许可证、租约、特许权的续期和撤销条件;(4)采矿特许权的被许可人、承租人、被许可人支付特许权费、租金和税费的费率和条件;(5)矿物和矿物油的精炼;(6)控制矿物和矿物油的

---

① 《矿山、油田和矿产开发政府控制法》使用的是中央政府(Central Government)一词,巴基斯坦建国后的能源法律使用的是联邦政府(Federal Government)一词。为行文一致,笔者统一使用联邦政府。

生产、储存和分配;(7)确定矿物和矿物油的买卖价格;(8)相关政府可以制定与上述所列事项有关的规则,并在官方公报发出通知。

## 二、处罚权

联邦政府可以针对违反规则的行为处 3 年以下监禁,或者予以罚款,或两者合并适用。

## 三、产品分成协议

总统有权与任何公司就石油勘查、勘探、开采的许可证和租约签订产品分成协议,而不论该公司是否在巴基斯坦境内设立,并与该公司达成相关条件与条款。根据规定达成产品分成协议的公司不需要就收入、利润或所得纳税。

根据《矿山、油田和矿产开发政府控制法》获得勘查、勘探和开采石油许可证或租约的公司,无论是否在巴基斯坦境内设立,均有权获得规定的特许权。联邦政府可在官方公报上发出通知,修订附表,增加或提高特许事项。

## 四、规则的效力

根据《矿山、油田和矿产开发政府控制法》制定的任何规则,以及根据规则作出的命令均具有约束力,尽管规则或命令与依据其他法律制定的规则有不一致之处。

## 五、豁免权

联邦政府可以发布命令,宣布矿物、矿物油或矿物类产品免除适用根据《矿山、油田和矿产开发政府控制法》制定的规则,或对相关规则修订后适用。

## 第三节  石油生产规则

《石油生产规则》是巴基斯坦联邦政府为实施《矿山、油田和矿产开发政府控制法》授予的权力制定,于 1949 年 9 月 1 日生效。包括一般规定、石油勘探许可证、石油勘查许可证、石油采矿租约、其他规定和附表,共 5 章 41 条。重点对石油勘探、勘查、租约申请人和申请方式、申请规则、授予许可证和租约的条件、续展、政府权力等内容进行规定。附表有两个，附表一是石油勘探许可证、勘查许可证、采矿租约申请书，附表二是石油勘探许可证、勘查许可证、采矿租约的标准文本。《石油生产规则》在适用过程中经过了多次修订。

## 一、申请人和申请方式

《石油生产规则》第 3 条规定，任何人均可以以附表规定的格式申请石油勘查许可证、石油勘探许可证、石油采矿租约。

申请人应按照规定的格式以书面形式向巴基斯坦主管政府部门递交申请。主管政府部门制作申请登记本供公众查阅，查阅费按照每小时 5 卢比收取。个人申请的，应写明申请人的地址、国籍和职业。公司申请的，应明确公司性质、主要营业地、授权或认缴及实缴资本、董事及主要股东的姓名（名称）与国籍。外国人或者设立在外国的公司还应明确将在国内设立公司的详细情况。

申请时应缴纳规定的费用，石油勘探许可证为 250 卢比，石油勘查许可证 500 卢比，石油采矿租约 1000 卢比。若申请被拒绝，政府将退回一半已支付的申请费。提交申请时应一并提交六套地图，详细标记出许可证和租约界限。地图应来源于巴基斯坦调查局，使用适当的比例尺。

申请人应在申请书中提供其财务和技术资质证据，以及符合许可证和租约示范条款所列明的能力要求的证据。若申请人是外国人或外国公司，应提供类似的资质和能力证据。申请人还应提供其过去向其他国家提出的申请及申请最终结果方面的信息。政府可以要求申请人提供与申请相关的进一步证据。若申请人在收到要求后 3 个月内未能提供令政府满意的进一步证据，申请人的申请视为无效。非巴基斯坦国民申请时，应承诺不参与影响巴基斯坦主权和安全的一切政治活动，承诺不干预巴基斯坦国内事务，避免间谍活动。根据本规则向政府提供的信息属于政府保密信息，但登记册记载的信息除外。

针对两个或两个以上区域申请许可证或租约时，应就每个区域单独提出申请。下列情况下，同一个人可以被授予多个许可证或租约：（1）面积超过 10000 平方英里的勘探许可证；（2）面积超过 2000 平方英里的勘查许可证或租约；（3）面积超过 500 平方英里的采矿租约。

未经政府事前书面同意，不得转让许可证或租约。被许可人、承租人转让许可证、租约时应向主管政府部门提交书面申请，并缴纳 250 卢比费用。申请转让时应提供申请许可证和租约时相同的详细情况。

## 二、对等原则

任何不允许巴基斯坦国民或在巴基斯坦设立的公司直接或间接获得、持有该国石油特许权的国家,其国民或在该国设立的公司不能被授予也不能直接或间接控制巴基斯坦的许可证和租约。

除非联邦政府另有书面命令,外国人或设立于外国的公司提出转让许可证或租约申请,或被许可人、承租人向政府提出向外国人或外国公司转让许可证、租约申请时,许可证和租约只能转让给设立在巴基斯坦的公司。

## 三、期限、弃权、条款与条件

申请人在收到政府发放的许可证或租约后 3 个月内不实施的,许可证、租约的时效视为届满,除非政府认为迟延实施并非申请人的过错导致。

希望全部或部分放弃许可证、租约的,应提前 3 个月通知政府。通知到期时,被许可人、承租人有权按比例减少已支付或应支付的租金。政府应在巴基斯坦公报中尽早发布许可证及租约的授予、放弃、决定、转让公告,明确相关区域被许可人、承租人的姓名和名称。

石油勘探许可证、石油勘查许可证、石油采矿租约应采取规定格式,并将政府要求的相关问题作为条款。勘探许可证、勘查许可证规定的条件得到完全遵守和履行情况下,许可证持有人有权收到勘查许可证和开采租约。授予许可证和租约前,应缴纳政府规定的相关费用。

## 四、预查

联邦政府可以自行决定向任何人或任何公司发放预查许可,①预查的区域面积一次不超过 5000 平方英里,并应符合下列条件:(1)预查人没有获得同一区域的石油勘探许可证、石油勘查许可证和石油采矿租约;(2)调查结束时,预查人可以根据《石油生产规则》申请一项石油勘探许可证、石油勘查许可证或石油采矿租约,但无权要求放宽本规则授予石油勘探许可证、石油勘查许可证或石油采矿租约要求的条件;(3)预查人获得允许后两个月内,应向石油特许权总局提交一份工作计划。工作计划获批准后,受让人应尽职尽责地工作;(4)预查

---

① 《石油生产规则》文本中使用的是中央政府(Central Government)一词。为行文一致,笔者统一使用联邦政府。

人完成调查后 6 个月内,应向石油特许权总局提交一份完整的调查报告和所有图纸、计划、图表及调查过程中形成的其他数据;(5)联邦政府可以要求预查人联系一名或多名巴基斯坦公民协助调查,费用由预查人承担;(6)预查人应遵守联邦政府发布的有关图纸、计划、图表及调查过程中形成的其他数据的使用指南;(7)联邦政府认为预查人没有遵守授予许可的条款和条件时,有权撤销该许可。

## 五、石油勘探许可证

被许可人按下列费率缴纳年费后,联邦政府可以自行决定授予石油勘探许可证:(1)第一年每平方英里 10 卢比;(2)第二年每平方英里 20 卢比;(3)第三年按每平方英里 40 卢比;(4)第四年按每平方英里 80 卢比。

除非政府另有规定,石油勘探许可证涵盖的面积应不低于 100 平方英里且不超过 5000 平方英里,初始期限不超过 3 年。

被许可人在石油勘探许可证期限届满三个月前可以申请续展许可证。政府在收到续展申请后若认为有必要给予续展期以便进一步勘探时,可以同意续展申请,但续展区域不超过许可区域的 50%。若被许可人申请续展的许可区域不超过许可证涵盖面积的 50% 且提供了联邦政府满意的续展期工作计划,政府不应拒绝被许可人一年期的续展申请。石油勘探许可证不得再次续期。

被许可人应在许可区域内,尽职尽责地实施勘探计划,包括地质和地球物理测绘、石油特许权总局批准的地质岩心钻探,石油特许权总局不应不合理地取消该批准。

被许可人在制定计划时,应按照每年每平方英里最低 250 卢比的标准制定支出计划。被许可人有权结转累计超额支出,并在每年年底向石油特许权总局提交经审计师审计的对账单及政府规定的定期报告。

## 六、石油勘查许可证

政府可以授予石油勘查许可证,而不论申请人是否持有石油勘探许可证。政府可以根据石油勘探许可证持有人遵守和履行许可证条款和条件的情况,自行决定是否授予勘查许可证。石油勘查许可证涵盖的区域面积在冲积区不超过 1000 平方英里,其他情况下不应超过 100 平方英里,除非政府另有规定。石油勘查许可证涵盖的区域形状应尽可能紧凑,永久性的物理边界应标示清楚或由直线划定,区域形状应由地质环境决定。若两个或两个以上单独区域连续或相邻,政府可以根据申请发放石油勘查综合许可证,但其涵盖的区域面积不应超过上限。

石油勘查许可证的初始期限不超过三年。被许可人在石油勘查许可证期限届满三个月前可以申请续展许可证。政府在收到续展申请后若认为有必要给予续期以便进一步勘查时,可以同意将许可证的部分区域的勘查期限续展一年。石油勘查许可证不得再次续期。勘查许可证期限届满前,申请采矿租约的被许可人在被授予或拒绝授予租约前有续展勘查许可证的权利。对此类勘查许可证的续展不收取任何费用。

被许可人应在勘查许可区域内,尽职尽责地执行勘查计划,包括地质和地球物理测量及经石油特许权总局批准的钻探测试计划。石油特许权总局不应不合理地拒绝批准。工作计划应规定勘查许可证第一年中开始钻探测试井的时间。

被许可人在制定勘查计划时,应制定每年每平方英里最低 2500 卢比标准的支出计划。被许可人有权结转累计超额支出,并将结转支出用于石油勘探许可证下的工作义务。被许可人应在每年年底向石油特许权总局提交经审计师审计的对账单及政府规定的定期报告。

被许可人应按照下列费率向政府预先支付许可区域的年度租金:(1)石油勘查许可证初始期内每平方英里 500 卢比;(2)石油勘查许可证续展期内按每平方英里 1000 卢比。

被许可人应缴纳特许权费。具体标准是:(1)被许可人出售或将石油用于生产以外的其他用途时的特许权费是井口价格的 12.5%。特许权费最低为所生产的石油按每 40 加仑 8 安那。[①] (2)被许可人出售天然气或将天然气用于石油生产以外的其他用途时,特许权费是井口价格的 12.5%。(3)石油勘查许可证有效期内,应从年度应付的特许权费中扣除当年实际支付的租金。(4)政府可以作出决定,要求被许可人以实物原油或天然气支付 12.5% 的特许权费。若政府要求以实物支付,应提前三个月通知被许可人。被许可人应提供运输设备运输原油和天然气,政府应向被许可人支付运费。

## 七、石油采矿租约

政府在石油勘查条款和条件得到遵守和履行情况下,可以将下列区域授予石油采矿租约:(1)该区域已经包括在石油勘查许可证或之前各省、中央管控的

———————

① 安那是旧时印度、巴基斯坦等国的辅币单位,1 卢比等于 16 安那。

矿业特许权规则授予的矿业租约范围内;(2)石油勘查许可证范围外的区域,该区域与矿业租约下区域相连且面积不超过租约面积十分之一。

石油采矿租约涵盖的区域面积应不超过 50 平方英里,除非政府另有规定。其涵盖的区域形状应物理边界清楚或由直线划定的区块,区块形状应由地质环境决定。若两个或两个以上单独区域位于同一个地质结构或地质结构相似且有联系,政府可以根据申请发放石油采矿综合租约,但其涵盖的区域面积不应超过 50 平方英里。

政府授予采矿租约前,申请人应自行承担地形测绘费用,按照要求制作比例尺并经巴基斯坦测绘局批准,将六份副本提供给政府。

石油采矿租约的初始有效期为 30 年,但政府有权决定将租约续期 30 年。续期的地表年度租金不超过初始期间的两倍,特许权费保持与租约初始期决定的特许权费一致。若承租人支付了所有租金、特许权费并完全遵守原租约的条款和条件,不应不合理地拒绝续展石油采矿租约。

承租人应在租约区域依照良好油田惯例开发生产石油,在每年年底向石油特许权总局提交经审计师审计的对账单及政府规定的定期报告。承租人应按照每年每平方英里 2000 卢比的费率向政府提前支付年度租金。

承租人应缴纳特许权费,具体标准是:(1)承租人出售或将石油用于生产以外的其他用途时的特许权费是井口价格的 12.5%。(2)承租人出售或将天然气用于石油生产以外的其他用途时的特许权费为井口价格的 12.5%。天然气转换为汽油时,井口价格以生产的汽油量计算,也即等于汽油销售价格减去汽油生产成本,特许权费最低为所生产的汽油按每 40 加仑 8 安那。(4)石油采矿租约任何年度应付的特许权费应扣除当年实际支付的租金。(5)政府可以作出决定,要求承租人以实物即原油或天然气支付 12.5% 的特许权费。若政府要求以实物支付,应提前三个月通知承租人。承租人应提供运输设备运输原油和天然气,政府应向承租人支付运费。

承租人应支付其使用、占用用于作业的地面租金,租金以所在地区依照《收入与租金法》评估的租金为准。用水租金依照《灌溉规则》评估的非用于获取石油、天然气用水的费率计算。若该地区法律不能评估,则政府可以确定费率水平,但最高不超过每平方英里 2000 卢比。

## 八、其他规定

政府有以下权力:(1)要求被许可人、承租人满足巴基斯坦联邦政府提出的石油、石油产品出口要求;(2)依法要求被许可人、承租人将巴基斯坦资本扩大到所有类别资本和债券的 25%。(3)要求被许可人、承租人在其所有分支机构和各级组织包括技术和行政岗位雇佣巴基斯坦国民,在巴基斯坦国内外开展培训以满足雇佣要求。雇佣和培训的巴基斯坦国民人数应与石油特许权总局协商决定。承租人应遵守下列要求:租约第一个五年为各级受雇人员的 1/8,租约第二个五年为各级受雇人员的 1/4,租约第三个五年为至少各级受雇人员的 1/2。(4)发生国家紧急状态、战争时,政府可以优先取得许可证和租约土地上的石油,但政府应支付公平的市场价格;(5)若非巴基斯坦国民的被许可人、承租人违反承诺在巴基斯坦从事政治活动,危害了巴基斯坦主权、安全或从事间谍活动,或者在收到石油特许权总局通知应支付违反许可证及租约违约金而三个月内未支付的,政府有权撤销该许可证和租约。但若相关违约行为尚处于仲裁阶段的,不得撤销。(6)政府有权要求被许可人、承租人允许政府公务人员进入其场所检查工作。

与许可证、租约有关的问题和争议应提交给巴基斯坦主管政府部门解决,主管政府部门针对下列问题的决定是终局的:(1)石油勘查许可证和租约下被许可人的权利;(2)非巴基斯坦国民违反承诺被取消许可证或租约;(3)政府获取原油时发生的价格争议;(4)政府在采矿租约到期时或到期前购买工厂发生的价格争议;(5)政府控制采矿租约下承租人的工程、工厂、房屋的补偿;(6)政府接管采矿租约下承租人权利的补偿;(7)采矿租约的续期;(8)石油特许权总局批准工作计划应由两名仲裁员决定。其中一名仲裁员由政府提名,另一名由被许可人或承租人提名。若两名仲裁员出现不同意见,应由仲裁员书面指定的最高法院法官决定。

总统可以与巴基斯坦国内外的石油公司就石油勘探、探查、开采、炼化达成协议。若达成的协议与本规则有冲突,则协议条款优先适用。

## 第四节 石油勘探和生产政策

巴基斯坦 2012 年发布了新的《石油勘探和生产政策》,取代 1993 年《石油勘探和生产政策》和 1991 年、1994 年、1997 年、2001 年、2007 年和 2009 年《石油政策》。新的《石油勘探和生产政策》仅适用于勘探和生产部门,不影响依据之前政策可能产生的其他权利。新政策设立了取得巴基斯坦石油勘探与生产权利的两种不同类型的协议体系:对于陆上作业,建立了基于石油特许权协议的系统;对于海上作业,建立了基于产品分成协议的系统。

政策文件分为许可过程、勘探和生产体制、监管过程和义务、石油勘探和生产的定价和激励、政策实施和困难的消除、政策转换等六个部分。该政策将巴基斯坦石油工业的重大成就与既定的良好国际油田惯例结合起来。同时,巴基斯坦联邦政府保留根据国家能源政策和国内外能源市场重大变化改变政策条款的权力。这些改变不影响根据之前政策产生的权利。为实施政策,巴基斯坦联邦政府将对相关规则、法规和示范协议作出适当修改。

# 一、导言

## (一)政策制定背景

石油行业在巴基斯坦经济居于重要地位,是国家安全、国家自立的核心问题,也是国家收入的主要来源。国内石油和气体产量约占能源总需求的53%,其他国内能源占19%,约27%的能源需求需要进口。即使保守估计下一个十年的经济增长,巴基斯坦能源需求也将大幅增加。尽管巴基斯坦联邦政府致力于通过进口气体来保障能源需求,通过最大限度地开发国内资源以降低能源进口开支,但是国内气体生产和供应目前难以满足国内用户、工业行业和电力生产需求。另外,因气体需求不断增加而气体储量下降,气体供应也将不够充分。由此巴基斯坦将不得不以国际价格大量进口气体来满足国内市场。

巴基斯坦联邦政府已经注意到国际油气行业定价和成本的巨大变化。国际市场上原油价格大幅攀升改变了石油勘探生产部门。政府认识到石油勘探和生产行业面临的经营挑战,致力于提供财政和监管激励措施以便利石油勘探和促进生产公司加快石油勘探开发,最大化进行国内油气生产。

## (二)政策沿革

1991年,政府发布了第一份石油政策文件。随后在1993年、1994年、1997年、2001年、2007年和2009年更新了石油政策。后续政策文件取代以前政策时,根据许可证、石油特许权协议(PCA)、产品分成协议(PSA)授予的权利不受影响。1997年的政策在保留1994年关于陆上政策规定的同时,引入了基于产品分成安排的新的一揽子海上条款。根据1997年政策,近海地区的现有许可证持有人可以选择将其特许权协议转换为产品分成协议。

1997年的石油政策随后被2001年的石油政策所取代。巴基斯坦2001年还同时发布了《石油勘探和生产规则》《海上产品分成示范协议》和《陆上石油特许示范协议》。2003年《海上石油勘探与生产规则》发布后,引入了修订版《海上产品分成示范协议》。

考虑到国际能源价格不断上涨,2009 年政策必须由 2012 年石油政策修订,因为新的市场条件需要作出快速改变以促进投资。这也反映了巴基斯坦联邦政府的决心,即通过吸引外国投资和技术加快能源自然资源开发,并促进当地公司在公平竞争的环境下参与本土自然资源的开发。

由于全国天然气消费的上升趋势,整体能源需求发生了范式转变,因此非常需要引入新政策。2012 年《石油勘探与生产政策》目的是建立石油勘探与生产部门有关的政策、程序、税收和定价制度。政策发布后,于 2013 年、2015 年、2017 年、2020 年、2021 年对部分条款进行了修订。

(三)政策目标

《石油勘探与生产政策》的主要目标是:(1)加快在巴基斯坦的勘探和生产活动,通过增加石油和天然气产量来实现最大限度的能源自给自足。(2)通过提高巴基斯坦上游投资条件的竞争力,促进外国对巴基斯坦的直接投资。(3)促进巴基斯坦的石油和天然气公司参与本国的上游投资机会。(4)培训巴基斯坦勘探和生产部门的专业人员,使其达到国际标准,为其留在国内创造有利条件。(5)通过提供具有全球竞争力的激励措施,促进陆上边境地区的勘探开发活动。(6)重组由联邦和省代表组成的石油特许权总局,以加强巴基斯坦石油储备的有效管理。石油特许权总局的主席由联邦代表担任。(7)通过加强国内勘探,确保国家能源安全。(8)通过向勘探和生产公司提供额外的激励措施加强本土生产,减少对进口能源的依赖。(9)以社会、经济和环境上可持续和负责任的方式开发油气资源。

(四)政策要求

为了实现政策目标,有必要做到:(1)在考虑市场条件的同时,通过修改当前的合同条件和增加激励措施,为增加勘探和生产投资提供刺激。(2)采用许可条款、条件和程序来吸引新进入者,包括油气行业巨头和独立公司、国家石油公司及巴基斯坦私营公司。(3)通过定价的合理化,在价格和激励措施之间保持平衡,适当地补偿勘探和生产风险。(4)实施积极主动的政策管理。(5)使政策与政府目标相一致,为更广泛的公共利益最大限度地实现国内能源资源的自给自足。(6)提供一个由石油特许权总局管理的透明、非歧视的许可和缔约系统。

(五)促进巴基斯坦公司参与上游石油工业

巴基斯坦联邦政府致力于促进巴基斯坦公司积极参与石油和天然气活动,以刺激国内工业增长,为国家及其劳动力获得最大的经济利益。政府认为,巴基斯坦公司与外国公司的合作,加上当地利益相关者的参与,是为国家利益释放边境地区石油储备潜力的关键之一。

## 二、许可程序

### (一)许可区域划分

根据风险和投资要求,巴基斯坦将其许可区域分为四个陆上区域和一个近海区域。四个陆上区域分别为Ⅰ(F)区、Ⅰ区、Ⅱ区、Ⅲ区,近海区域为O区。

### (二)有权获得石油权利的公司

每个有兴趣获得石油权利的公司都需要提供公司性质、主要营业地点、公司授权认购和实收资本、董事姓名和国籍以及主要股东姓名和持股情况。除现有许可证和租约作业人外,其他公司还应提供证据证明其财务和技术资格,以及根据良好油田惯例开展活动的能力。

目前在巴基斯坦经营的所有本地和外国公司都有资格获得石油权利。未在巴基斯坦经营,但在世界其他地区经营过特许权的外国公司,根据技术和财务能力证明,有资格获得石油权利。所有加入特许权联营并有三年以上非作业人经验的公司,在证明具有技术和财务能力情况下,有资格成为作业人。

允许巴基斯坦本地小型公司作为非作业人与其他勘探生产公司加入联营体获得必要的行业经验,使其能够提高将来承担作业角色的能力。若巴基斯坦本地公司没有必要的作业经验,应当与石油特许权总局接受的国际知名勘探生产服务公司或有记录证明在国际石油行业具有监管高水准作业技术和管理团队达成协议。这一要求不适用于省级勘探生产公司,但省级勘探生产公司仍应符合其他要求。

### (三)对申请人的要求

作为申请人的公司必须具备法律行为能力并符合住所要求:(1)有资格根据相应的《规则》申请石油权利并执行所有后续协议,且该资格的有效期应长于后续协议有效期至少一年;(2)声明没有未决诉讼、法律程序和其他可能导致其违反义务的情况;(3)提供一份宣誓,声明其能与巴基斯坦联邦政府或政府控股私人有限公司签订合同;(4)在授予石油权利后不超过90日内,该公司必须在巴基斯坦注册成立,或作为外国公司在巴基斯坦经营的分公司注册。

如果申请人在填写申请后,公司状况发生了重大不利变化,石油特许权总局保留取消公司资格的权利。如果申请人提供错误或误导性信息,石油特许权总局保留拒绝其参与的权利。

### (四)与战略伙伴的直接谈判

巴基斯坦联邦政府可以将"战略伙伴"的地位分配给代表外国政府的国家石油公司。政府将促进与选定的战略伙伴进行直接谈判,以便勘探、开发石油特许权总局为战略伙伴关系选择的特定土地,或开发石油特许权总局确定的重大石油潜力区域。

被授予区块的一方应是该区块的大股东。战略伙伴公司只能是特许权总局接受的同一国家的公共部门公司、巴基斯坦公共部门勘探生产公司及其关联公司、政府控股私人有限公司及区块所在地的省控股公司、政府持股的知名私人公司。战略伙伴适用于未经竞争性投标的政府控股私人有限公司、省控股公司。战略伙伴应接受与其他公司相同的程序,但无需对政府控股私人有限公司根据双方都可接受的条款和条件选择的某些区块进行竞争性投标。

## 三、许可体系

### (一)石油勘探与生产的权利类型

石油勘探与生产的权利分为勘查执照、陆上石油勘探许可证、近海浅水石油勘探许可证、海上深水与超深水石油勘探许可证四种,各类别授予的石油权利、期限、面积不同,详见表 4-1。

表 4-1  石油勘探与生产权利类型

| 类别 | 名称 | 授予的石油权利 | 期限 | 最大面积 |
|------|------|----------------|------|----------|
| 1 | 勘查执照 | 对地球物理、地球化学和地质作业的非排他性权利,包括钻探地层井。无权进行谈判或转换为陆上许可证或海上产品分成合同。 | 初始期限为 1 年,可续期 1 年。 | 在开放区域内无面积限制。 |

续表

| 类别 | 名称 | 授予的石油权利 | 期限 | 最大面积 |
|---|---|---|---|---|
| 2 | 陆上石油勘探许可证 | 许可证、《规则》和相关协议规定的排他勘探权，包括钻探和生产测试。 | 初始期限为5年（第一阶段3年，第二阶段2年），可续期2次，每次1年。对于评估作业，可根据《规则》单独申请，最多可续期一年。加上天然气市场可能的5年保留期。 | 最大2500平方千米，第一阶段后放弃初始期限原始面积的30%，第二阶段后放弃剩余面积的20%。在第二个为期一年的续期开始前放弃剩余面积10%。 |
| | 开发与生产租约 | 以石油勘探许可证指定部分开发、生产碳氢化合物的排他性权利 | 最长25年，可能续期5年。 | 《规则》中定义的开发和生产租约中保留的最大面积。 |
| 3 | 近海浅水石油勘探许可证 | 根据许可证、《规则》和相关产品分成合同规定的条款进行勘探，包括钻探和生产测试的排他性权利。 | 初始期限为5年（第一阶段3年，第二阶段2年），可续期2次，每次1年。对于评估作业，可根据《规则》单独申请一年以下续期。气体市场可能有5年保留期。 | 最大2500平方公里，第一阶段后放弃初始期限原始面积的30%，第二阶段后放弃剩余面积的20%。在第二个为期一年续期开始或之前放弃剩余面积的10%。 |
| | 开发与生产租约 | 在满足《规则》中规定的条件时，在石油勘探许可证指定部分开发和生产碳氢化合物的排他性权利。 | 最高25年，可能续期5年。 | 《规则》中定义的开发和生产保留的最大面积。 |
| 4 | 海上深水与超深水石油勘探许可证 | 许可证、《规则》、产品分成合同规定的独家勘探权，包括钻探和生产测试。 | 初始期限为5年（第一阶段3年，第二阶段2年），可续期2次，每次1年。对于评估作业，可根据《规则》单独申请，最多可续期一年。气体市场可能有5年保留期。 | 最大2500平方公里，第一阶段后放弃初始期限原始面积的30%，第二阶段后放弃剩余面积的20%。在第二个为期一年续期开始或之前放弃剩余面积的10%。 |
| | 开采与生产租约 | 在满足《规则》中规定的条件时，在石油勘探许可证指定部分开发和生产碳氢化合物的专有权。 | 最高25年，可能续期5年。 | 《规则》中定义的开发和生产保留的最大面积。 |

注：陆上石油勘探开发中，《规则》指《陆上石油勘探与生产规则》；海上石油勘探开发中，《规则》指《海上石油勘探与生产规则》。

（二）授予勘探和生产权利的程序

授予陆上、近海勘探和生产权利三个不同的通过程序：（1）通过竞争性招标授予陆上区块的石油特许权协议或海上区块的产品分成合同。（2）在政府与政府间基础上，不经过竞争性投标向战略伙伴公司授予陆上区块石油特许权协议或海上区块产品分成合同。（3）经直接协商，授予进行研究和调查的非排他性勘查许可证。

申请海上执照和许可证时应向石油特许权总局提交申请书。政府控股私人有限公司拥有执照和许可证权利，通过承包商协议或产品分成协议与申请公司签订合同，执行所需的工作。

为了进一步简化授予陆上及海上勘探许可证申请程序，石油特许权总局将继续进行竞争性投标程序。此外，由省政府和安全机构更新和预先确定的"白色和绿色区域地图"继续进行，位于白色和绿色区域内的特许区域不需要许可。

（三）邀标

石油特许权总局将在国家级报纸、石油和自然资源部网站发布邀标函。邀标函可以明确招标区块及石油特许权总局认为适当的其他区块。

邀标函的有效期至少为 60 日，所有提供必要信息的公司都有资格参加投标。

所有参与邀标的公司都必须遵循石油特许权示范协议和产品分成示范协议，这是一个先决条件。除非双方一致同意并得到政府批准，所有的经济条款和条件将按照本政策的定义保持不变。所有参与公司将被要求提供一项承诺：在石油特许权总局考虑授予石油权利的情况下，投标公司不会寻求变更、修改、修正招标条款和条件，包括石油特许权示范协议和产品分成示范协议中的条款、条件。

应感兴趣公司的书面请求，石油特许权总局在收到请求后尽一切努力在 15 日内提供投标文件，包括但不限于：《石油勘探和生产政策》、适用的《规则》、石油特许权示范协议和产品分成示范协议。

确定邀投标应基于根据工作单元计算的最高工作方案和石油特许权协议中规定的最低值。任何公司都可以根据本政策和《规则》，对招标邀请书涵盖的任何区块提交投标书。所有投标书都将在投标人的授权代表在场时公开开标。如果只收到一份投标书，只要投标公司提供与该区域前景相适应的工作计划，则可根据《规则》考虑中标。授予巴基斯坦国有公司石油权利应遵循相同的程序。

石油特许权总局将确保建立有关行使、终止招标邀请书的条件和要求，并与投标文件一起提供给感兴趣公司。在投标程序中对投标条件和要求的任何改变，应立即通过网站公告和向购买投标文件的公司发送挂号信方式通知所有感兴趣的公司。投标书应以一份密封信提交。所有投标都应按照适用的《规则》进行。如果投标人在投标后发生了不利重大变化，必须通知石油特许权总局。当所提供的信息出现重大不利变化时，巴基斯坦联邦政府保留拒绝授予许可证的权利。

在申请公司严格基于示范投标文件且招标截止日期后 15 日内提交所有文件时，石油特许权总局将尽一切努力达成并签署石油特许协议或产品分成协议。政府根据石油特许权总局的建议，保留行使接受或拒绝申请以及取消、撤销投标程序的权力。石油特许权总局保留在需要时进行多轮招标的权利。

潜在投资者可根据规定，与石油特许权总局就开放区域的非排他性勘查执照进行直接谈判。

（四）评标程序

每次投标必须包含有关投标人提供的许可证初始期限内第一阶段工作单元的必要信息。提供了第一阶段最高工作单元的投标将中标。

如果不止一个投标人提供相同数量的工作单元，中标人将根据以下过程决定：在开标后 15 日内，提供相同数量的最高工作单元投标人将被要求重新投标工作单元，提供较高工作单元且不低于之前工作单元的投标人将中标。这一过程将重复进行，直到确定中标。

（五）中标后程序

中标后，政府或政府控股私人有限公司与中标人根据邀标时提供的陆上石油特许权示范协议或海上产品分成示范协议签订中标协议。在最终达成的石油特许权协议和产品分成协议中，不允许修改示范协议的条款和投标条款。

## 四、陆上石油特许权协议

陆上许可区域分为 4 个，即Ⅰ（F）区、Ⅰ区、Ⅱ区和Ⅲ区，各区域范围如表4-2所示。区域范围应包括在根据《石油勘探和生产政策》发布的石油特许权协议示范文本中。

表 4-2　陆上石油许可区域

| 区域名称 | 区域范围 |
|---|---|
| Ⅰ(F)区 | 边境盆地(哈兰、皮辛及并入开伯尔—普赫图赫瓦省的地区) |
| Ⅰ区 | 南俾路支省(莫克兰)和波特瓦尔盆地 |
| Ⅱ区 | 基尔萨、东俾路支省、旁遮普省平台和苏莱曼盆地 |
| Ⅲ区 | 印度河流域下游 |

陆上石油特许权协议适用于授予的所有陆上新许可证。《石油勘探和生产政策》包含的相关资金方案将根据额外信息和国际竞争力状况进行调整。

(一)特许权费、所得税、暴利税

特许权费将按油田门站石油价值的 12.5% 支付。联邦政府将按照省所占的液体和气体碳氢化合物(如液化石油气、天然气凝液、溶剂油、汽油等)和与此有关的所有物质包括硫的比例支付现金或实物形式的特许权费。各省可以决定选择现金或实物,当选择实物时,各省应与联邦政府协商。当年支付的租金不得从特许权费中扣除。根据 2001 年《所得税条例》,所得税应按利润或收益的 40% 缴纳。特许权费作为所得税的组成部分。

(1)暴利税(WLO)适用于原油和凝析油,计算公式为:

$$WLO = 0.4 \times (M - R) \times (P - B)$$

其中,WLO 为原油和凝析油的暴利税;$M$ 为生产和储存的石油净产量;$R$ 为特许权费;$P$ 为原油和凝析油的市场价格;$B$ 为基准价格。原油和凝析油的基准价格为每桶 41 美元。从合同区域首次商业生产之日起,原油和凝析油的每桶基准价格每年将提高 0.5 美元。

暴利税可以在联邦政府和相关省政府之间平均分配。当国际市场的定价动态发生重大变化时,将审查暴利税的上限。特许权费中的 10% 将用于生产石油和天然气区域的基础设施发展。

(2)将天然气出售给巴基斯坦联邦政府以外的其他主体时,暴利税为:

$$WLG = 0.4 \times (PG - BR) \times V$$

其中,WLG 为天然气暴利税;PG 为第三方天然气销售价格;BR 为基准价格;$V$ 为出售给第三方的天然气量,不包括特许权费。

基准价格是向巴基斯坦联邦政府出售的价格。如果天然气的第三方销售价格低于或等于基准价格,则暴利税为零。在向巴基斯坦联邦政府和省政府销售天然气时,不得征收暴利税。

(二)进口关税、税收和费用

勘探开发公司和服务公司的进口关税、税费的激励措施在勘探许可证或产品分成协议生效日按照适用的税收条例执行。

(三)产量奖

合同区域的产量奖按表 4-3 支付。

表 4-3　陆上产量奖

| 总产量/万桶原油当量 | 金额/万美元 |
| --- | --- |
| 商业生产开始时 | 60 |
| 30 | 120 |
| 60 | 200 |
| 80 | 500 |
| 100 | 700 |

当地作业公司应按交易当天汇率的巴基斯坦卢比支付产量奖。巴基斯坦联邦政府、省政府作为作业公司的大股东时,政府控股私人有限公司和省控股私人有限公司不支付产量奖。产量奖根据省政府发布的指导方针,用于各合同区域及其周边社会福利项目。

(四)对在巴基斯坦注册的勘探生产公司的鼓励措施

有必要在国内建立强大的勘探和生产部门,并尽量减少外汇支出。因此,将继续向在巴基斯坦注册的合格勘探和生产公司提供以下激励措施,这些公司应以巴基斯坦货币支付股息和接收付款。

鼓励这类勘探生产公司运营拥有 100% 所有权的勘探区块。如果与外国勘探生产公司合资,当地勘探生产公司拥有的最低开采利益在 Ⅰ 区为 15%、Ⅱ 区为 20%、Ⅲ 区为 25%(以下简称"巴基斯坦最低开采利益")。当地勘探生产公司应按照其所占的最低开采利益以巴基斯坦货币支付勘探开支。如果任何当地勘探生产公司随后打算减少其在合资企业中的开采利益,且当地勘探公司的总体开采利益低于巴基斯坦最低开采利益要求时,政府控股私人有限公司或省政府控股公司有权弥补巴基斯坦最低开采利益的差额,无需偿还或支付任何已经发生的费用。

联营公司不满足巴基斯坦最低开采利益的要求时,仍然可以被授予勘探许可证,但联营公司应在获得许可证后 15 日内在媒体发布广告,邀请在巴基斯坦注册的公司按照标准联合作业协议参与合资企业。巴基斯坦注册公司、政府控股私人有限公司或省政府控股公司可在 30 日内选择参与合资企业。

如果巴基斯坦注册公司、政府控股私人有限公司或省政府控股公司完全没有或部分没有兴趣参与,外国勘探生产公司应视为已履行了其关于巴基斯坦最低参与度的义务。

在勘探阶段,当地勘探生产公司有权获得以巴基斯坦货币兑换的外汇,以履行其在制造、许可证、石油特许权协议、产品分成协议下的日常义务。在商业发现后,当地勘探生产公司有权获得以外币支付的销售收入的 30%,以满足其日常运营需要。对于商业发现后的项目融资,除巴基斯坦联邦政府或省政府持有多数股权的公司外,当地勘探生产公司需自行安排外汇。

政府控股私人有限公司应持有 2.5% 的开采利益,有选择参与开采利益的权利。在勘探阶段,所有石油特许权协议均应向该区块所在的省政府控股公司提供 2.5% 的开采利益。勘探阶段的开支由省政府控股公司从宣布商业生产之日起 5 年内的商业生产收益中分期支付。

(五)当地就业、培训和社会福利

当地就业方面,勘探生产公司应根据发布的指导方针就巴基斯坦国民的就业计划与石油特许权总局达成一致,为巴基斯坦员工、巴基斯坦联邦政府和省政府有关官员的能力建设提供培训,包括向不同机构的当地居民提供实习、奖学金和培训。勘探生产公司应在不同开发活动中进行以下支出:陆上区域的勘探阶段,每年支出 2.5 万美元;在开发和生产期间,每年支出 5 万美元。在海上 O 区的勘探阶段,每年支出 5 万美元;在开发和生产期间,每年支出 25 万美元。这些开支不构成政府收入的组成部分,应主要用于能力建设和满足基础设施发展,应经总会计师批准后发布单独的会计准则。

社会福利计划方面,必须利用国内外各公司在协议中承诺的社会福利基金为社区提供持久的利益。社会福利项目必须根据巴基斯坦联邦政府发布的指导方针,与当地社区和民政部门达成一致。

从勘探阶段至商业生产前,最低社会福利项目支出为每年 3 万美元。商业生产期间的最低社会福利支出由于产量、区域的差异存在差别(见表 4-4)。当地勘探生产公司应以等值巴基斯坦卢比支付。

表 4-4　商业生产期间最低社会福利支出

| 产量/(桶油当量·天$^{-1}$) | 支出金额/(美元·年$^{-1}$) |
|---|---|
| <2000 | 5 万(O 区、Ⅰ 区);3.75 万(Ⅱ 区、Ⅲ 区) |
| 2000~5000 | 10 万(O 区、Ⅰ 区);7.5 万(Ⅱ 区、Ⅲ 区) |
| 5001~10000 | 20 万(O 区、Ⅰ 区);15 万(Ⅱ 区、Ⅲ 区) |
| 10001~50000 | 40 万(O 区、Ⅰ 区);30 万(Ⅱ 区、Ⅲ 区) |
| 50000 以上 | 70 万(O 区、Ⅰ 区);52.5 万(Ⅱ 区、Ⅲ 区) |

**(六)勘探阶段许可证的延期**

应作业人书面请求,石油特许权总局可根据下列情况延长许可证的期限:(1)如果本国无法随时提供地震和钻井服务来及时履行最低工作义务,应在政府考虑接受或拒绝延长勘探许可证请求之前向政府提供证据。申请延期前,勘探许可证持有人应用尽所有其他选择,包括但不限于集中资源与其他石油权利持有人协调。(2)勘探许可证持有人承诺承担相当于后续或续期阶段最低开采义务 10% 的额外工作;(3)勘探许可证持有人增加了放弃原许可证面积的10%。(4)法律、秩序等无法控制的情况,包括但不限于洪水、地震等不可预见的原因。

给予任何公司的延期应始终有支持理由。如果延长期限超过两年,需要得到内阁共同利益委员会的正式批准。

**(七)延长井测试**

经石油特许权总局批准,作业人可在评估阶段以及宣布商业性和批准开发计划之前进行延长井测试。作业人履行了租约适用的特许权费、税收、租金、培训和社会福利承诺时,石油特许权总局应批准申请。

向石油特许权总局申请批准延长井测试(包括相关临时生产设施)时,应提供下列相关信息:(1)延长井测试的技术原因;(2)拟议的延长井测试期限;(3)实施延长井测试期间的天然气处置计划。考虑到延长井测试期间储量的不确定性和投资支出,除非有特殊情况,石油特许权总局批准的延长井测试的燃放时间不超过 30 日。

如果买方可以接受延长井测试所生产天然气的性能和质量,该区域的标准天然气价格应有 5% 的折扣,该区域的不合标准天然气应有 10% 的折扣。进行延长井测试所需的设施应按照良好国际油田惯例进行建造和操作。

**(八)保留期**

如果在Ⅰ区或Ⅱ区有重大天然气发现,陆上许可证的保留期可以不超过 5年,但前提是安装了足够的天然气管道运输设施,且天然气市场已充分开发,可用于商业销售。如果发现的是低热值天然气,且无法随时获得销路或无法利用天然气基础设施,政府可根据具体情况考虑延长保留期。

只有在含有石油、天然气或石油、天然气、凝析油的情况下,才认为是天然气发现,而不通过气体销售就无法获得经济性时,才能获得保留期。

（九）租赁期限和续期

陆上开发和生产租约的期限最高为 25 年。为给作业人提供适当的租赁投资回报,租约的生产期可续期一次,期限 5 年。作业人应将修订后的现场开发计划提交给石油特许权总局批准。为了获得续期,作业人必须在生产期的初始期届满前至少 3 年提交续期申请且开发区域在申请日前一直正常生产。

（十）租期届满后授予租约的政策

租期届满后,如果现有租约持有人同意向政府支付相当于井口价值 15％ 的金额,石油特许权总局可以在租约期限届满后再续展 5 年的租期。否则,石油特许权总局将在租期届满前一年向寻求租约区域石油权利且已通过资格预审的公司邀请投标,此时租期为 10 年。投标将根据签约费进行评估,该签约费将用于油田所在地区的社会福利。通过签约费产生的资金转移程序与特许权费的转移程序相同。

各投标人应在投标时提供签约费 10％ 的投标保证金。石油特许权总局没有延期的义务。租约期满后授予租约的政策适用于根据 1986 年和 2001 年《石油勘探和生产规则》授予的租赁。

（十一）区块系统

所有陆上石油特许权协议和海上产品分成协议下区域的授予或放弃均应遵守区块系统。

（十二）租金

所有勘探许可证的持有人均须按以下费率预付租金:(1)许可证 5 年初始期限按每平方千米 3500 卢比;或许可证初始期限内每平方公里每年 800 卢比;(2)许可证每次续期按每平方千米 5000 卢比;或许可证续期按每年每平方千米 2750 卢比。

租约期间,应按年度预付租金:初始租赁期间内,每平方公里 7500 卢比;租约续期和延长租约期间的,每平方公里 1 万卢比。

（十三）不履行工作的义务

勘查或勘探许可证的持有人应在规定时间内为不履行工作义务向政府支付经济补偿。对于勘探许可证,应支付的补偿金根据未完成的工作单元数量乘以每工作单元的美元价值计算。对于勘查许可证,补偿将基于执照中规定的最低支出义务。

# 五、海上产品分成协议

海上许可区域包括三种不同的海上区域，即浅海、深海和超深海。《石油勘探和生产政策》适用于所有新授予的海上产品分成协议。

## （一）特许权费、公司税和暴利税

联邦政府与省政府根据各省份额协商后有权选择以现金或实物形式收取特许权费（见表 4-5）。若以实物形式收取，以其在领海内的液态和气态碳氢化合物（如液化石油气、天然气凝液、溶剂油、汽油等）以及碳氢化合物生产所伴生的硫等物质为限。当年支付的租金不得从特许权费中扣除。特许权费属于纳税范围。如果该区块的大部分超出巴基斯坦领海，特许权费应支付给联邦政府。

表 4-5 特许权费费率

| 商业生产开始时间 | 特许权费（门站价）/% |
| --- | --- |
| 前 48 月 | 0 |
| 第 49~60 月 | 5 |
| 第 61~72 月 | 10 |
| 第 73 月及之后 | 12.5 |

根据 2001 年《所得税条例》，所得税应按利润或收益的 40% 的税率缴纳，但巴基斯坦联邦政府向作业人提供的激励除外。

（1）暴利税（WLO）适用于原油和凝析油，计算公式如下：

$$WLO = 0.4 \times (P - R) \times SCO$$

其中，WLO 为对原油和凝析油征收的暴利税；$P$ 为原油和凝析油市场价格；SCO 为分配给承包商的原油和凝析油份额；$R$ 为基准价格，即原油和凝析油的基准价格为每桶 40 美元。从合同区域的首次商业生产之日起，原油和凝析油的基准价格每年每桶上涨 0.5 美元。

暴利税可以在联邦政府和领海相关的省政府之间平均分配。当国际市场的定价发生重大变化时，将审查暴利税的上限。

（2）对于向巴基斯坦联邦政府以外各方出售天然气时，暴利税的计算使用以下公式。

$$WLG = 0.4 \times (PG - BR) \times V$$

其中，WLG 为天然气暴利税；PG 为第三方天然气销售价格；BR 为基准价格；$V$ 为出售给第三方的天然气量，不包括特许权费。

基准价格是向巴基斯坦联邦政府出售的价格。如果天然气的第三方销售价格低于或等于基准价格,则暴利税为零。区块位于领海时,向巴基斯坦联邦政府和省政府销售的天然气不征收暴利税。

(二)折旧

成功的勘探开发油井按33%线性折扣。商业勘探井按开始商业生产或弃井的直接支出计算,两者以时间较先者为准。非商业勘探井按放弃许可证支付费用;海上设施和平台按25%的递减折旧法。未计提折旧可以结转,直至完全计提。

(三)政府参与

政府不直接参与采用滑动产品分成协议。

(四)产品分成

协议可采取滑动产品分成安排。产品分成由承包商与政府控股私人有限公司签署,承包商将获得勘探许可证、开发和生产租约。因此,承包商将首先获得利润油和利润气份额,并负责管理产品分成协议。

(五)成本限制

成本限制为85%,包括12.5%的特许权费。承包商可以从总收入的85%中收回全部成本。

(六)利润油、利润气的分成

对浅海、深海、超深海等不同区域采用滑动利润分配方式(见表4-6至表4-8)。滑动是基于总产量,允许快速回收投资和更高的净现值。

表4-6 浅海区油井利润油气分成

| 合同区域累计可用油气/万桶油当量 | 政府持有的利润油气份额/% | | 承包商持有的利润油气份额/% | |
|---|---|---|---|---|
| | 原油/液化石油气/凝析油 | 天然气 | 原油/液化石油气/凝析油 | 天然气 |
| 0~100 | 20 | 10 | 80 | 90 |
| 101~200 | 25 | 15 | 75 | 85 |
| 201~400 | 40 | 35 | 60 | 65 |
| 401~800 | 60 | 50 | 40 | 50 |
| 801~1200 | 70 | 70 | 30 | 30 |
| 1200以上 | 80 | 80 | 20 | 20 |

表 4-7　深海区油井利润油气分成

| 合同区域累计可用油气/万桶油当量 | 政府持有的利润油气份额/% | | 承包商持有的利润油气份额/% | |
|---|---|---|---|---|
| | 原油/液化石油气/凝析油 | 天然气 | 原油/液化石油气/凝析油 | 天然气 |
| 0～200 | 5 | 5 | 95 | 95 |
| 201～400 | 10 | 10 | 90 | 90 |
| 401～800 | 25 | 25 | 75 | 75 |
| 801～1200 | 35 | 35 | 65 | 65 |
| 1201～2400 | 50 | 50 | 50 | 50 |
| 2400 以上 | 70 | 70 | 30 | 30 |

表 4-8　超深海油井利润油气分成

| 合同区域累计可用油气/万桶油当量 | 政府持有的利润油气份额/% | | 承包商持有的利润油气份额/% | |
|---|---|---|---|---|
| | 原油/液化石油气/凝析油 | 天然气 | 原油/液化石油气/凝析油 | 天然气 |
| 0～300 | 5 | 5 | 95 | 95 |
| 301～600 | 10 | 10 | 90 | 90 |
| 601～1200 | 25 | 25 | 75 | 75 |
| 1201～2400 | 35 | 35 | 65 | 65 |
| 2401～3600 | 45 | 45 | 55 | 55 |
| 3600 以上 | 60 | 60 | 40 | 40 |

## (七)产量奖

近海产量奖的金额根据政府发布的指南进行支出(见表 4-9)。产量奖在应付之日起 30 日内支付。试验和早期生产期间的产量将计入总产量。产量奖的支出不能作为成本油或成本气回收。

表 4-9　近海产量奖

| 总产量/万桶油当量 | 金额/万美元 |
|---|---|
| 商业生产后 90 日内 | 60 |
| 60 | 120 |
| 120 | 200 |
| 160 | 500 |
| 200 | 700 |

### (八)进口关税和税收

勘探开发公司和服务公司的进口关税、税费的激励措施适用勘探许可证、产品分成协议生效时的《国家税务条例》。

### (九)海洋研究和海岸地区开发费

该开发费按照不同阶段按年缴纳,其中 75％用于海岸地区的开发,25％用于海洋研究,如表 4-10 所示。

**表 4-10　海洋研究和海岸地区开发费**

| 费用/(万美元/年) | 缴纳阶段 |
| --- | --- |
| 5 | 第一次发现前 |
| 10 | 商业发现声明前 |
| 25 | 开发阶段 |
| 50 | 生产阶段 |

### (十)勘探阶段许可证的延期

经作业人提出书面请求,石油特许权总局可根据下列情况延长许可证期限:(1)如果本国无法随时提供地震和钻井服务以及时履行最低工作义务,应在政府考虑接受或拒绝延长勘探许可证的请求之前向政府提供这方面证据。申请延期前,勘探许可证持有人应用尽所有其他选择,包括但不限于集中资源与其他石油权利持有人进行协调。(2)勘探许可证持有人承诺承担相当于后续或续期阶段最低开采义务 20％的额外工作。(3)勘探许可证持有人增加了放弃原许可面积的 20％。(4)法律、秩序等无法控制的情况,包括但不限于洪水、地震等不可预见的原因。(5)任何情况下,延期累计不得超过 24 个月。

### (十一)延长井测试

经石油特许权总局批准,承包商可在评估阶段及宣布商业性和批准开发计划之前进行延长井测试。作业人履行了租约适用的特许权费、税收、租金、海洋研究与海岸开发费、培训和社会福利费承诺时,石油特许权总局应批准申请。

向石油特许权总局申请批准延长井测试(包括相关临时生产设施)时,应提供下列相关信息:(1)延长井测试的技术原因;(2)拟议的延长井测试期限;(3)实施延长井测试期间的天然气处置计划。考虑到延长井测试期间储量的不确定性和投资支出,除非有特殊情况,石油特许权总局批准的延长井测试的燃放时间不超过 30 日。

如果买方可以接受经批准的延长井测试所生产的天然气的性能和质量,该区域的标准天然气价格应有 5% 的折扣,该区域的不合标准天然气应有 10% 的折扣。进行延长井测试所需的设施应按照良好国际油田惯例进行建造和操作。

(十二)保留期

如果有重大天然气发现,海上许可证的保留期可以达到 5 年,但前提是安装了足够的天然气管道运输设施,且天然气市场已充分开发,可用于商业销售,该发现为商业发现。若提供的正当理由可接受,石油特许权总局可以再批准 5 年的保留期。该保留期条款不适用于石油发现。

只有在含有石油、天然气或石油、天然气、凝析油的情况下,才认为是天然气发现,而不通过气体销售就无法获得经济性时,才能获得保留期。

(十三)总租赁期限和续期

海上开发和生产租约的初始期限最高为 25 年。承包商代表经政府控股私人有限公司同意,可以向石油特许权总局申请将租约的生产期间续期一次,期限 5 年。承包商应将修订后的现场开发计划提交给石油特许权总局批准。为了获得续期,承包商必须在生产期初始期间届满前至少 3 年提交续期申请且开发区域在申请日前正常生产。

(十四)租期届满后授予租约的政策

租约期满后,如果现有租约持有人同意向政府支付相当于井口价值 15% 的金额,石油特许权总局可以在租约期限届满将租期后再续展 5 年。否则,石油特许权总局将在初始租期届满或续期届满前一年向通过资格预审的寻求租约区域石油权利的公司邀请为期十年的投标。投标将根据签约费进行评估,该签约费将用于巴基斯坦联邦政府指南规定的支出。每个投标人应在投标时提供签约费 10% 的投标保证金。石油特许权总局没有延期的义务。

(十五)不履行工作义务

勘探许可证的承包商应在规定时间内为不履行工作义务(工作单元)向政府控股私人有限公司支付经济补偿。政府控股私人有限公司收到承包商补偿金后应在两周内存入联邦国库。应支付的补偿金根据未完成的工作单元数量乘以每工作单元的美元价值计算。

## 三、监管程序

### (一)一般规定

《石油勘探和生产政策》适用于所有石油作业,包括但不限于地震活动、勘探、钻探、开发和生产,但有关省级监管机构将负责煤层气相关的监管工作。作业人应按照良好国际油田惯例以及《规则》进行石油作业,尽量减少勘探、开发、生产和运营成本,最大限度地采收石油。

《石油勘探和生产政策》中的所有定义、术语应按照《规则》进行解释,如果发生冲突,以《规则》为准。[①]

监管者应提供便利条件,根据钻井数量、地震测试、新增生产场地等现场活动增加监管人员的绩效。

### (二)申请费

各类申请应提交申请费。勘查执照为 5 万卢比,勘探许可证为 10 万卢比,开发和生产租约为 20 万卢比。此外,政府可以要求承包商或持有石油权利的公司承担商业发现和拟定开发计划的第三方评估成本。

### (三)不履行

任何公司不遵守执照、许可证、租约、协议和《规则》的,石油特许权总局将采取强制执行行动。暂停或撤销事由将在执照、许可证、租约中详细列出。

### (四)数据和记录的保密性

所有执照、许可证或租赁区域内作业数据和记录都必须提交给石油特许权总局。除非协议中有约定或已进入公共领域,所有数据均为机密,任何当事方不得披露。

当事方根据法律和证券交易所法规的要求,可向省政府附属机构和分包商、银行、善意意向受让人及其雇员、顾问等披露与石油作业有关的除地震和钻井数据之外的其他数据。

---

① 巴基斯坦分别于 2013 年、2023 年发布了《陆上石油勘探与生产规则》和《海上石油勘探与生产规则》,系统地规定了有关定义、术语的含义。本章行文时,若未加区分,《规则》是指这两份勘探与生产规则。在《陆上石油勘探与生产规则》和《海上石油勘探与生产规则》两节中,《规则》应区分为陆上或海上石油勘探与生产规则。

　　根据执照、许可证、租约或协议进行石油作业获得的所有地质和地球物理数据,包括但不限于井日志、地图、磁带、岩芯、样品和任何其他地质和地球物理信息等均是巴基斯坦联邦政府的财产,一旦获得必须尽快交付给石油特许权总局。作业人、承包商和其他利益所有人保留在石油作业中免费使用此类数据的权利。除法律和《规则》要求的披露外,地质和地球物理数据将由巴基斯坦联邦政府保密 3 年。但是,如果协议终止或与数据相关的区域被放弃,巴基斯坦联邦政府可以更早地披露数据。

　　如果石油特许权总局在多客户安排下为商业目的收集了数据,可以同意保密更长时间。为支付数据的存储、处理、复制和管理等费用,石油特许权总局保留在第三方购买该数据时收取合理费用的权利,

　　作业人和承包商有义务向石油特许权总局提供与勘探和生产活动相关的作业、商业和财务数据。石油特许权总局将根据以下条件向公共领域披露信息:(1)每日、每月和每年作业情况。(2)超过 5 年的商业和财务信息,但可能给第三方提供不公平优势的商业敏感信息除外。

### (五)履约保证金

　　石油特许权总局应要求石油勘探许可证的成功申请人在执行石油勘探许可证前,以可接受的形式为其工作承诺提供保证。如果申请人选择在勘探阶段提供母公司担保以外的其他担保,则只有当所有工作义务包括但不限于社会福利、培训、数据、租金等均全部履行时,所提供的担保才会被解除。石油特许权总局保留从履约保函中扣除未履行义务款项的权利。担保是不可撤销、无条件的,采用标准格式文本。采用的担保可以是:(1)政府接受的国际知名银行按石油特许权协议、产品分成协议以规定格式提供 25% 最低财务义务保函。(2)具有国际声誉的跨国勘探和生产公司的母公司保函,或在巴基斯坦境内油田中占有主要开采利益的公司对自身财务承诺提供担保。(3)相当于 100% 最低财务义务的石油产量留置权。(4)等于 100% 最低财务义务的最优先资产留置权。(5)由政府接受的国际声誉银行提供第三方托管账户 25% 最低财务义务担保。

### (六)利润分成

　　省政府应建立适当的收入分成机制,与当地居民分享原油、凝结油、天然气暴利税收入、租金及气价提高增加的收入,避免影响勘探和生产公司的盈利能力。

### (七)外汇

　　承包商、作业人应按要求缴纳石油业务所需的所有外汇和本币资金。

根据国内供应义务和出口关税,外国勘探开发公司有权出口其根据协议获得的石油份额。外国承包商、作业人及其在巴基斯坦注册的分支机构有权将从出口石油份额中获得的销售收益保留在国外并自由使用。

外国勘探开发公司有权根据巴基斯坦国家银行的规定,将在巴基斯坦境内的石油销售收益汇出国外。巴基斯坦联邦政府应确保巴基斯坦国家银行允许所有资金汇款,不得拖延或收取额外费用。

如果外国开采利益所有人经巴基斯坦联邦政府同意后将其在许可证、租约或协议中的利益转让给外国实体,允许其在国外保留转让产生的所有收益。

勘探生产公司为了石油作业目的,有权将其控制资金转出银行账户,但可能需要向巴基斯坦国家银行或政府指定机构提供银行对账单及存款说明。从该账户付款时,应按季度向国家银行或其指定办事处接受的形式提供与协议相关的完整外汇交易资料。货币兑换的汇率应为巴基斯坦国家银行确定的汇率。巴基斯坦当地公司的外币使用问题,参考陆上石油特许权协议下当地勘探生产公司的规定。

### (八)利益转让与转移

未经石油特许权总局事先书面同意,开采利益所有人不得将其全部或部分权利义务出售、转让、转移、出让或处置给第三方或任何关联公司。石油特许权总局同意转让时,可施加其认为适当的条件,包括但不限于为确保受让人支付特许权费、公司税和暴利税施加条件,并要求支付每次利益转让或转移的管理费5万卢比。

### (九)国内供应义务和天然气分配

允许勘探开发公司按监管机构授予的出口许可证出口原油、凝析油和天然气份额,但出口应遵守国内要求和国家紧急情况。出口许可证适用暴利税。超过巴基斯坦已探明储量的天然气储量才可以出口,已探明储量包括以不变进口量预计的未来15年天然气需求。天然气用于出口后,不得吊销对该出口量发放的出口许可证。

若外国勘探开发公司向巴基斯坦境内的第三方出售天然气,并希望将外币支付的销售收益汇往国外,巴基斯坦允许该公司自由汇出其销售收益的保证百分比。保证百分比在O区和Ⅰ区为租赁总收入的75%,Ⅱ区为租赁总收入的70%,Ⅲ区为租赁总收入的65%。剩余收入可用于支付特许权费、税收、暴利税、向政府的其他费用及当地运营成本。

气体应在管道出口法兰(气田门站/交付点)交付。隋南天然气有限公司和隋北天然气有限公司负责铺设管道,并获得油气监管局批准的天然气运输费。海上天然气应在与现有受管制输气系统最近的接入点或沿海海岸交货。如果区块中存在多个气田,经石油特许权总局批准,辅助气田应连接到主气田输气管道法兰或主气田输气管道。石油特许权总局应在相关公司提交拟议的现场开发计划后,逐个批准所有门站位置。

允许在巴基斯坦境内运营的勘探生产公司与天然气输送分销公司、住宅和商业消费者以外的第三方根据法律法规的规定签订合同,以谈判价格销售其份额天然气。勘探生产公司根据整体市场需求,可以要求巴基斯坦联邦政府能有效控制的指定买方购买勘探生产公司 90% 的管道规格气体(pipeline specification gas)。该买家应以经济的方式按年度、月度和日购买气体以满足国内需求。经省政府事先同意,勘探开发公司有权将其管道规格天然气份额的 10% 出售给任何买方。

允许在巴基斯坦运营的勘探生产公司建造、运营当地所需要的管道,将管道用于出口其份额油。管道应由监管机构依据法律、法规、规则和第三方开放进入制度进行监管。允许建设管道的勘探开发公司根据确定的使用计划优先使用管道。无论从出口法兰到最近输气系统的连接管道是否由生产商、第三方或政府指定实体建造和运营,该管道应按照规定进行监管,除非相关监管机构决定该管道为不受监管管道。

如果互联管道由第三方或买方建造,生产商应在标准供应期合同基础上确认必要的天然气供应量、供应压力、储量及其他技术参数。

监管机构以 12% 的股权投资回报率为基础,确定出口法兰至输气系统的每月输气费用,资本成本至少在 15 年内摊销。允许成本包括运营成本和至少 15 年摊销期的初始资本的应付利息。还款期结束后,运营商将能够获得运营成本 12% 的利润率。如果该管道被多个托运人使用,则每年的计算基础通过所有托运人年初同意的管道总容量确定。当年同意交付量的不足或超过部分,应从该年度支付的费用中扣除或收取,或由该差额的责任方负责。

建造从海上气田到出口法兰管道时应预留 30% 备用容量,除非建设管道是为了促进作业人或承包商与监管机构正式批准的第三方达成第三方接入协议,或者石油特许权总局对未来可能使用容量情况另行作出客观评估。

勘探生产公司应有效利用现有输气系统,并可以合作建设运营出口法兰上游管道或输气系统。除非石油特许权总局或监管机构另行同意,否则共享所有权和备用容量应基于运营商的共同计划和共享平台。鼓励公司在延伸初始系统时进行合作,实现规模经济和最高利用率,确保管道运营整体上保持在规定的费用限额以内。如果管道位于近海地区,且过剩的产能由第三方利用,则经石油特许权总局批准的一方可以收取费用,该费用视为其产品分成利润油气。

对于连接出口法兰到输送系统的管道,向第三方或生产商支付的费率总计不得超过每百万英热单位 0.5 美元。任何超过这一限制的费率应当经过监管机构根据特殊具体情况决定,并须经巴基斯坦联邦政府批准。费率限制由油气监管局提出建议,并经巴基斯坦联邦政府批准。

连接气田至出口法兰和出口法兰至输送系统管道的所有权和运营权应在启动管道的租约到期或提前终止后移交给政府,除非该管道不用于输送政府或监管机构批准的天然气。移交不得设置任何留置权、负担或其他责任。

## 四、石油勘探生产的定价和激励措施

在最近炼油厂门站交付的原油价格等于可比原油或一揽子阿拉伯波斯湾原油(参考原油)的 C&F 价格加上或减去该原油和当地原油之间的质量差。除暴利税外,不作其他调整或折扣。C&F 价格根据巴基斯坦进口原油的 FOB 价格加上作为特许费率的平均运费估价(average freight rate assessment)计算。

凝析油生产商价格是炼厂门站交货的凝析油国际可比报价的 FOB 价格加上或减去阿拉伯波斯湾原油、凝析油现货产品市场的质量差异。除暴利税外,不作其他调整或折扣。解除对液化石油气新项目的生产者价格管制。

伴生或非伴生天然气价格参考巴基斯坦进口的一揽子阿拉伯/波斯湾原油 C&F 价格,是各方可接受的国际公认出版物公布的相关进口一揽子价格。该 C&F 价格将根据巴基斯坦进口原油的 FOB 价格加上平均运费估价计算。伴生气的价格与非伴生气的价格相同。低热值和页岩气价格另行通知。致密气价格按照 2011 年《致密气勘探与生产政策》确定。

计算特许权费时,生产和储存的石油实际销售价格按照以下方式计算:如果石油销售到全国市场,实际销售价格根据石油权利持有人和政府或其指定人之间购销协议价格减去交货点的允许运输成本。其他情况下,实际销售价格以下列价格中较高者为准:(1)出售或以其他方式处置石油的价格减去允许运输成本;(2)通过独立销售石油获得的公平市场价格减去允许运输成本。

## 五、政策执行和障碍消除

成立一个委员会,以执行政策、消除困难、处理异常情况、批准机构发展框架以及加强政策部门等问题,提高其在政策制定和上游监管方面的专业能力。委员会成员应包括:石油和自然资源部部长担任主席,成员有规划委员会副主席、财政司秘书、石油和自然资源部秘书、各省提名人、石油特许权总局。

根据 2001 年《石油勘探和生产政策》，设立由石油特许权总局领导的独立小组，该小组由法律顾问、财务顾问、石油经济学家、石油勘探专家及其他必要专业人员组成。

通过销售技术数据获得的资金及石油特许权协议、产品分成协议下未支出的培训资金用于能力建设、加强石油和自然资源部政策部、省政府及相关政府机构对参与合同的外部专业人员的报酬、兼职法律顾问和技术顾问、政策推广活动、研讨会、会议和座谈会等。

技术委员会由石油和自然资源部秘书领导，成员包括各省提名人、石油特许权总局、油气监管局、输配送公司、巴基斯坦石油勘探与生产企业协会和相关勘探开发公司组成。技术委员会经授权解决勘探生产公司与天然气营销公司之间的关键问题。

## 六、增产激励措施

根据 2017 年修订《石油勘探和生产政策》，天然气价格将扩大到全部增量天然气生产。对于提交了两个或两个以上油气田发现的现场联合开发计划并获得批准的情况下，将在现场联合开发计划基础上确定联合基准产量。但是，如果为同一油气田或同一租约范围内的每个发现批准了单独的现场开发计划，则根据每个单独的现场开发计划确定单独的基准。希望利用此激励措施的公司可以在公共利益委员会批准修订政策后的 180 天内提交申请。各公司还应提供一份经修订的现场开发计划，明确除先前批准的开发活动和承诺外，还应说明开展的增产活动。申请人应提供第三方证明，表明根据修订后的油田开发计划进行的额外活动不会对可采总储量产生不利影响，也不会对总储量造成损害。石油和自然资源部在收到申请后，将任命一名第三方顾问，费用由申请公司承担。这一激励措施仅适用于开发和生产租约。此外，2012 年政策中有关培训、社会福利和产量奖的财务义务继续适用。申请人应遵守《规则》、石油特许权协议和租约规定。

## 七、区块、网格、区段系统

(一)区块

巴基斯坦把海上和陆上所有区域划分为多个区块。区块的东西两侧以连续的整数经度子午线划分,南北两侧以连续的整数纬度平行线划分。区块编号参照区块西南角的经纬度。例如,西南角纬度 25 度、经度 64 度的区块称为第2564 区块。

(二)网格区

每个区块划分为 144 个网格区域,网格区东西边界以区块内每隔五分的子午线间隔为界,网格区南北边界以区块内每隔五分的平行线间隔为界。网格区通过表 4-11 中对应的字母进行标识。

表 4-11　网格区划分

西北　　　　　　　　　　　　　　　　　　　　　　　　　　　　　东北

| | a | b | c | d | e | f | g | h | i | j | k | l |
|---|---|---|---|---|---|---|---|---|---|---|---|---|
| L | La | | | | | | | | | | | Ll |
| K | Ka | | | | | | | | | | Kk | |
| J | Ja | | | | | | | | | Jj | | |
| I | Ta | | | | | | | | Li | | | |
| H | Ha | | | | | | | Hh | | | | |
| G | Ga | | | | | | Gg | | | | | |
| F | Fa | | | | | Ff | | | | | | |
| E | Ea | | | | Ee | | | | | | | |
| D | Da | | | Dd | | | | | | | | |
| C | Ca | | Cc | | | | | | | | | |
| B | Ba | Bb | | | | | | | | | | |
| A | Aa | Ab | | | | | | | | | | |
| | a | b | c | d | e | f | g | h | i | j | k | l |

西南　　　　　　　　　　　　　　　　　　　　　　　　　　　　　东南

(三)区段

每个网格区划分为 100 个区段,区段的东西边界以网格区内每间隔 30 秒的子午线间隔为界,区段的南北边界以网格区内每间隔 30 秒的平行线间隔为界。区段按表 4-12 中所对应的编号进行标识。

表 4-12　区段划分

| | | | | | | | | | | |
|---|---|---|---|---|---|---|---|---|---|---|
| 9 | 90 | | | | | | | | | 99 |
| 8 | 80 | | | | | | | | 88 | |
| 7 | 70 | | | | | | | 77 | | |
| 6 | 60 | | | | | | 66 | | | |
| 5 | 50 | | | | | 55 | | | | |
| 4 | 40 | | | | 44 | | | | | |
| 3 | 30 | | | 33 | | | | | | |
| 2 | 20 | | 22 | | | | | | | |
| 1 | 10 | 11 | | | | | | | | |
| 0 | 00 | 01 | 02 | 03 | 04 | 05 | 06 | 07 | 08 | 09 |
| | 0 | 1 | 2 | 3 | 4 | 5 | 6 | 7 | 8 | 9 |

## (四)协议、区段和井命名

协议应参照合同区域所在西南角区块编号,用连字符分隔,后面是该区块协议的编号即按照签署日期先后的编号。例如,位于 2564 区块西南角的第四个协议的编号为:产品分成协议 2564-4。

区段应指明区块、网格区和区段编号,用连字符分隔,按大小递减;例如,2564 区块 Bb 网格区 81 区段命名为:2564-Bb-81。

井的编号根据井口的区段位置来描述。如果同一区段钻探不止一口井,每口井的位置以区段位置表示,用连字符分割,然后是该区段井编号即按照钻探日期先后的编号;例如,2564-Bb-81 区段的第一口井编号为 2564-Bb-81.1。

# 八、工作单元的界定

工作单元是用来衡量是否符合协议下的最低工作义务的单位。工作单元以地震勘测公里数或勘探井的数量界定。一个工作单元相当于约 1 万美元的支出,代表了每个工作单元在 2012 年的基准值。工作单元的价值以政府在投标前决定的汇率进行换算。对于未履行义务的承包商,使用工作单元或换算值来计算未履行的义务。工作单元换算每年可更新一次,石油特许权总局可在招标前根据特定区域的规模和前景作出修订。

为了计算工作单元,海上井的井深系指从海底或洋底到近海井的总深度,陆上井的井深是从转盘计算的井深度,详见表 4-13 至表 4-15。如果是对现有井的加深,则从现有井的最深点开始测量新的井深。如果是侧钻井,深度不包括侧轨卡点以下的深度,但包括从卡点到总深度的重钻部分。如果是水平钻孔或斜段,应增加水平和斜井长度。

表 4-13　O 区工作单元换算

| 工作类型 | | 工作单元换算 |
| --- | --- | --- |
| 1公里的二维地震勘测(采集、处理、解释和测绘) | | 0.3 |
| 1平方公里的三维地震勘测(采集、处理、解释和测绘) | | 1.0 |
| 1公里空中非地震地球物理勘测(采集、处理、解释和测绘) | | 0.12 |
| 1公里地面非地震地球物理勘测,如重力和磁性(采集、处理、解释和测绘) | | 0.1 |
| 浅水网格区域1口勘探井与井深<200 米 | 1000 米 | 300 |
| | 2000 米 | 550 |
| | 3000 米 | 1000 |
| | 4000 米 | 1800 |
| | 5000 米 | 3200 |
| | 6000 米 | 5800 |
| | 7000 米 | 10000 |
| 深水网格区域1口勘探井与井深(200≤井深<1000 米) | 1000 米 | 500 |
| | 2000 米 | 900 |
| | 3000 米 | 1600 |
| | 4000 米 | 2800 |
| | 5000 米 | 5100 |
| | 6000 米 | 9200 |
| | 7000 及以上 | 16000 |
| 超深水网格区域1口勘探井与井深≥1000 米 | 1000 | 700 |
| | 2000 米 | 1300 |
| | 3000 米 | 2200 |
| | 4000 米 | 3600 |
| | 5000 米 | 6400 |
| | 6000 米 | 12000 |
| | 7000 及以上 | 21000 |

表 4-14　Ⅰ区、Ⅱ区工作单元换算

| 工作类型 | | 工作单元换算 |
|---|---|---|
| 1公里二维地震勘测（采集、处理、解释和测绘） | | 0.3 |
| 1平方公里三维地震勘测（采集、处理、解释和测绘） | | 1.0 |
| 1公里空中非地震地球物理勘测（采集、处理、解释和测绘 | | 0.12 |
| 1公里地面非地震地球物理勘测，如重力和磁性（采集、处理、解释和测绘） | | 0.1 |
| 陆上1口勘探井与井深 | 1000 米 | 100 |
| | 2000 米 | 200 |
| | 3000 米 | 400 |
| | 4000 米 | 600 |
| | 5000 米 | 1000 |
| | 6000 米 | 2000 |
| | 7000 米 | 3000 |

表 4-15　Ⅲ区工作单元换算

| 工作类型 | | 工作单元换算 |
|---|---|---|
| 1公里二维地震勘测（采集、处理、解释和测绘） | | 0.3 |
| 1平方公里三维地震勘测（采集、处理、解释和测绘） | | 1.0 |
| 1公里空中非地震地球物理勘测（采集、处理、解释和测绘） | | 0.12 |
| 1公里地面非地震地球物理勘测，如重力和磁性（采集、处理、解释和测绘） | | 0.1 |
| 陆上1口勘探井与井深 | 1000 米 | 50 |
| | 2000 米 | 80 |
| | 3000 米 | 100 |
| | 4000 米 | 200 |
| | 5000 米 | 330 |
| | 6000 米 | 600 |
| | 7000 米 | 900 |

# 九、授予区块的过程性文件

所有申请人提交的投标书均为不可撤销、不附加条件。如果申请人另有声明，其投标将不被接受，该投标视为无响应。

　　投标过程受巴基斯坦法律管辖并根据巴基斯坦法律进行解释,有关授予石油权利及相关事宜的任何问题或争议应在巴基斯坦仲裁解决,并适用巴基斯坦法律、《陆上石油勘探与生产规则》和《海上石油勘探与生产规则》。选择中标申请人将根据《石油勘探与生产政策》《陆上石油勘探与生产规则》《海上石油勘探与生产规则》和投标文件的规定进行,并尽快通知中标申请人。

　　投标人提供的工作单元低于政策规定的最低值的,将视为未响应招标,其投标将不会被进一步评估。投标人不得以任何方式影响石油特许权总局,否则取消该投标人的资格。政府保留行使接受或拒绝任何申请的权力。如果拒绝授予石油权利,政府应尽可能提供拒绝理由。政府保留不说明理由取消招标或宣布招标过程无效的权力。

# 第五章　石油勘探生产规则与示范协议

　　巴基斯坦联邦政府于2013年制定了《陆上石油勘探与生产规则》（简称《陆上石油规则》），废止了分别于1986年、2001年和2009年颁布的《石油勘探和生产规则》。但是出于稳定性考虑，若根据之前《石油勘探和生产规则》取得或续展了执照、许可证、租约，仍然适用之前的规则。《陆上石油规则》纳入了2011年《致密气勘探开发政策》和2012年《低热值气体政策》。但同时规定，若《陆上石油规则》与这两个政策有冲突，政策应优先适用。同时，《陆上石油规则》不适用于煤层气。

　　能源部石油司于2023年发布了《海上石油勘探与生产规则》（简称《海上石油规则》）。《海上石油规则》与《陆上石油规则》在结构和内容上有一些相似之处。这两份规则分别对巴基斯坦陆地和海上石油的勘探、生产活动进行规范，形成了较为完整的规则体系。

　　巴基斯坦没有专门制定石油特许权法律，而是在传统特许权协议基础上演化出矿税制合同，具体形式是巴基斯坦发布了《陆上石油特许权协议》和《海上产品分成协议》。两份协议以示范文本方式约定外国石油公司在巴基斯坦境内开展石油勘探开发活动。作为交换对价，外国石油公司按照约定支付一定的税费，围绕税费订立石油勘探开发合同。巴基斯坦与美国、英国、挪威、秘鲁等国是适用矿税制合同的典型国家。[①] 由于石油特许权的授予涉及国家油气资源勘探开发的重大问题，对国家公共利益和能源安全具有战略价值，因此，特许权协议是石油法律、政策和规则的实际载体，需要对诸多具体问题进行规范和约定。

## 第一节　陆上石油勘探与生产规则

　　《陆上石油规则》由一般规定、勘查执照、勘探许可证、开发与生产租约、账户记录检查报告、作业标准、其他规定共7章80条组成，另有两个附件。附件

---

① 朱红梅.中国石油企业境外勘探开发法律问题研究[D].长沙：湖南师范大学，2014：22.

一是勘查执照、勘探许可证、开发和生产租约申请书样表,附件二是勘查执照、勘探许可证、开发和生产租约标准格式文本。

# 一、一般规定和概念界定

陆上石油勘探与生产技术性强,主体众多,过程复杂,价值链长,承载着重大经济利益,体现了国家意志,因此,需要界定各专业活动和概念的内涵。

首先,石油勘探生产是一种重大商业活动,涉及管理部门、商业发现的认定主体、认定依据、评估井、发现区等多个要素。为此,《陆上石油规则》第 2 条规定,商业发现需要管理局批准,前提是管理局收到石油开发具有经济性、能保障在一定阶段持续性进行商业生产的证明,明确石油质量、数量、重力、位置和深度信息且经过评估井评估的石油发现。如果石油权利持有人不能证明钻探评估井的合理性,则应提交详细的技术和经济理由并经管理局批准,以单井为基础声明商业发现。"管理局"系指石油特许权总局或联邦政府任命的行使权力和履行石油特许权总局职能的官员和机构。"商业生产"是通过商业发现生产的石油,该生产能确保在合理时间内收回该商业发现的所有直接支出,并能获得合理利润。"发现"是在石油权利持有者所持有的区域内,从以前不存在的勘探井中发现石油储备。该勘探井使得石油能在地表流动,并可通过常规石油工业测试方法进行测试。"勘探井"是独立测试地质实体的井,该井能穿透特定位置的所有预定区间而不论该地质实体的构造、岩性、压力相。

商业发现位于"发现区",属于许可区域或租赁区域的一部分,该区域的地质实体受岩性边界、地质结构边界、石油与水位接触区域限制或由这些因素共同限制。"石油"是地层中自然条件下存在的所有液态和气态碳氢化合物,以及与此类碳氢化合物一起产生的包括硫在内的所有物质,但不包括基本沉积物和水。

其次,石油勘探与生产需要按照油田的国际作业标准。国际上尚无完全统一的标准,巴基斯坦采用的是良好国际油田惯例,一般指合理、谨慎、勤勉地利用政策、程序、方法、设备、材料以实现有效勘探、评价和开发石油,包括从发现区实现最优的石油回收,将对发现区造成的环境影响降至最低,使用高效方法将生产的石油转化为可销售形式并在市场上交付,特别要考虑到安全和其他因素及手段,掌握和遵守相关专业机构制定的最新标准,包括但不限于下列组织制定的标准:(1)美国天然气协会;(2)美国石油协会;(3)美国机械工程师协会;(4)美国测试和材料协会;(5)英国标准协会;(6)国际标准化组织;(7)管理局认为可接受的其他组织。

在市场上销售石油一般按照独立销售原则在交货点交付。独立销售是指在公开市场上自由进行的、以可自由兑换货币进行的买卖双方之间的买卖,且买卖双方没有合同或其他关系,也不存在影响销售价格的任何直接、间接关系及任何共同或关联关系。独立销售不包括关联公司之间直接、间接或通过经纪人或其他方式的销售,也不包括政府向政府实体的销售、柜台交易、限制交易、扣押物的拍卖、涉及易货安排和正常商业行为以外的交易。交货点指为了确定从许可和租赁区域所生产、储存石油的特许权费,以及为履行国家市场供应义务确定的地点。天然气的交货点是生产设施的出口法兰处,原油和凝析油的交货点是最近的炼油厂;其他石油的交货点为加工设施的装载臂处,除非主管当局另有批准。

再次,政府对申请石油权利的方式和石油权利的丧失、放弃、转让等陆上石油勘探与生产活动进行广泛深入的监督管理。陆上石油勘探与生产的监督管理由管理局负责。管理局还负责执行《陆上石油规则》、相关协议及联邦政府和省政府委托的职责。管理局在管理和应用规则时,可以适当考虑相关事实,根据1948年《矿山、油田、矿产开发政府控制法》规定的更大公共利益放松规则的适用。

任何公司都可以根据《陆上石油规则》向管理局提出勘查执照、勘探许可证及开发和生产租约的书面申请。管理局应把每一项申请登记入册。申请人应提供自公司申请石油权利以来,公司身份或经验发生的所有变化。石油权利包括根据《陆上石油规则》授予的勘查执照、勘探许可证及开发和生产租约。石油权利持有人应当在巴基斯坦设立组织,具有《陆上石油规则》规定的从事作业活动的足够能力和资格,并应当在获得相关区域石油权利后开始作业前,向管理局提供管理人员的姓名、地址和在巴基斯坦的住所。管理人员负责监督执照、许可证、租约的作业。石油权利持有人应以书面形式随时向管理局告知分包人的姓名、地址和国籍。

每一项申请应交付申请费用。申请或续期执照需交付申请费5万卢比,申请或续期许可证需交付申请费10万卢比,申请或续期租约需交付申请费20万卢比。申请书应附有5份地图副本,地图以所申请的石油权利所在地为边界划定。该地图应来自有比例尺的巴基斯坦测量地图。如果所申请的石油权利所在地属于区块系统内,引用相关区块号即可。巴基斯坦联邦政府根据面积和地形把领土划分为若干石油区块,形成区块系统。除非管理局另行作出决定,申请人应在管理局要求提供补充信息后3个月内补充,否则视为申请被拒绝。

联邦政府可以根据政策和《陆上石油规则》指派战略伙伴。[①] "战略伙伴"是

---

　　① 根据《陆上石油勘探与生产规则》第2条,此处政策指2012年《石油勘探和生产政策》,该政策在2021年进行了修订。

在联邦政府和战略伙伴所属政府直接谈判后,允许在特定范围内勘探和开发石油的外国国有和国家控制公司。战略伙伴可以不经后续竞争性投标,优先获得管理局根据双方接受的条款和条件选定的特定区块。

除非管理局另有处理,若申请人针对两个或两个以上不连续的区域申请石油权利,应当对每一个区域分别提出石油权利申请。《陆上石油规则》不妨碍同一申请人获得一个以上石油权利。当两个或两个以上公司共同持有一个石油权利时,各公司应就其依据石油权利从事的活动向联邦政府承担连带责任。各公司应经管理局事前书面批准,指定一家公司作为作业人。

未经管理局事先书面批准,不得转让石油权利或其中的任何开采利益。开采利益是根据《陆上石油规则》和《石油特许权协议》规定的所有石油权利、义务、责任或其中任何未分割权益。石油权利持有人拟转让石油权利的,应当向管理局提出书面申请并支付 10 万卢比的转让申请费,提供拟转让石油权利的详细资料。管理局有权根据《陆上石油规则》授予、续期石油权利。若管理局拒绝授予或拒绝续期石油权利,应提供拒绝的理由。石油权利没有在获得管理局批准后 3 个月内实施的,申请人将丧失该权利,除非管理局认为推迟实施该石油权利非申请人原因所致。石油权利持有人希望放弃权利的,应提前 1 个月通知管理局放弃意向。若持有人履行了其石油权利下的所有义务,可以在放弃的通知届满时部分或全部放弃石油权利,在此情况下,持有人不需要支付石油权利剩余期间的租金。

石油权利的申请可以通过两种方式提出,即申请人自行提交或应管理局邀请进行竞争性投标。在管理局邀请参加竞争性投标情况下,由管理局决定在国内或国外出版物发布投标通知。执照、许可证、租约的修改及管理局允许的其他修改应按照规定的标准格式。管理局可以将其认为合理的附属或附带事项写入条款和条件。

最后,对履约担保作出规定。管理局须要求石油勘探许可证持有人在实施石油勘探许可证当天或之前,就其义务和责任提供不可撤销和无条件担保。管理局可以自行决定接受下列一种或多种担保方式:(1)管理局可接受的具有国际声誉的银行提供不低于融资金额 25% 的银行担保;(2)具有国际声誉的勘探开发公司的跨国母公司提供担保;(3)在巴基斯坦注册的勘探和生产公司提供担保,且该公司对其巴基斯坦境内的油田占多数开采利益;(4)在当地生产情况下,石油产量的优先留置权应等于最低财务义务的 100%;(5)以当地其他资产担保情况下,资产优先留置权应等于最低财务义务的 100%;(6)管理局可接受的具有国际声誉的银行的托管账户存款不低于最低财务义务的 25%。

若申请人申请成功并选择提供母公司担保以外的其他担保,只有所有义务包括但不限于社会福利、培训、数据、租金等得以履行时,才能解除担保。管理局有权从履约担保中追讨未履行义务的相应担保金额。

另外,石油的勘探生产可能受到不可抗力影响。《陆上石油规则》第 76 条规定:不可抗力包括天灾、战争、暴动、暴乱、内乱、洪水、闪电、爆炸、火灾、地震和石油权利持有人无法合理预防或控制的任何其他事件。

若石油权利持有人履行条款和条件的能力受到不可抗力影响,应毫不迟延地向联邦政府发出通知,说明无法履行的原因、所作的努力及采取的补救措施。

发生不可抗力时,石油权利有效期应延长,延长期间应相当于不可抗力影响期间和恢复作业所需时间。在不可抗力导致石油权利持有人未履行石油权利下的条款和条件时,总统、联邦政府不能提出索赔,也不能认为石油权利持有人违约。

## 二、勘查执照

管理局以其认为合适的方式,向执行勘查工作的公司以下列条款和条件授予勘查执照。勘查执照采用附表规定的格式:(1)授予勘查执照不表明石油权利持有人有权获得执照涉及区域的许可证。(2)石油权利持有人基于调查结论可以申请执照,但无权要求降低授予执照的要求。然而,管理局可以应石油权利持有人请求,允许调整工作内容和支出。但在授予执照时,应当要求履行最低工作和支出义务。(3)除执照另有规定外,石油权利持有人在指定范围内享有非排他性权利,并采用地球物理、地质、地质化学、地质技术方法以及执照中规定的其他相关工作,包括地质钻孔信息;(4)石油权利持有人应在调查工作完成后 6 个月内,将地图、计划、图纸、磁带等相关数据副本及完成的调查报告提交给管理局。(5)石油权利持有人应遵守管理局发布的所有适用于勘查过程中所形成和搜集的地图、计划、图纸及其他相关数据的指导意见。(6)勘查执照有效期为 1 年,管理局可以决定续期,续期时间不超过 1 年。(7)除非另有规定,勘查执照覆盖的区域不包括许可证和租约已经覆盖的区域。(8)对于勘查执照所覆盖的任何区域,管理局可随时向任何人授予许可证或租约。(9)勘查执照持有人应尽职尽责地履行执照中规定的工作;(10)勘测执照持有人应向联邦政府支付租金,标准为执照覆盖区域内每平方千米每年 500 卢比。

## 三、石油勘探许可证

管理局可以依据附件规定或自行决定的条款和条件授予排他性石油勘探

许可证。授予许可证的面积应不超过 2500 平方千米。单独授予许可证的每个区域应尽可能紧凑,以直线为界,并标明永久的物理边界。

许可证持有人享有在许可区域内进行石油勘查、勘探包括石油钻探的排他性权利。但是许可证持有人无权抽取管理局根据《陆上石油规则》规定的试验性生产和早期生产所需的石油。任何情况下,超过管理局允许的试验性生产和早期生产将导致联邦政府和省政府收入损失。同时,许可证持有人应履行许可证中规定的工作计划及《陆上石油规则》规定的其他义务。

《陆上石油规则》较为详细地规定了许可证期限和放弃区域。(1)许可证的初始期限视许可区域的地表地质条件而定,不超过 5 年。包括两个阶段,前三年是第一阶段,后两年为第二阶段。第一阶段的最低工作计划通过竞争性投标确定,进入第二阶段需要承诺确定的勘探油井。(2)管理局可以根据许可证条款,授予续展许可证,最多不超过两次,每次续展不超过一年。但申请许可证续展,应提供合理的工作计划,包括根据许可证区域地形地质条件,至少提供一个勘探油井。许可证持有人应在许可证期限届满前至少三个月或管理局允许的短期延期内提出续展申请。管理局应在收到续展申请后一个月内处理。(3)管理局可以基于钻井进度延长许可证的首次期限及续展期限。延长时间视为首次期限及续展期限的一部分。经许可证持有人申请,管理局可以考虑钻井进展情况,将许可证再延长 3 个月供钻井研究,且此种情况下的延长时间视为后续阶段或续展期间的一部分。(4)许可证持有人须在许可证有效期内遵守放弃许可区域的时间表:第一阶段结束时放弃初始许可区域的 30%;第二阶段结束时放弃剩余许可区域的 20%;第二续展期开始前或开始时再放弃剩余许可区域的 10%。(5)许可证持有人同时满足两项条件时,有权续展许可证:第一,在前一个许可证期间履行了工作计划及所有其他义务;第二,每一次续展要经过管理局同意,许可证持有人需要承诺在续展期内钻探一个或多个油井并达到协议目标和规定井深。达成此协议要充分考虑许可证区域的地表地质条件。(6)经数个石油权利持有人中实际作业人申请,或其他情况下经石油权利持有人申请,管理局可以在个案基础上,基于以下理由延长许可证期限:第一,难以获得国家地震和钻井服务,影响了最低工作义务,受影响的证据应提交给管理局,供其考虑接受还是拒绝勘探许可证的延期。延期申请应以许可证持有人已经穷尽其他方法为前提,包括但不限于资源综合利用及与其他石油权利持有人进行了协调活动。第二,勘探许可证持有人承诺承担相当于之后阶段或续展许可证所要求最低工作义务 10% 的额外工作。第三,许可证持有人未能履行工作是因其不可抗因素,如法律和命令、不可预见的原因包括但不限于洪水、地震等。(7)不论如何,勘探许可证的一次或多次延期时间累计不超过两年。(8)若许可证覆盖区域的地质结构延伸到邻近非许可证区域,经勘探许可证持有人申请,管理局可以在个案基础上修订许可证的覆盖区域。

许可证持有人发现石油后,应与管理局协商承担额外工作以及时决定其是否属于商业发现。为加快石油发现的评估和评价,许可证持有人有权将许可证续展以履行额外工作及其他义务,但续展期限不超过1年。该续展仅适用于石油发现区域。经石油权利持有人申请并经管理局个案批准,可以将评估期限再续展1年。经管理局批准,许可证持有人可在评估阶段及授予租约前进行延长测试井的测试,但作业人须遵守必要的特许权费、税收、发现区租赁和租约下适用的培训和社会福利义务。延长测试井的申请应与相关临时生产设备同时提交给管理局,并提供以下信息:延长测试井的技术可行性、建议的延长测试井期限、建议延长测试井期间天然气处理计划。延长测试井期间应考虑到储量不确定性和建议的投资布局。除非有特别情况,若天然气基础设施距离发现井的距离在25千米以内,天然气延长测试井的燃放期限不应超过30日。在评估阶段,出于许可证持有人支付产量奖、特许权费和其他租赁义务的考虑,管理局可以基于延长测试井的定价条款和生产条件允许许可证持有人生产石油,延后声明的商业生产应视为商业生产。但第一次产量奖应在授予租约后开始商业生产时支付。建造和运行延长测试井所需要的设施应符合良好国际油田惯例的要求。

发现气体时的保留期应遵守的规则是:第一,若在国家许可区域地图的Ⅰ区、Ⅱ区内有重大天然气发现,个案情况下的保留期可以达到5年,但前提是发现了商业气田、充足的天然气管道输送设备得以安装、天然气商业销售市场得以发展。若发现的是低热值天然气,销路不畅又无天然气基础设施可供利用,联邦政府可根据具体情况考虑延长保留期。第二,含有石油、气体、凝析油且液体石油生产的经济性有赖于气体销售时,该发现才能视为天然气发现,才能获得气体发现的保留期。

《陆上石油规则》第26条规定了商业发现的宣布,即:在完成协议的评价、评估和商业化工作后,许可证持有人可以向管理局提交宣布商业发现通知,通知应附有《陆上石油规则》要求的地质信息、利润估算和开发总体计划。许可证持有人根据管理局对商业发现的批准,有权就发现区域申请授予租约。租约在规定的区域内优先于许可证,但是许可证在租约区域范围之外仍然有效,且不变更许可证的权利义务。许可证到期后,持有人将失去许可区域,除非该区域被租约覆盖。在许可证期限届满前,若许可证持有人申请了租约,许可证有效期应延长到授予或拒绝租约时,而不受许可证累计延期不超过两年的限制。

《陆上石油规则》第28条规定了未完成工作计划和其他义务时赔偿金的支

付和责任。（1）勘探许可证到期或放弃许可证时，若许可证持有人未履行完规定的义务，应在 30 日内向联邦政府支付损害赔偿金，金额相当于未履行许可证规定的相应最低支出义务。许可证持有人可以请求管理局允许将承诺的未履行工作义务转移到另一个区域，条件是其能够证明该许可区域无钻探前景。未履行工作义务的转移由管理局在个案基础上确定条款和条件。（2）若石油权利持有人没有履行与社会福利、租金、数据、培训等相关的其他义务，不得返还其提供的担保，除非未完成的义务得以履行。石油权利持有人也可以提供与担保价值相当的替代担保并经管理局决定。（3）若石油权利持有人未支付上述规定的损害赔偿金，或者转移未履行工作义务的请求未被批准，管理局可以采取其他行为或补救措施包括把许可证持有人列入黑名单，撤销放弃区域许可证和许可区域的到期租约。（4）若许可证持有人被发现有欺诈或违反授予石油权利的条款和条件，或违反其工作义务或其他义务但采取了补救措施时，管理局可以认为许可证持有人减轻了违约行为及对义务的违反。

《陆上石油规则》第 29 条规定了许可证及其续展、延期的租金支付标准。许可证持有人应在每个阶段开始前向联邦政府支付租金，标准是：（1）许可证第一个五年期初始期间，每平方千米按 3500 卢比；许可证五年期限中按年支付，每年 800 卢比；（2）许可证续期或延期情况下：续期情况下每平方千米 5000 卢比；续期的每年按 2750 卢比。许可证可以写入参考一定指数进行年度调整的条款，以确保租金能保持其实际价值。

## 四、石油开发生产租约

### （一）授予租约的条件、权利及租期

授予石油开发生产租约的条件有：（1）联邦政府对满足许可证条款和条件的商业发现授予附件规定格式的租约，包括工作计划得到遵守和履行，工作计划进展顺利，开发计划得到遵守。（2）联邦政府可以对同一许可证的多个发现区域只授予一个租约，条件是该发现区域必须是垂直并列的。这种情况下，租约应根据覆盖范围最大的发现区域授予。（3）若有部分发现区域延伸到租约覆盖区域以外的开放区域，联邦政府在认为必要时，可以调整租约覆盖区域的界限以便纳入该开放区域。

租约持有人对租约覆盖区域的石油开发生产活动具有排他性权利，包括经批准的石油运输权。租约覆盖的每个发现区域的形状应尽可能用直线连接起来，且必须有永久物理边界的标记。授予租约前，经管理局要求，申请人应自费

对土地进行地形测绘并经巴基斯坦测绘局批准,向管理局提供六套测绘副本。

租约期限应经过申请并提供相关技术和其他信息,但不超过 25 年。若授予的租约期限少于 25 年,在商业生产继续的情况下该期限可以延长到 25 年。若商业生产持续,经租约持有人申请,管理局可以续展租约期限,续展的期限不超过 5 年,并满足下列条件:(1)在租约第一个期限届满前 3 年,申请人向管理局提出续展租约和修订开发计划的请求;(2)提出续展申请时,租约区域的商业生产是正常的。

租约期限届满后,管理局可以根据情况决定续展租约或重新授予 5 年期租约,条件是租约持有人在租约期限届满前一年同意向联邦政府支付所生产石油井头价的 15%。若未能达成此协议,管理局可以邀请通过预审的公司就同一块区域进行租约投标,期限是 10 年或石油商业生产预计的期限。投标应对签约费进行评估。(2)每个投标人应在投标时提供签约费 10% 的投标保证金和开发计划。(3)管理局没有予以延期的义务。

(二)开发计划

申请租约时应同时附上开发计划,明确管理局认为的合理信息,包括但不限于:(1)每一个发现区域的开发和生产建议,包括可能的伴生气体处理建议;(2)有关井间距、钻井和完井、生产和储存设施以及石油生产所需的运输和交付设施的建议。该建议包括:生产设备和平台的估计数量、尺寸和生产能力;生产井的估计数量;生产设备和储存设施的详细情况;石油及管道运输的可行替代方法的详情;操作所需的设备详情。(3)原油、凝析油、天然气及油田其他产品的生产档案;(4)包括资本成本估算和经营支出的投资计划;(5)盈利估算;(6)有关在巴基斯坦建立加工设施和石油加工的建议;(7)石油开发和生产过程中需要采取的安全措施,包括紧急情况应对措施及环境保护措施;(8)设立在巴基斯坦的组织机构情况;(9)应急计划和放弃计划;(10)开发计划应包括各项活动的时间表,明确规定关键进展,并提出实现这些关键进展的措施。

生产计划应经过管理局审批。在必要信息已经提交给管理局情况下,管理局的审批不能有不合理的迟延。生产计划经审批后,租约持有人应根据审批的生产计划进行开发生产。管理局审批时可以对生产计划做必要变更。

《陆上石油规则》第 37 条规定了石油权利持有人建造运输系统和运输石油的权利。具体包括:(1)石油权利持有人装载和运输许可证、租约下的石油应经过审批。运输设备可以是全部或部分自有,也可以使用第三方设备。运输石油的审批不应不合理地迟延。(2)石油权利持有人若打算自费建造运输系统,应向监管机构提出申请,提交包括运输体系的组织和实施计划。管道运输时,应向监管机构提交管道设计、建造、路线计划及其他相关信息。（3）管理局在审批时，可以根据相关政策提出合理的石油运输系统需要具备的必要条件，并可以要求多个石油权利持有人建造共同所有的运输设施，或者授予第三方以管理局批准的费用建造运输设施。

（三）特许权费及其管理

特许权费是联邦政府的重要收入来源，涉及费率确定、分配方式、支付周期、扣除额、石油价值的确定等。

石油特许权费的费率是石油井口价的 12.5％，除非石油权利持有人和联邦政府之间在石油特许权协议中就石油特许权费另行商议达成了更高的价格协议。联邦政府将根据各省在液体和气态碳氢化合物（如液化石油气、液化天然气、溶剂油、汽油和其他油品）以及与此有关的物质（包括硫）生产范围内，以现金或实物方式向各省支付特许权费。各省有权选择现金或实物的交付方式。当选择实物方式时，省政府应与联邦政府协商。在选择实物特许权费情况下，石油权利持有人应根据联邦政府的要求以允许运输成本安排运输油田和闸门下游的特许油。当年所支付的租金不得从特许权费中扣除。"允许运输成本"是指将生产和储存的石油从油田闸门运至经管理局批准的石油价值确定点所发生的实际成本。

特许权费应在每月生产结束后不超过 45 日向联邦政府按月支付。若发生逾期，逾期罚金由管理局按伦敦银行同业拆借利率（LIBOR）上浮 2％计算。若特许权费在生产月结束后连续两个月仍未支付，管理局有权采取适当措施，包括但不限于撤销石油的权利。

联邦政府及省政府应根据与租约持有人达成的销售协议，及时装载、运输特许油。租约持有人可以免费将租约区域所产石油用于该区域内石油钻井、生产、维护和加工，且免除所使用该部分石油的特许权费和消费税。租约持有人在计算所得税时，无权把任何名义成本计入业务费用。特许权费中除了扣除允许运输成本外，不允许扣除任何其他开支。联邦政府可以随时发布特许权费管理和支付程序的指南。天然气特许权费的支付可以选择现金或实物，但是只能选择一次，且应当在管理局批准开发计划后 90 日内作出选择。

为了计算应付特许权费的金额，生产和储存的石油价值应在交货点以实际销售价格计算，分两种情况：第一，石油销售到国家市场时，实际销售价格是石油权利持有人与联邦政府或联邦政府指派主体签订的购销协议中确定的价格，并扣除允许运输成本。第二，在其他情况下，实际销售价格以下列较高者计算：扣除允许运输成本后的石油销售价格或以其他方式处理的价格；石油独立销售的市场价格扣除允许运输成本;适用第一种情况下的销售价格。

若有两个或两个以上公司是租约持有人,应指定作业人作为代表缴纳特许权费,除非获得管理局事前批准可以单独缴纳特许权费。缴纳特许权费时应附上管理局规定的证明表格和所需的文件及信息。如果管理局认为发生了石油损失或浪费,租约持有人应根据管理局发出的指示缴纳特许权费。如果租约持有人不可避免地发生了石油损失且获得了保险赔偿,应根据管理局发布的指示就获得的保险赔偿支付特许权费。特许权费中的10%由省政府用于产油区的基础设施开发。

如果石油发现区位于一个以上省政府管辖区,各省政府之间对特许权费的分配应依据该发现区占每个省的潜在储量来确定。管理局在收到跨省石油发现区通知后,应在30日内指定具有国际声誉的独立第三方顾问确定各省的潜在储量。独立第三方顾问应在收到指定之日起30日内作出决定,该决定对联邦政府和省政府是终局的,具有约束力。但任何决定不得损害石油权利持有人对发现区的权利,也不得扰乱或损害石油权利持有人在该区域内进行的任何作业。

(四)地表租金和年度租金。

租约持有人应每年向联邦政府提前支付租金,费率为:第一期租约每平方千米每年7500卢比,续展租约及延期租约费率是每平方千米每年10000卢比。租约可以包含参照合适指数的租金年度调整条款,以确保租金保持真实价值。

租约持有人应就其执行租约期间使用或占用的土地支付地表租金,费率依据土地所在地税法和租金法律评估的地表租金和水费。若占用的土地没有用于获取石油,地表租金可以根据任何相关规则进行评估。

(五)国家市场交货

联邦政府可以决定石油权利持有人向国家石油市场交付其生产的石油。国家石油市场是指国家整体市场需求减去其他来源生产的石油或联邦政府从其他来源获得的石油。租约持有人应依照其与联邦政府的协议条款和条件在巴基斯坦境内的交货点交付。

国家市场的交货义务应尽可能按比例地适用于生产石油的所有租约持有人。各租约持有人可以自行履行义务,也可以进行联合安排并经联邦政府批准。联邦政府可以决定由租约持有人安排支付将原油、凝析油、液体天然气运输到巴基斯坦最近炼油厂的运输费用。国家市场交付的石油价格应根据联邦政府和租约持有人之间协议的条款和条件确定。

### （六）石油测量

石油权利持有人应对许可证和租约区域内生产的石油根据良好国际油田惯例采用的通常方法进行测量和称重，并经管理局批准。管理局可以根据需要就石油测量设备的安装、维护、检查及其他相关事项发布指导意见。管理局及其授权人员有权在许可证、租约期限内及续期中检查石油测量和称重设备，并在石油测量和称重时到场。

石油权利持有人应安装、操作、维护所有测量和称重设备，使其始终处于良好状态并确保设备能根据良好国际油田惯例精确记录。如果发现设备不精确，且管理局在考虑持有人书面陈述后，应视为该设备不精确的状况在发现时已经存在3个月，或者从最后一次检验或测试前已经存在3个月，以两者中时间较短者为准。如果计量设备不精确是由持有人故意干预或过失所致，不适用于上述3个月的时间限制，管理局有权决定调整该期间的特许权费并予以罚款。除非有管理局授权人员在场，否则石油权利持有人不得改变测量和称重方法。

### （七）撤销租约

若租约持有人获得租约后5年内没有开始正常的商业生产，该租约可以被撤销。若租约持有人事前未经联邦政府书面批准终止石油生产超过90日，租约也可以被撤销，除非终止生产是由于不可抗力导致或由联邦政府接受的租约持有人无法控制的其他原因导致。

联邦政府若发现租约持有人违反了上述规定，可以发布为期90日的通知，要求租约持有人在通知期限内采取补救措施。若租约持有人未能采取补救措施，联邦政府可以撤销租约。

## 五、记录、账目、检查和报告

### （一）记录和账目

记录指与石油权利持有人的活动有关的所有记录，包括但不限于账户、账目、申报单、报表、报告、图表、表格、调查、图像、发票、信件、地图、协议、备忘录、计划、岩芯、样本、凭证、财务和非财务信息，以及任何以书面、电子形式或其他方式表示和产生的信息，与硬件和软件有关的电子数据记录结果、处理系统和程序及相关操作方法。石油权利持有人应保持完整准确的账目记录。除非经管理局批准，所有记录原件应在巴基斯坦境内存放。管理局提出要求时，石油权利持有人应立即提供所有记录的核证副本。

保存记录的期限从完成相关信息制作的当年年末开始计算,期限为 6 年。管理局可以决定保存更长时间。经石油权利持有人申请,管理局可以以书面形式同意在 6 年期限届满前销毁特定记录,法律另有要求的除外。若管理局有合理理由认为记录保存期限有必要超过 6 年,可以向石油权利持有人提出要求,但应说明原因。

(二)井口记录

石油权利持有人应始终完整准确地保存油井钻井、加深、封堵、完工、重新完工或废弃记录,并保存每口油井的以下详细情况:钻井的地层和底土、套管以及套管变更、所遇到的任何石油和其他储层流体和矿物、管理局要求的其他细节情况。

(三)生产记录

石油权利持有人应始终保持完整正确的生产记录,并准确地录入:所获取石油的总质量和油品质量;测试方法和测试结果;在巴基斯坦境内外交付的石油数量和质量;所销售的石油数量和质量;购买人名称和价格;为消除杂质、惰性气体、天然气液体和液化石油气而处理、加工的天然气数量和质量,以及由此获得的液体、气体、固体数量和质量;管理局要求的其他细节情况。

(四)联邦政府享有数据财产权

石油权利持有人因执照、许可证、租约获得的所有数据,包括但不限于油井日志、地图、磁带、岩芯、样品及任何其他地质和地球物理信息均属于联邦政府财产。石油权利持有人在取得上述数据时应尽快向管理局提供。在执照、许可证、租约有效期内,经向管理局事前通知,石油权利持有人可以向第三方披露上述信息的全部或一部分。但在披露数据之前,应执行根据良好国际油田惯例制定的适当保密协议。

经管理局通知,所有经处理的地质和地球物理信息应以透明、稳定的材料提交。管理局可向省政府披露除地震和钻探数据以外的其他数据。

联邦政府、省政府及管理局应对规定的信息和数据秘密保存,期限 3 年,从石油权利持有人取得数据之日起计算。但下列情况除外:(1)向巴基斯坦联邦政府或其他政府机构、省政府、管理局所属金融机构和顾问披露的信息,但这些政府机构、金融机构和顾问受保密义务约束;(2)为一般统计目的所需的信息;

(3)与提前终止执照、许可证和租约有关的信息,以及与放弃区域有关的信息;(4)管理局和联邦政府可以在相关活动发生两年后向利益相关方披露原始地质、地球物理和油井数据,包括油井日志。

联邦政府和管理局可以根据其确定的条款和条件,将所拥有的执照、许可证、租约区域的数据发布给石油权利持有人及从事石油勘探、生产和研究的组织,并收取数据复制成本。石油权利持有人不能向无权获取数据的人披露任何数据。接收数据的人应遵守保密约束。

(五)检查工厂、记录、账户的权利

管理局及其授权人员经事前书面通知,可以在任何合理时间进入石油权利持有人活动和经营场所对油井、记录、工厂、器具、建筑物和其他工作展开审计、检查、检验。石油权利持有人应当为审计、检查、检验提供便利,毫不迟延地允许管理局及其授权人员进入,并提供审计、检查、检验所需要的一切合理协助。管理局及其授权人员为履行检查职责要求提供经验证的记录副本时,石油权利持有人应及时提供。

(六)报告

报告按照时间类型分类,有年度报告、月度报告、日报告、临时报告、发现报告。报告应以管理局规定的格式和方式制作。

石油权利持有人每年应向管理局提供年度报告,载明以下详细情况:(1)附账目摘要的财务报告。财务报告应根据石油行业普遍接受的会计原则制作并经管理局批准的注册会计师事务所审计;(2)石油权利持有人在一年内开展的与执照、许可证或租约区域有关的所有勘探、开发、生产和其他工作的说明;(3)根据良好国际油田惯例,估算的每年年底石油现有储量和可采储量。如果管理局要求,石油权利持有人应从管理局批准的独立来源取得储量证明;(4)预估的下一年各季度石油生产和出口量。财务报告应在每年结束后 6 个月内提交,其他报告应在每年结束后 45 日内提交。

各石油权利持有人应在每个月结束后 10 日内,向管理局提交月进度报告,陈述活动情况,附上开展工作的计划和图纸,并载明下列情况:(1)所有已进行的地质和地球物理工作的摘要;(2)所有钻井活动及其结果的摘要;(3)图纸、报告及其他地球物理数据列表;(4)石油权利持有人当月发生的支出报告,报告格式由管理局规定。

钻井过程中,石油权利持有人应按规定的格式向管理局提供油井日报告的副本。出现下列情况时,石油权利持有人应向管理局提交临时报告:(1)如果油井显示有大量石油存在,或对油井进行了钻探或任何其他测试,应在 24 小时内通过电传或传真发送临时报告；(2)在临时报告提交后7日内,若显示存在石油或进行了钻杆及任何其他测试,应提交相关地质信息和化学分析的书面报告。报告应载明下列信息:钻杆或其他测试条件和结果,包括但不限于流量、周期、测试间隔、压力、节流阀尺寸、孔口条件和启动措施;物理分析;对油藏潜力的认识。(3)在钻井作业完成或放弃钻井后1个月内,应提交一份综合完井报告。完井报告应包括岩性组、地层边界、油气带、所有钻井日志和试验副本,及成本的其他相关信息。(4)在发出商业发现通知时,须有一份证实该通知的报告,通知应载明:所有相关地质信息,包括可采储量和日产量的估算;开发矿床的总体计划,包括可能的替代方案,并说明所设想的主要生产和运输设施和成本估算;商业发现的预期利润估算。(5)放弃执照、许可证和租约任何区域后45日内,石油权利持有人应提供勘探、开发、生产废弃、场地限制和其他作业方面的图纸、计划、报告、记录、说明和数据;(6)石油权利持有人或其母公司应向管理局报告任何新增资本情况,以及母公司修改公司备忘录和设立公司及公司章程情况。

除非经管理局与石油权利持有人协商,不得直接或间接宣告、报告任何石油发现。未经石油权利持有人同意,不得明示或暗示联邦政府、省政府、管理局及其授权机构或个人已形成或表达了许可证及租约区域可能含有石油的意见。

## 六、作业标准

要避免有害的开采方法。石油权利持有人在操作时应适当、谨慎、尽职,遵守良好国际油田惯例,不对航行、渔业、农业活动等造成不合理的阻碍和干扰。采取所有合理预防措施预防污染,避免对周边环境造成损害。石油权利持有人应采取所有措施,包括但不限于:(1)防止发现区石油泄露或浪费;(2)保护操作区域;(3)防止损害周边含油层;(4)防止水流经过油井进入含油层,但是为了二次回收并经管理局批准的除外;(5)防止漏油进入水域和临近区域。

联邦政府可以根据良好国际油田惯例在临时和永久设施周边设立安全区,且可以随时决定并通知作业标准。

应健全石油作业的原则。所有石油作业和活动均应遵守良好国际油田惯例,勤勉作业。除非经管理局另行批准,每个油藏的生产率应为从各种油藏实现最经济的石油采收率所需的最高效率。管理局可以在批准开发计划时,指定石油权利持有人应采取的措施以保护巴基斯坦的石油资源。这些措施应包括但不限于:通知枯竭政策、油田产油的速率和流量、从不同储层最大限度最经济地回收石油的措施。未事先经联邦政府书面批准,石油权利持有人不得燃放或排放天然气。

　　未经管理局批准,石油权利持有人不能启动钻井、再入、测试及相关作业,也不能放弃油井,须尽快将测试油井的建议通知给管理局;石油权利持有人应与管理局协商,测试有线路记录的潜在生产范围,及时对测井结果和所有其他相关数据进行技术评估,尽快将评估结果提交给管理局。所有作业完成后,应安全堵井,并按照良好国际油田惯例进行钻井作业。被放弃的区域应具有足够的大小和合适的形状,以便将来能够进行石油作业。

## 七、其他规定

　　《陆上石油规则》的其他规定主要涉及货物和服务当地化、本国员工的雇佣和培训、联合勘探与开发、租约区域内的石油勘探、第三方勘探和设备的使用、租约和执照持有人进入土地的权利、对石油权利持有人的限制、政府的其他权力、不可抗力、争议解决方式等。

　　(一)使用巴基斯坦的货物和服务

　　石油权利持有人在依照规则进行活动时,应确保使用合格的巴基斯坦的货物和服务,只要这些货物和服务在价格、质量、数量和交货时间方面具有竞争力。招标书中应包括符合《海关总令(CGO)》资格要求的当地货物和服务生产商。

　　(二)巴基斯坦籍员工的雇佣和培训

　　石油权利持有人应当优先安排巴基斯坦国民在其各级组织和所有分支机构包括技术、金融、商业、法律和行政单位就业,并安排在巴基斯坦国内外培训以填补职位空缺。雇佣或培训巴基斯坦人员的人数应根据管理局发布的准则与管理局协商确定。作业人及其承包商应确保正在进行勘探和生产的活动雇佣当地非熟练工人,人数占非熟练工人总数逐步达到至少50%。许可证授予和续展、延期、开发计划和租约申请均应当包含申请人提出的用人措施,以确保符合要求。

　　联邦政府可以要求石油权利持有人为联邦政府和省政府人员提供培训,以发展这些人员有效地履行监督石油行业职责的能力。培训应涵盖技术和管理学科,包括生态学、地球物理、工程、项目管理、会计、商业、法律,并以在职培训和内部研讨会的形式开展。

　　(三)联合勘探与开发

　　如果石油矿床跨越不同石油权利持有人持有的多个许可证或租约区域,则不同的权利持有人应尽量同意以最有效的方式共同勘探和开发该矿床,将联合勘探开发计划及他们之间的协议提交管理局批准。

如果未能在合理时间内达成联合勘探开发协议或联合开发计划,联邦政府可以为了公共利益,书面通知所有石油权利持有人,要求其在通知规定的期限内最终确定并提交相关计划供批准。如果该计划未在规定的期限内提交给管理局,或该计划未通过管理局批准,管理局可任命一名独立顾问准备该计划,费用由石油权利持有人承担。咨询顾问编制的计划应经管理局批准,并根据时间表进行适当的变更以供执行。管理局可以为计划的开展附加条件。

(四)租约区域内的石油勘探

租约持有人对其租约区域享有石油勘探的优先权利。如果管理局收到第三方在租约区域内进行勘探的善意要约且就此向租约持有人发出了通知,则租约持有人应在收到通知后 6 个月内决定是否接受该要约。

若租约持有人决定不进行勘探,而第三方被授予了租约区域的勘探权利,第三方应在 90 日内与现有的租约持有人以公正公平的方式就开采条件和条款达成协议。如果双方未能在规定期限内达成协议或者达成的协议没有通过管理局批准,管理局可以指定一名独立咨询顾问编制一份协议,费用由租约持有人承担。咨询顾问编制的开发计划应经过管理局批准,管理局可以对开发计划作出适当变更。管理局也可以为了协议的需要,附加合理条件。

在租约持有人有新的商业发现时,为了在租约区域内进行勘探,现有租约应予以变更以使得新商业发现区能被现有租约涵盖。如果一个租约的发现区延伸到租约范围之外,管理局在收到请求后应允许租约持有人评估区域界线外的发现区,并根据评估结果修改租约区域的坐标系。

(五)第三方勘探及设备使用

联邦政府可以允许第三方为了充分了解许可证和租约周边地质条件进行勘探,该勘探活动不能干扰许可证和租约持有人的活动。联邦政府在与相关方协商后,应就该勘探活动作出决定,包括决定在该区域进行勘探活动的形式和期限。

为有效开发或公共利益需要,管理局可以决定其他人使用租约持有人的生产、加工和运输设备,但是这种使用不应干扰租约持有人的活动。使用人应与租约持有人达成协议,并经管理局批准后向租约持有人支付使用费。如果租约持有人与使用人未能在 108 日内就使用费达成协议或者协议未能获得管理局批准,管理局可以指定独立咨询顾问决定使用费,咨询费由双方承担。管理局应考虑批准咨询顾问决定的使用费,且出于合理考虑为联合使用计划施加额外条件。

### (六)进入土地等一般性权利及其限制

经联邦政府和其他当局批准,执照、许可证、租约持有人享有下列权利:(1)进入并使用土地;(2)用水;(3)储存石油;(4)建造临时房屋和机械;(5)寻找、挖掘、取得石材;(6)砍伐木材,清除灌木;(7)在已支付租金的地面建围栏;(8)从事联邦政府认为必要的其他活动。

石油权利持有人不得损害下列权力的行使:(1)联邦政府、省政府及其授权人员可以在不干扰、不损害石油权利持有人开发活动情况下,寻找、生产除石油外的其他矿物或物质,并为此安装、维护所需设施设备。(2)其他活动,包括:在地上、地下建造或维护水库、泵站、发电站、水道、公路、电车、铁路、电报和电话线、管道和其认为必要的其他应急设施和设施;为制作、维修、维护设施设备取石、取土及获得其他必要材料;取水;必要的地面通行。(3)联邦政府、省政府可以在不影响石油权利持有人权利情况下,将土地授予或转让给任何其他人。

联邦政府、省政府在行使和享有上述规定的权力时,不得不合理地妨碍或干涉石油权利持有人的权利,并对石油权利持有人因此遭受的所有损失、损害或伤害作出公平、适当和充分的补偿。补偿不包括水、石头、土地或其他材料的价值。

### (七)政府的其他权力

若石油权利持有人未履行规定的义务,或者未履行与联邦政府协议的义务,管理局有权在发出合理书面通知后执行石油权利持有人的工程,并向石油权利持有人追索因此发生的成本和费用。

石油权利持有人有避免泄露和废弃物的义务。如果管理局基于合理理由认为需要控制、防止石油权利持有人的任何可能产生泄漏或废弃物的操作,可以命令石油权利持有人在合理时间内加以控制、防止。否则管理局可以采取必要步骤和措施来控制、防止泄漏和废弃物,由此产生的所有费用应由石油权利持有人承担。如果管理局行使该权力时与石油权利持有人发生任何争端、争议或索赔,管理局应在发出命令后60天内作出一切努力合理解决。否则,该争端、争议或索赔应提交给联邦政府指定的独立咨询顾问,费用由石油权利持有人承担。该咨询顾问的调查结果对管理局和石油权利持有人均具有约束力。管理局和石油权利持有人也可以根据《陆上石油规则》的规定,选择仲裁方式解决争端、争议或索赔。

　　发生下列情况时,管理局可以在通知送达 30 日后,撤销石油权利:(1)石油权利持有人违反授予石油权利的重要条款和条件,且在收到通知之日起 60 日内未提供合理补偿;(2)授予石油权利是基于重大虚假信息;(3)石油权利持有人或其母公司与债权人达成安排或者合作且指定了接收人,或石油权利持有人进入了自愿或强制清算阶段;(4)未经管理局事前同意,石油权利持有人或其母公司处置股权,导致其受其他人控制,或不再受其母公司有效控制;(5)石油权利持有人未支付应付款项(不论是部分未支付还是全部未支付),且延迟支付或未支付达到两个月。

　　石油权利终止时政府的权力:(1)执照、许可证、租约期限届满,或被全部或部分放弃时,执照、许可证、租约所涉区域应尽可能恢复原状。若恢复原状不可行,应向联邦政府支付由此产生的损害补偿。(2)石油权利期限届满时,或被全部或部分放弃,或不再使用相关装置和设施时,联邦政府有权接管这些装置、设施及相关设备。接管对象包括石油权利持有人安装的运输石油管道和相关设备。(3)接管装置、设施、设备时,应要求石油权利持有人按照良好油田国际惯例要求的条件交接。此种接管不需要支付补偿。接管时,与该设施、设施和设备有关的任何债务担保或租赁安排自动取消,其所有权转移给联邦政府。(4)如果联邦政府不行使接管装置、设施、设备的权利,可以要求石油权利持有人自付费用移除。(5)石油权利持有人应在权利终止前,至少提前一年向管理局提交有序关闭和放弃作业的计划,并按照情况提交移除或向联邦政府移交装置、设施、设备的计划。

　　豁免权。石油权利持有人应始终有效地免除针对总统、联邦政府、管理局的所有诉讼、费用、收费、索赔、损失、损害和要求,包括由任何第三方造成的财产损失、损害及人身伤亡。经联邦政府要求和审批,石油权利持有人应就其责任购买保险。不得对总统、管理局、联邦政府及任何由其指定的人依据规则从事的行为和善意行为提起诉讼、指控或其他诉讼。

（八）不可抗力

　　不可抗力导致石油权利持有人未履行石油权利下的条款和条件时,总统、联邦政府不能提出索赔,也不能认为石油权利持有人违约。

　　不可抗力包括天灾、战争、暴动、暴乱、内乱、洪水、闪电、爆炸、火灾、地震及石油权利持有人无法合理防止或控制的任何其他事件。若石油权利持有人履行条款和条件的能力受到不可抗力影响,应毫不迟延地向政府发出通知,说明无法履行的原因、所作的努力及采取的补救措施。发生不可抗力时,石油权利的有效期应延长,延长时间应与不可抗力影响的时间和恢复作业所需时间相当。

### (九)纠纷解决方式

除非另有约定或规定,与石油权利相关的任何问题或争议应依照巴基斯坦法律在巴基斯坦通过仲裁解决。

### (十)政府控股私人有限公司和省控股公司对开采利益的选择

管理局宣告将许可证授予给任何公司时,应将该公司的身份和持股比例通知给石油控股公司。管理局一旦宣告向任何公司授予了许可证,该公司应向政府控股私人有限公司和石油持股公司发出许可证开采利益的要约。政府控股私人有限公司和石油持股公司应在收到要约后 30 日内作出承诺,否则可视为获得了承诺。

若一个区块位于一个以上省政府辖区,管理局应根据该区块在每个省所占的地表比例作出决定,并通知石油控股公司可以选择的开采利益。

# 第二节　陆上石油特许权协议

标准化是现代石油合作协议的趋势之一。石油合作协议的标准化有两种形式:一是通过石油立法规定石油勘探开发许可证的申请、发放、许可权持有人的权利义务、期限、撤销、终止等。许可协议的有关条款明确见于法律规定,石油立法的规定就是许可协议的示范格式。二是以示范协议形式。合作协议的示范模式对合作双方没有拘束力,当事人可以增减、变更示范协议的内容。同时,可用于谈判的条款数量是有限的。无论在示范许可协议还是示范合同下,资源国对处于自然状态下的石油资源所有权、合作方法律地位、合作方式、期限、风险承担方式、作业管理、成本回收与利益分配方式、税收、产品处置、协议生效、变更及终止等方面的条款及其他义务条款都是不可谈判的。[①] 因此,示范协议就成为国家石油法律和政策的实际载体和有效补充。示范协议与立法这两种形式在保护资源国自然资源权利方面具有异曲同工之处,而示范协议具有较大灵活性。

巴基斯坦陆上石油特许权协议示范文本由首部、正文、附录三部分组成。特许权协议的一方(甲方)由总统代表国家和联邦政府行使。协议的其他方涉及国内外的公司(乙方)、国家控股私人有限公司(丙方)、省政府控股私人有限

---

① 余民才.海洋石油勘探与开发的法律问题[M].北京:中国人民大学出版社,2001:66.

公司(丁方)等不同主体。正文由 31 个条款组成,附录由 11 个文件和 1 个会计程序附表组成。

## 一、相关概念及界定方法

特许权协议示范文本的第 1 条是定义条款,界定、明确或解释了 74 个相关术语。界定这些术语的方式有四种。

第一种是在特许权协议第 1 条直接进行界定。例如,第 1 条第 2 款将原油界定为:除凝析油和液化石油气以外的液体石油,是在自然状态下从液体储层表面分离并在提取水和其他物质后产生的液体石油。第 25 款将开发井界定为:根据批准的开发计划钻探的生产石油的井。第 26 款把石油特许权总局界定为:由政府任命的行使石油特许权总局的权力和职能的任何官员或权力机构。第 38 条把联合账户界定为:作业人根据会计程序和正常会计惯例维护的一套账户,作业人应记录其执行联合作业中由开采利益所有人支付或收取的所有费用、支出和信贷。第 44 款将液化石油气界定为:通过压缩、提取或其他工艺从天然气中分离出来的丙烷和丁烷的混合物,并按照巴基斯坦标准规范 1705—1976 号规定的质量和标准进行销售。第 45 款把开采利益所有人界定为:在巴基斯坦注册成立的由巴基斯坦公民持有超过 50% 股份的公司。

第二种是在特许权协议专门定义条款即第 1 条之外的其他条款对一些概念进行界定。例如,第 1 条第 71 款的工作单元的含义规定在协议附件十。附件十是关于工作单元的系统性规范,本身涵盖了一般规定、工作单元的价值、工作单元等价物、勘探阶段的最低工作单元等规定,其中定义条款指出:工作单元系指根据本协议规定的衡量最低工作量的工作单元。第 73 款规定:开采利益所有人是指第 5.1 条中规定的开采利益所有人。第 5.1 条则把开采利益所有人划分为三种类型,即本地开采利益所有人、外国开采利益所有人及公共控股公司①,每一类别的开采利益所有人在不同区域的权益比例也不同,具体见表 5-1。

表 5-1　开采利益所有人权益比重

| 区域 | 当地占比(%) | 外国占比(%) | 公共控股公司占比(%) |
|---|---|---|---|
| Ⅰ区及Ⅰ(F)区 | 12.5 | 85 | 2.5 |
| Ⅱ区 | 17.5 | 80 | 2.5 |
| Ⅲ区 | 22.5 | 75 | 2.5 |

---

① 公共控股公司包括政府控股私人有限公司和省控股公司。

第三种是为了含义一致性,明确指出相关概念的内涵规定在《陆上石油规则》及其附件中。例如,第 1 条第 4 款中允许运输成本、第 7 款中独立销售、第 11 款中煤层气、第 12 款中商业发现、第 13 款中商业生产、第 21 款中交货点、第 23 条中开发作业、第 24 款中开发计划、第 27 条中发现、第 28 条中发现区域、第 32 款中勘探及勘探作业、第 36 款中良好国际油田惯例、第 53 款中作业人、第 63 款中重大气体发现、第 70 款中井头价值等概念均依据《陆上石油规则》进行解释。这种情况下,相关概念的内涵就需要援引《陆上石油规则》进行界定。

第四种是参照专门政策进行定义。巴基斯坦针对低热值气体、致密气专门制定了《低热值气体价格政策》(2012)、《致密气勘探与生产政策》(2011),这两个术语的定义由既定专门政策给出。

## 二、开采利益所有人的权利义务

《石油特许权协议示范文本》第 2 条规定了石油开采利益所有人的权利和义务。[①] 总统向开发权益所有人授予石油特许协议和协议下的特定权利,包括但不限于依照协议进行石油勘探、勘查、开发和生产作业,及通过管道或其他方式进行石油运输、储存、接收、出口、销售。

在由两个或两个以上主体依据本协议作为联合作业人时,未经石油特许权总局同意,作业人不得发生任何变更。联合作业应尽职尽责地进行,并适当考虑到良好国际油田惯例,符合《规则》和所有法律法规的要求。与联合作业有关的每一项重要协议和合同都应符合协议和《规则》。

石油特许权协议考虑了可能在开采区域内和区域外建设、运营临时或永久性勘探生产设施(包括管道)的联合作业。总统同意根据相关规则、法律和政策,协助开采利益所有人开展协议下所有联合作业,包括设施的建设和作业,协助作业人及其承包商、分包商获取无线电、电传、传真、电话等通信许可,以及其他必要的审查、许可、授权,方便其在巴基斯坦开设分支机构所需的批准。特许权协议的签订仅是当事方之间的联合作业安排,不构成设立合伙企业或任何纳税实体。

---

① 按照《陆上石油特许权协议示范文本》第 1 条第 72 项,开采利益系指《陆上石油探勘与生产规则》《陆上石油特许权协议》、许可证和根据协议授予的石油特许、权利和义务的全部或任何未分割的利益,包括享有勘探、开发、生产、出售和以其他方式处置该地区石油的专有权,所有开采利益所有人有义务承担该区域的勘探、钻探、开发、生产、销售和以其他方式处置该地区的石油并承担支付义务。

## 三、勘探工作计划

示范文本第 3 条规定了勘探工作计划。总统按照《规则》授予开采利益所有者许可证,许可证的初始期限为 5 年,分为两个阶段。第一个阶段为三年,第二个阶段为两年。如果开采利益所有人没有履行第一阶段的最低工作承诺,且没有承诺至少一个实际勘探井或相当于深度 3000 米的工作单元,则许可证应在第一阶段结束时到期。作业人符合《规则》规定的续期条件时,可以按照《规则》书面要求总统给予续期。许可证可续期两次,每次不超过一年,分别为第一次续期和第二次续期。

开采利益所有人在符合《规则》要求的情况下,可为评估商业发现目的续展许可证,并为正在进行的勘探井延长许可证。在授予决定作出前,许可证继续有效并自动延长。作业人应在协议生效后 90 日内开始联合作业。

开采利益所有人为履行开采义务,应制定最低工作量计划并进行最低支出,具体要求是:初始期分为两阶段,第一阶段是协议期的前 3 年,该阶段要完成 100 个工作单元或政府招标时注明的基准,加上投标时承诺的合同期内的一定工作单元。第二阶段是协议期的第 4 年和第 5 年。在进入第二阶段之前,至少要有一口勘探井及相应的工作单元。初始期各阶段的工作单元应在该阶段结束前完成。

开采利益所有人应同意向特许权总局支付未履行工作单元的补偿,补偿金额应相当于初始期各阶段或每一续展期未完成的工作单元,每工作单元按照 10000 美元计算。如果开采利益所有人未在初始期或每一次续展期的任何阶段内执行最低工作,且未按照《规则》支付补偿,则协议应在未完成最低工作的相应阶段到期时自动终止,开采利益所有人无权延长或续期,例外情况是商业发现时协议继续有效。

开采利益所有人应向特许权总局通报每口井的进展情况,及时通知测试建议,根据良好国际油田惯例进行测试并记载潜在生产范围,及时对测试结果和所有其他相关地下数据进行技术评估并尽快提交评估结果。

在任何阶段完成的工作单元数量超过该阶段最低工作量时,超额工作量不得结转至下一阶段的最低工作义务。根据商业发现与开采制定的评估方案进行的评估井和地震调查,不得视为履行最低工作量。

在特许权协议及其续展生效时,开采利益所有人应向特许权总局提供一份不可撤销、无条件的银行保函或母公司保函,或特许权总局要求和通知的其他保函,保函要按照规定格式制作。如果特许权总局选择要求银行保函,无条件银行保函的总金额应等于工作单元价值的 25％,保函应根据所处阶段分别出具。开采利益所有人在履行协议规定的所有其他义务包括培训支出和社会福利义务情况下,银行保函金额应在每年结束时按比例减少。若联邦政府或省政府持有开采利益所有人的多数股权,不需要提供母公司保函或银行保函。

如果作业委员会认为不可能圆满完成勘探井的目标深度或地层,开采利益所有人应在放弃勘探井后 6 个月内钻探替代井,以履行第一期、第二期及续期的最低工作义务。此时,初始期的第二阶段或续期应按照《陆上石油规则》予以延长,延长的期间与钻探和测试替代井所需时间相同。在未能钻探替代井的情况下,如果开采利益所有人放弃该勘探井所在地质结构区域并向总统支付未履行工作单元对应的金额,视为满足钻探特定井的义务。

如果开采利益所有人与总统之间对设立勘探区的意见存在分歧,且双方无法在 30 日内就勘探区的边界形成决定,总统可以在上述期限届满后 20 日内与开采利益所有人协商后任命公认的石油顾问提供独立意见,该意见对双方具有约束力,相关顾问费用记入联合账户。

## 四、区域的放弃

在许可证的第一阶段到期之前,开采利益所有人应放弃不少于 30％的原始区域,在第二阶段到期之前,应放弃相当于剩余面积 20％的额外区域,在第二次续期开始之前,放弃相当于剩余面积 10％的额外面积。特许权总局可应开采利益所有人要求,允许保留上述要求放弃的许可证区域,但前提是开采利益所有人承诺承担上述区域内工作单元 10％以上的额外工作。除特许权协议或《陆上石油规则》另有规定外,开采利益所有人应在许可证和最终续期期满时放弃原区域的剩余部分。

被放弃区域的形状由开采利益所有人决定,但是开采利益所有人应在放弃前至少 90 日或特许权总局允许的更短时间内通知总局所放弃的区域,与特许权总局协商放弃区域的形状和面积,被放弃区域的面积大小和形状应符合现行有效的网格系统,以方便作业。

开采利益所有人没有义务放弃租约覆盖区域和根据《陆上石油规则》已提交租约申请的任何部分。在提前 90 日书面通知特许权总局后,开采利益所有人有权放弃该区域的任何部分,该部分可计入强制性放弃区域。开采利益所有人的放弃行为不免除其在放弃之前根据《陆上石油规则》和特许权协议向政府支付款项的义务,也不免除其最低工作义务和最低支出义务。

## 五、开采利益

从勘探阶段至商业发现时,本地及外国开采利益所有人应分别向参与开采的政府控股私人有限公司和省控股公司提供 2.50% 的开采利益,后者应在收到作业人通知之日起 30 日内通知作业人行使该权利。该比例同样适用于租约区域内的石油勘探作业。勘探作业期间发生的支出由省控股公司自商业声明生效日起 5 年内从商业生产收益中分期偿还。

本地开采利益所有人在任何时候都应保持最低当地开采利益,例外是其打算减少开采利益使得总体开采利益低于规定的最低当地开采利益。只要政府控股私人有限公司和省控股公司是开采利益所有人,有权要求弥补最低当地开采利益,且无需偿还或支付已发生的成本。同时,提高开采利益的提议应在充分参与的基础上进行。政府控股私人有限公司和省控股公司应在收到国内开采利益所有人通知后 30 日内行使权利。如果政府控股私人有限公司和省控股公司放弃或被视为放弃权利,本地开采利益所有人可将其开采利益的全部或部分转让给其他第三方,但转让价格及条件不得低于提供给政府控股私人有限公司和省控股公司。

不符合当地最低开采利益的公司联合体仍可获得勘探许可证,前提是这些公司在特许权协议签署后 15 日内向媒体公告,邀请符合本地开采利益所有人标准的勘探生产公司根据《联合作业协议》全面参与合资企业。任何符合本地开采利益所有人标准的勘探生产公司(包括政府控股私人有限公司和省控股公司)均有权选择在 30 天内参与合资企业。如果无勘探生产公司回应,外国开采利益所有人应被视为已履行了所要求的最低当地开采利益的义务。政府控股私人有限公司及省控股公司可以选择国际复兴开发银行或其他银行贷款。此时,作业人应采纳贷款发放机构制定的采购程序,但是应符合良好国际油田惯例且不妨碍、不延迟特许协议项下的联合作业。经石油特许权总局允许,开采利益所有人可以在授予租约之前,从该地区生产石油以用于测试或早期生产。

## 六、商业发现与开发

如果作业人发现石油,应根据《陆上石油规则》及时通知特许权总局,并在各勘探井钻探和测试终止之日起 3 个月内再书面通知特许权总局该发现是否值得评估。如果作业人通知特许权总局其发现不值得评估,后者可以在发出书面通知后 3 个月时,要求作业人立即放弃指定区域,除非作业人提供了保留发现区域的正当理由。指定区域不包括钻探发现井所处地质构造的地表垂直投影区，且应根据发现获得的地球物理和其他技术信息予以确定。

如果作业人通知特许权总局其发现值得评估，应在勘探井完成之日起 6 个月内提交给特许权总局批准。评估计划应明确评估区域，并进行最及时有效的评估。如果评估计划的期限不超过一年，则不需要获得特许权总局的批准。作业人应于评估计划完成之日起 3 个月内或者特许权总局考虑到相关技术和经济条件的合理期限内，书面通知特许权总局其认为该发现是否为商业发现，或是否构成重大气体发现。如果作业人未通知特许权总局该发现为商业发现或重大气体发现，特许权总局可以发出书面通知，要求作业人立即放弃该指定区域，除非作业人提供了保留该发现区域的有效理由。

如果作业人认为构成商业发现或重大气体发现，可以选择发现区或重大气体发现区，但是不应超过地质实体覆盖的商业发现或重大气体发现区域。作业人可以按照《陆上石油规则》向特许权总局要求保留重大气体发现。如果作业人在允许的保留期间没有将重大气体发现声明为商业发现，则应放弃重大气体发现区，且该许可证应在允许的保留期终止后自动终止。如果作业人在允许的保留期内宣布了商业发现，其可以从重大气体发现区中选择发现区域，特许协议及《陆上石油规则》中开发计划的批准和租约授予均予以适用。

如果作业人以书面形式通知特许权总局该发现为商业发现，则该通知应附上《陆上石油规则》中规定的商业发现的详细报告。在商业发现之日起 6 个月内或者特许权总局允许的时间内，作业人应提交一份商业发现的租约授予申请和开发计划供特许权总局批准。提交商业发现声明的通知不授予开采利益所有人石油定价的任何权利或特权，也不得解释为接受发现或油田的经济财务可行性。

每个商业发现报告应涵盖《陆上石油规则》要求的所有相关因素，包括但不限于：所发现石油的化学成分、物理性质和石油质量；生产地层的厚度和范围；油藏的岩石物理性质；在不同流量下被测井的生产能力指标；油藏的渗透率和孔隙；油藏的估计生产能力；确定发现为商业发现所必需的所有相关经济和商业信息。

在商业性发现声明之后授予租约之前，特许权总局可以批准早期商业生产，但是应支付产量奖、特许权费和其他租约义务。希望承担早期商业生产的开采利益所有人应向特许权总局提交请求，包括早期商业生产期间的石油处置计划。早期商业生产所需的设施应按照良好国际油田惯例进行建造和运营。

每项开发计划应包含《陆上石油规则》要求的作业人从该区域回收、储存、运输石油设施和服务的详细建议,包括但不限于:(1)描述储量性质和特征、数据、统计、地质学各方面及储层评价的解释和结论、石油工程因素、储层模型、现有储量估算、可能的产量估算、石油流体的性质和比率以及可开采石油的分析;(2)关于商业发现的开发和生产建议,包括可能的替代方案、工作方案、预算与投资计划,以及与天然气处置有关的建议。作业人应就其开采提出具体建议,包括有关联合开采的经济和盈利能力预测资料;(3)关于石油生产、储存和运输所需的井间距、钻探和竣工、生产和储存设施的建议,包括但不限于:生产设施的估计数量、规模和生产能力;生产井的估计数量;生产设备和储存设施详情;包括管道在内的石油运输的可行替代方案;(4)根据良好国际油田惯例确定的开发建议和备选开发建议下的产量估算;(5)该开发建议和备选开发方案下的成本估算;(6)建立处理设施的建议;(7)联合作业过程中采取的安全措施,包括应急计划和应对紧急情况的措施;(8)预期对环境的不利影响,以及为预防环境和普遍保护环境拟采取的措施;(9)说明作业人设立在巴基斯坦的组织机构;(10)完成拟议的各开发阶段的预计时间;(11)说明雇佣和培训巴基斯坦人员的措施;(12)在本协议终止前或终止时需要废弃的设备、设施、装置的废弃计划;(13)发现储藏的地图以及技术和其他支持理由;(14)利用当地商品和服务的计划。

当石油特许权总局根据《陆上石油规则》批准了开发计划后,只要开采利益所有人已向其提供了所有必要信息,政府应向开采利益所有人授予一个涵盖发现区域的租约。租约应基于可用的地震和油井数据涵盖发现区以使每个商业发现区能够有效地进行开发和生产。

在开发计划获得批准后,作业人应按照开发计划及特许权总局批准的修改进行联合作业。在原油、凝析油、液化石油气或天然气定期发运开始后,作业人应在每年开始前90日内向特许权总局提供预测报表及预测依据,预测作业人按季度能够生产、储存和运输的原油、冷凝油、液化石油气和天然气总量。

作业人每年应更新租约并向特许权总局提交地图,更新地图上油井、地质和地球物理信息,在每个商业发现开始商业生产后10年内放弃部分开发区域并向特许权总局提供放弃区域的地图。特许权总局应在收到地图后90日内将批准的放弃区域和作业人需要放弃的未商业生产或不需要注水的其他区域书面通知作业人。作业人应在特许权总局发出通知后60日内放弃该区域,除非作业人以书面形式向特许权总局提出对该通知的异议。在出现异议情况下,争议解决程序可由作业人通过一名专家发起,费用计入联合账户,除非双方另有约定。

如果发现的是致密气藏或低热值气体,应酌情适用《致密气政策》或《低热值气体政策》,并对商业发现和开发计划程序进行相应变更。

发现石油后,若开采利益所有人认为该发现是商业发现,可以书面通知其他开采利益所有人,提供支持证据,邀请其他开采利益所有人参与准备开发计划。如果其他开采利益所有人在收到通知后 90 日内通知作业人同意参与商业发现的开发,作业委员会应确定发现区域并指示作业人继续准备开发计划。如果开采利益所有人选择参与商业发现的开发,应按照双方同意的比例将其在商业发现中的开采利益转让给其余的开采利益所有人。其余开采利益所有人有权自行定义发现区域并自费开发商业发现,总统应按照《陆上石油规则》向其余开采利益所有人授予租约。如果开采利益所有人自行开发商业发现,其拥有该发现的所有产量,并承担开发和作业该商业发现的所有成本,其余开采利益所有人应根据《陆上石油规则》转让其在发现区的所有石油权利、所有权和权益,但开采利益所有人应快速进行开发。

## 七、协议的转让、放弃和终止

未事先经特许权总局书面同意,任何开采利益所有人不得出售、转让或以其他方式处置其根据特许权协议、许可证或租约下的全部或部分权利及开发利益。

如果开采利益所有人希望向第三方或子公司出售、转让或以其他方式处置其权利或开采利益的全部或任何部分,应按照《陆上石油规则》处理,并在向特许权总局提出转让申请之前,全面遵守当地开发权益比例的规定。所有转让条款和条件都应得到特许权总局批准。转让人根据协议、许可证和租约授予的权利、特权和义务,应符合受让人的利益,并对受让人具有约束力。

开采利益所有人应向总统提供一个无条件的承诺,由受让人承担协议、许可证和租约的所有义务作为转让条件。在部分转让情况下,转让的开采利益所有人与受让人就履行义务承担连带责任。若开采利益的转让范围低于 5%,转让人和受让人均不得要求增加作业委员会的代表人数,转让人和受让人应同意由同一人代表他们的共同开采利益。

如果开采利益所有人认为放弃许可证下的权利是明智的,其应当将放弃计划书面提交给总统和其他开采利益所有人,但是不得在初始期第一阶段未履行最低工作和其他义务之前提出放弃。若其他开采利益所有人在收到通知后 30 日天内书面通知该作出放弃的开采利益所有人,其希望保留与该许可证相关的开采利益,则作出放弃的开采利益所有人应根据其他开采利益所有人各自开采利益比例或另行达成的其他安排转让权利义务。如果其他开采利益所有人在30日内决定不收购放弃的开采利益,放弃一方应向政府支付与其比例份额相当的违约金并向政府支付未履行的财务义务。特许权总局在确信所有未偿债务和违约金已由放弃的开采利益所有人支付后,应通知放弃一方,并将其开采利益按比例分配给其他开采利益所有人。

如果从协议生效日期起5年内没有进行商业发现且开采利益所有人未根据《规则》申请延期或续期,总统有权终止协议。如果所有联合作业都被终止,开采利益所有人根据《规则》,有权分享其在联合账户中的剩余资金和其他资产。如果开采利益所有人根据《规则》发出终止通知后60日内作了补偿,或者违约行为无法补救而开采利益所有人提供了合理补偿,则不发生协议终止的效力。

除了《规则》规定的不可抗力导致终止,总统确定的不可抗力持续的合理时间内不能终止协议。无论何种原因,协议的终止不减损开采利益所有人在协议终止前已发生且未履行的义务。

若总统根据《规则》终止本协议,可要求开采利益所有人在180日内继续石油生产活动,费用由政府承担,直到由另一个实体继续生产。协议终止后90日内,除非总统批准延长此期限,开采利益所有人应按照总统的指示完成一切合理和必要的行动,避免环境破坏及危及人类生命或第三方财产。

## 八、特许权费

开采利益所有人应向政府支付特许权费,比例是所生产和储存石油井口价值的12.5%。开采利益所有人还应向政府支付生产和储存的液化石油气特许权费。石油价值在每个月底确定,按照当月发生的所有此类交易的加权平均值计算。

## 九、石油收购权

### (一)石油收购量和计价方式

如果总统要求开采利益所有人根据《规则》满足巴基斯坦国内石油需求,应遵循以下要求:(1)如果在任何一年内,政府指定实体所确定的预计国内需求超过本土生产,总统可以要求开采利益所有人根据每个生产商一年的原油产量,与其他生产商按比例销售原油。总统应至少提前3个月将此要求通知开采利益所有人,供应期限每年确定一次。(2)开采利益所有人出售原油给总统或其指定人时,价格以美元计算,原油成本以运送到最近炼油厂的价格计算,即:双方同意的原油交货月内一揽子阿拉伯/波斯湾原油 FOB 现货价格的算术平均数,或经双方同意的与协议的原油质量相当的原油价格;如果未就一揽子原油、可比原油或相关事项达成协议,则经双方同意,以 FOB 原油市场价格为基础,适用与无关联方的独立销售合同价格,支付对价为全现金,按正常商业条款支付。加上从沙特阿拉伯拉斯努拉港口到卡拉奇的平均运费估价作为特许运费。再加上或减去协议原油与可比原油之间的质量产量差。为此,差异应根据加工原油的炼油厂运行条件为基础,参照签约方接受的国际公认出版物公示的阿拉伯/波斯湾当期价格。

(二)出口天然气和计价方式

开采利益所有人可以根据适用的法律、规则和法规,与天然气输送、分销公司及第三方签订合同,出售其在巴基斯坦的天然气份额。考虑到国内需求和国家紧急情况,允许开采利益所有人根据监管机构颁发的出口许可证出口其原油、凝析油和天然气份额。天然气一经投入出口,不得吊销出口许可证。如果外国开采利益所有人向巴基斯坦国内的第三方出售天然气,并希望将外币销售收益汇往国外,政府应允许该开采利益所有人自由汇出其销售收益中的保证比例。保证比例根据租约区域有所不同,Ⅰ区和Ⅰ(F)区租约下为总收入的75%,Ⅱ区70%,Ⅲ区65%。剩余收入可用于支付特许权费、税收和其他应支付给政府的开支及当地支出。

根据整体市场需求,开采利益所有人可要求政府通过指定其有效控制的买家购买90%的管道天然气,并按照日、月和年交易量交付以满足国内需求。政府及其指定的天然气买方应在协议规定的交货点支付天然气价款。外汇汇款的"保证比例"也适用于此类销售。开采利益所有人有权在事先获得省政府同意的情况下,将其管道天然气份额的10%出售给任何买方。如果开采利益所有人提出请求后30天内未获准同意也未被拒绝,或在没有提供合理的替代买家的情况下被拒绝,应视为省政府同意。

当政府指定买方原则上同意购买天然气,或者第三方建议把互联管道建造至最近的输送系统时,生产商应依据达成的供应合同确认所要求的天然气供应量、供应压力、储量和其他技术参数。在巴基斯坦经营的开采利益所有人可以为了当地需求和出口石油建造、运营管道,并由监管机构根据适用的法律、规则、法规和基于第三方开放接入(open-access)制度进行监管。建设管道的开采利益所有人享有根据公司的利用计划优先接入的权利。

当开采利益所有人向政府或其指定买方出售管道天然气时,其应获得的价格以每百万英热单位价格计算。价格通知期内应使用一揽子阿拉伯/波斯原油进口到巴基斯坦前七个月内,国际公认的出版物公示的 C&F 价格,即进口到巴基斯坦原油的 FOB 价格加上平均估价运费计算。

管道天然气价格按以下公式以美元计算:

$$Pg = Pm \times Dz \div Cf$$

其中,Pg 为每百万英热单位天然气的美元价格。Pm 是以桶为单位的标准气体价格,按下列方式确定:当参考上限价为 10 美元/桶或以下时,Pm 等于 10 美元;当参考上限价格高于 10 美元/桶且不超过 30 美元/桶时,Pm 等于参考上限价;当参考上限价高于 30 美元/桶且不超过 50 美元/桶时,Pm 等于 30 美元加上超过 30 美元部分的 50%;当参考上限价高于 50 美元/桶且不超过 70 美元/桶时,Pm 等于 40 美元加上超过 50 美元部分的 30%;当参考上限价高于 70 美元/桶且不超过 110 美元/桶时,价格等于 46 美元加上超过 70 美元部分的 20%。110 美元/桶的价格上限将在政策发布后每 5 年审查一次,或在国际市场价格发生显著变化时进行审查。Dz 为地区指数,Ⅲ区为 64.91%,Ⅱ区为 68.16%,Ⅰ区为 71.40%,Ⅰ(F)区为 73.88%。Cf 为适用的换算系数,即进口到巴基斯坦的阿拉伯/波斯湾一揽子原油中以每桶百万英热单位表示的加权平均热量值。

作业人希望开始生产天然气时,应在价格通知期开始之前 20 日,向主管当局提交以美元计价的参考原油价格和该价格通知期第一天确定的相应天然气价格。此后,作业人应向主管当局提交以美元计价的相关参考原油价格和天然气价格。通知的价格应四舍五入到小数点后 4 位。

总统应确保在相关价格通知期开始前 25 日内向作业人提供进口到巴基斯坦的原油数量和 C&F 价格详情,作业人应向主管当局提交一份定价通知草稿,列出价格通知期内的美元计价价格。主管当局应在收到价格通知草稿后 45 日内进行官方公报。如果买方接受经批准的延长井测试的天然气规格和质量,天然气价格应比管道气价格有 5% 的折扣,非管道天然气有 10% 的折扣。主管当局是指根据 2002 年《石油和天然气监管机构条例》设立的石油和天然气监管机构及其他合法权力机构。

致密气或低热值天然气的销售按照《致密气政策》《低热值天然气政策》中规定的条款进行。如果发生冲突,政策优先于协议。

为满足巴基斯坦国内需求采购凝析油和液化石油气时,向开采利益所有人支付的价格计算是:凝析油的价格等于最近炼油厂门站交付可比凝析油 FOB 的国际报价,加上或减去基于阿拉伯湾原油/凝析油现货市场的质量产量差。除暴利税外,不进行其他调整或折扣。销售给任何第三方的液化石油气价格可以按规则和条例进行协商。

### (三)暴利税

(1)原油和凝析油的暴利税计算公式为:

$$WLO = 0.4 \times (M-R) \times (P-B)$$

其中,WLO 为原油和凝析油的暴利税;$M$ 为净产量(含生产和储存);$R$ 为特许权费;$P$ 为原油和凝析油的市场价格;$B$ 为原油和凝析油的基准价格。

原油和冷凝油的基准价格为每桶 41 美元。从该区域首次商业化生产之日起,基准价格将在每年上涨 0.50 美元/桶。

(2)向联邦政府、省政府以外的各方出售天然气时,适用上述暴利税,实际销售价格使用下列公式:

$$WLG = 0.4 \times (PG-BR) \times V$$

(3)低热值气体暴利税,使用下列公式:

$$WLG = 0.25 \times (PG-BR) \times V$$

其中,WLG 为天然气暴利税;PG 为第三方天然气销售价格;BR 为基准价格;$V$ 为出售给第三方的天然气量,不包括特许权费。

天然气售价低于或等于基准价的,暴利税为零。暴利税可以作为免税费用。销售致密天然气时,不支付暴利税。

总统或其指定人员应在交货点购买原油、凝析油和天然气,石油的所有权和损失风险在交货点转移。总统或其指定人员应按照规定,向本地开采利益所有人以外汇支付 30% 的石油销售收入以满足其日常作业要求。对于商业发现后的项目融资,本地开采利益所有人应自行安排外汇。除协议特别规定外,汇率应适用交易当日的现行汇率。总统或其指定人从外国开采利益所有人购买石油时,应自收到发票后 30 日内以美元汇款给外国开采利益所有人指定的银行。如果未支付,未付余额应在到期日之后按伦敦银行同业拆借利率(LIBOR)支付月美元存款 1.5% 利息。

如果总统或其指定人员不愿购买开采利益所有人的全部或部分份额油,该开采利益所有人有权以竞争性价格出口或以其他方式处置其石油。在发生国家紧急情况或战争时,总统有权购买任何开采利益所有人的全部或部分份额油。

# 十、石油处置

允许开采利益所有人依照《规则》和协议随时处置其份额油。外国开采利益所有人应利用其影响力协助政府控股私人有限公司、省控股公司以最佳价格处置依照协议生产的份额油,但无需外国开采利益所有人购买政府控股私人有限公司和省控股公司的份额油,或以其他方式提供份额油市场。政府控股私人有限公司、省控股公司应补偿外国开采利益所有人提供此类协助产生的所有费用。

开采利益所有人应禁止向巴基斯坦法律、法规禁止的国家出口石油。未用于联合作业且开采利益所有人认为其加工和使用不经济的天然气应返回到地下结构,也可根据《气体燃放规则和使用指南》利用。

## 十一、外汇

若开采利益所有人开采权益在Ⅰ区低于15%,在Ⅱ区低于20%,在Ⅲ区低于25%,应按照各自的开采权益分摊勘探、开发和生产石油的所有外汇支出。然而,如果外国开采利益所有人没有足够的卢比不满足其要求,本地开采利益所有人应以卢比支付该金额,外国开采利益所有人应以同比例外汇支付给本地开采利益所有人。

如果外国开采利益所有人经总统同意将其开采权益转让给外国实体,允许该外国开采利益所有人在国外保留转让产生的所有收益。

作业人应将开采利益所有人的外汇贡献保存在规定的巴基斯坦银行的外汇银行账户中,并可根据相关外汇规则和联合作业协议自由使用其外汇,但需要提供使用资金量的后续文件。

根据国内供应义务和出口关税,外国开采利益所有人有权根据相关外汇规则和协议规定出口其获得的石油。外国作业人及其在巴基斯坦的注册分公司有权将石油出口销售收益保留在国外并自由使用,但从巴基斯坦汇出并保留在国外的总金额不得超过其净利润限制。净利润应依照其当年损益账户,经巴基斯坦特许会计师事务所审计,作业费用包括付款、所得税及资产折旧,加上代表折旧、损耗和摊销的损益基金。开采利益所有人在国外发生的与协议项下的联合作业有关的所有其他费用,计入当年度损益和资本账户。

作业人和其他外国开采利益所有人应通过正常的银行渠道向巴基斯坦汇入资金,以满足协议规定的提供巴基斯坦卢比的要求。外国开采利益所有人不得使用任何卢比借款渠道。对协议项下的所有货币兑换适用的汇率应为巴基斯坦国家银行在兑换日中午12点宣布的加权平均报价汇率。巴基斯坦国家银行允许符合规定的所有资金汇款,不得向作业人或开采利益所有人延迟支付,不收取额外费用。

本地开采利益所有人有权在勘探阶段收取以巴基斯坦货币支付的外汇,以履行协议项下的日常义务。在商业发现后,本地开采利益所有人销售收入的30％应以外币支付,以满足日常经营需求。本地开采利益所有人需要自行安排商业发现后的项目融资所需外汇,但联邦政府和省政府持有多数股权的公司除外。

巴基斯坦联邦政府允许外国开采利益所有人将其销售收益份额的"保证比例"汇出,其余收入可由外国开采利益所有人用于支付特许权费、税收或其他款项。勘探开发公司有权完全控制为联合作业设立的银行账户的资金流动,但可能需要向巴基斯坦国家银行、政府指定办公室或银行提供存款说明,或从该账户付款时按季度提供与协议相关的外汇交易完整资料。

## 十二、进出口

从事联合作业的作业人、承包商和分包商应获准进口、出口、转让和处置机械、设备、材料、专用车辆、配件、备件、化学品和消耗品等。根据《2004 年进口政策令》,对此类进出口不征收进出口许可费。

监管机构批准的联合作业所需的机械、设备、材料、专用车辆、配件、备件、化学品和耗材等的初始清单应作为协议附件。但是,作业人应按照《规则》的规定,优先考虑在巴基斯坦生产、提供的货物,以及由巴基斯坦国民和公司提供的具有竞争性的货物和服务。有能力提供所需货物和服务的国家公司应始终包括在投标邀请中。作业人、承包商及分包商对进口物品进行分类时应遵循统一的分类制度。

作业人及其承包商和分包商的外国雇员和顾问有权按照中央税务局规定进出口供其个人和家庭使用的物品,但是乘用车除外。① 出口已进口到巴基斯坦的产品,不受联合作业的限制,不支付任何费用、税收或出口关税。作业人应确保自身及其承包商、分包商在联合作业终止时,能出口根据授权获准进口的设备、材料。

---

① 根据中央税务局 1994 年 6 月 13 日函,石油公司的外籍雇员和即将从事石油特许协议下石油项目的石油公司的承包商、分包商有权获得以下特许:免进口税,包括关税、销售税、附加费、其他附加费、个人和家庭用物品的许可、授权费用(不包括乘用车),只要这些物品到达巴基斯坦前归其所有或在到达巴基斯坦后 6 个月内获得。个人和家庭用物品此后可以自由出口,不收取出口关税和费用。经监管机构事先许可后,此类物品方可在巴基斯坦出售或转移,并按进口时的价格和价值按照每年折旧 10％的比例支付进口关税。外国公司的承包商、分包商的外国员工和石油公司的顾问(不包括其家庭成员)应允许每年进口不超过1200 美元的日用品且免除进口税,包括关税、销售税、附加费及其他附加费。若进口的日用品价值超过 1200 美元,该日用品不得在巴基斯坦销售或处置,也不涉及巴基斯坦外汇。

　　开采利益所有人根据协议全部或部分转让开采权益时,所涉及的财产所有权转让不需要获得许可。作业人及其承包商、分包商应将所有收到和使用的消耗品制作成账户、报表和记录,在每年1月15日前将副本一式两份发送给海关当局,在作业结束时应在15日内发送给海关当局。

　　作业人、承包商及其分包商的外籍雇员首次到达后,可以进口食品储存库。此类进口应限于规定物品,目录每年由商务部规定。一旦外籍雇员抵达巴基斯坦,应提交日用品进口申请,表明其计划在巴基斯坦的停留时间。进口的香烟、酒和药品应单独建账,其他物品使用一个账目。食品和其他日用品应加盖印章,以避免在巴基斯坦国内市场转售。

　　巴基斯坦进口和贸易政策中禁止进口的商品未经许可不得从国外装运。作业人及其承包商、分包商不负担指定区域内机械和设备运输和移动所需的任何税收、评估费和其他费用。进出口物品应遵守《进出口贸易政策》。若当地能以竞争性价格供应计算机软件,作业人应将其所需计算机软件至少10%的合同授予当地公司。

## 十三、税收

　　根据《2001年所得税条例》,特许权协议下联合作业的所得税税率为经确定和评估利润的40%。根据1948年《矿山、油田和矿产开发政府控制法》附表,所有收入应扣除石油勘探生产及其他活动中发生的其他收入,但是股息收入除外。允许开采利益所有人进行折旧。如果协议的相关税务条款、所得税条例与《1948年矿山和油田、矿产开发政府控制法》规定的税务事项存在分歧,则以所得税条例的规定为准。

## 十四、管理和作业

　　作业人应在协议期限内编制年度工作计划和预算。每一项工作计划和预算应详细列出将要进行的工作、购买与设施建设、培训和雇佣方案、机构设立、工资、开展的社会福利计划以及支出预算。作业人应在每年开始前向特许权总局和开采利益所有人提交工作计划和预算,并随后每个季度提供该工作计划和预算执行的情况。

　　工作计划和预算应包括一个完整日历年及生效日所在年份的剩余时间。此后,年度工作计划和预算应在每个日历年开始前至少提前90日写定并提交给特许权总局和开采利益所有人。

联合作业的所有重要事项均应提交由各开采利益所有人代表组成的开采委员会批准。开采委员会主席由特许权总局提名,主席不得投票。各开采利益所有人代表的投票权应等于该开采利益所有人拥有的开采利益比例。除本协议另有规定外,开采委员会的所有决定均需要70%以上的代表表决通过。

作业人应按照《规则》进行联合作业。如果《规则》没有规定具体的操作,应遵循良好国际油田惯例。作业人应在巴基斯坦建立和维持一个有足够能力的组织,以按照《规则》规定执行联合作业。

## 十五、报告与信息

总统应允许作业人在协议生效时获得与该区域及毗邻区域有关的所有地质、地球物理、井和其他技术数据。若作业人要求资料数据并支付副本费用,总统应向其提供副本。除作业人的员工、顾问及融资银行和金融机构外,不得将数据资料披露给任何第三方,严格保密。

作业人应按照《规则》要求向特许权总局提供所有数据、信息、记录和报告,除非总统对从巴基斯坦出口岩石或石油样品另行同意。作业人在出口之前,应将同等尺寸和数量的样品提交给总统。记录和其他数据的原件经总统同意后方可出境。进行出境分析处理的磁带和其他数据须事先得到特许权总局批准,条件是同样的记录在巴基斯坦有保存且出境的记录和数据应返回到巴基斯坦。特许权总局授权的任何人均有权得到合理通知并在联合作业期间到场,费用由开采利益所有人承担。

作业人应在合理可行范围内,正确标记和保存参考资料、钻孔和井中遇到的地层或水的特征样品以及在该区域发现的任何石油样品,保存期为12个月或特许权总局要求的更长时间。上述地层的特征样品应包括但不限于所有岩心和沟样切片。作业人应将所有特征样品包括沟样和岩芯样品提供给总统。

## 十六、培训、雇佣和社会福利

作业人同意在联合作业中雇佣合格的巴基斯坦国民,并承担其教育和培训义务,包括行政管理职位的教育培训。作业人应优先考虑雇佣当地国民和非熟练工人。作业人包括其承包商应确保在当地雇佣的非熟练工人人数至少占其非熟练工人的80%。作业人承诺用合格的当地国民逐步替换外籍工作人员。作业人应制定巴基斯坦国民就业和培训年度方案,并至少提前90日将方案提交石油特许权总局批准。方案应列入各公司的年度工作方案和预算,在每年结束后 30 日内,作业人应向特许权总局提交一份书面报告,说明所雇佣的人数、国籍、职位以及巴基斯坦国民培训方案的实施情况。

作业人应确立一个令总统满意的培训特许权总局、政府和当地有关省政府人员的方案,使得这些人员能有效地履行与石油行业监督有关的职责。此类培训方案应涵盖技术和管理领域,如地质学、地球物理学、工程学、项目管理学、会计学、法律等。培训方式包括在职培训和参加内部研讨会,培训范围应包括实习、奖学金和当地居民在不同机构的培训。

从协议生效开始到商业发现日,开采利益所有人在勘探、开发阶段每年至少支出 2.5 万美元用于培训,在生产阶段每年至少支出 5 万美元用于培训。除非另有约定,该支出应不断提高,否则一年内未使用的培训金额应存入特许权总局为该培训目的设立的特别账户。

除政府控股私人有限公司、省控股公司外,开采利益所有人应与当地民政部门或省政府协商,开展社会福利方案,如打击毒品、促进进步、康复智障儿童、改善教育设施和饮用水及卫生、授予当地学生奖学金。在勘探阶段直至商业生产开始,每年支出不少于 3 万美元。政府将为社会福利项目发布必要的指导方针。在开始商业生产后,每年支出的金额由开采利益所有人和总统共同协议审查,本地开采利益所有人以卢比支付。该金额在巴基斯坦所得税目上视为开采利益所有人为业务目的发生的支出。

## 十七、联合作业费用分摊

协议另有约定除外,联合作业支出由所有开采利益所有人按比例承担。如果本地开采利益所有人的开采权益在Ⅰ区不高于 15％,在Ⅱ区不高于 20％,在Ⅲ区不高于 20％,则应以巴基斯坦卢比支付其支出份额。

作业人应在每季度开始前至少 30 日,提交该季度各月的分项支出估算,各开采利益所有人应向作业人按比例支付其估计支出份额。每月分期付款金额按照联合作业协议的规定支付。

## 十八、项目融资

任何开采利益所有人均有权为开采商业发现获得项目融资。应开采利益所有人要求,总统尽可能利用其能力协助银团为项目开采支出提供项目融资。

开采利益所有人可在通知其他开采利益所有人并经总统批准后,向任何有良好声誉的金融机构抵押其开采权益,以确保及时支付借款的资金、本金和利息,并诚信地履行其为协议从该金融机构获得融资的义务。

## 十九、管道、炼油厂、液化石油气和天然气加工厂

开采利益所有人可以根据《规则》和现行政策建立炼油厂,但应放弃参与总统建立的炼油厂。

开采利益所有人拥有根据相关法律、法规或规章在其租约区域建立、安装和经营液化石油气、天然气加工厂的专有权。但是如果开采利益所有人未能在授予租约后4年内开始在该地区安装液化石油气或天然气加工厂,其在该地区建立加工厂的专有权将终止,除非总统和开采利益所有人另有约定。总统及其指定人有权选择在该地区建立、安装和经营液化石油气和天然气加工厂,但是开采利益所有人有机会参与该工厂。

## 二十、其他矿物

如果作业人发现了矿物(产生核能所需的矿产除外),且总统有巴基斯坦公司开发该矿产的现有政策,作业人可在通知特许权总局之日起6个月内,选择与主管当局达成协议以开发和开采该矿物。

作业人发现核能生产所需的任何矿物如铀、钍、锆、铌、铪、锂和钒时,应报告给巴基斯坦原子能委员会和特许权总局。除非巴基斯坦原子能委员会对开发和开采这些核矿物给予特别批准或同意,否则开采利益所有人无权开发和开采这些核矿物。除了核能生产所需的矿物外,开采利益所有人可以单独或联合生产其他矿物,并在销售时支付当局规定的特许权费。

单独或联合生产的矿产所得,须按《2001年所得税条例》缴纳税款。授予石油权利持有人权利不得以任何方式损害、影响《规则》中规定的总统权力。

## 二十一、审计

作业人应根据《规则》和法律规定对联合作业的所有支出、产出及按照正常行业惯例和会计程序处理的财产保持正确、准确的记录和账目。账目应在协议生效日至年末期间内进行审计,此后每年由作业人选择并经作业委员会批准的独立特许会计师事务所审计。审计报告副本应在每年结束后六个月内提交给总统和各开采利益所有人。如果总统或开采利益所有人在收到报告副本后六个月内不对该审计账户提出异议,则该报告应是最终的,对开采利益所有人和

总统具有约束力。但账目和支持凭证、文件以及联合作业审计所需的合理设施，应提交给总统提名的审计师。总统和开采利益所有人应在收到其认为合适的报告之日起两年内，就审计报告产生的任何事项采取适当行动。总统及非作业开采利益所有人在向作业人发出通知30日后，有权在自行承担费用情况下随时审查联合账户和相关记录。

## 二十二、产量奖

开采利益所有人应以累计产量为基础，按标准支付产量奖。本地开采利益所有人应按照其产量奖的比例和交易当日的汇率以卢比支付产量奖。若联邦政府、省政府是政府控股私人有限公司或省控股公司的大股东，则该公司不需要缴纳产量奖。产量奖应在发生之日起30日内支付。产量奖用于省政府发布的当地社会福利发展项目支出，不得摊销、支用或征收所得税。

若一个开采利益所有人选择不加入商业发现的开采，则无义务支付产量奖。这种情况下，其他开采利益所有人应根据其开采利益的比例支付产量奖。低热值气体和边际气田开采利益所有人不需要支付第一阶段即商业开采起始阶段的产量奖。

## 二十三、保险与赔偿

作业人应遵守巴基斯坦有关工人和雇员责任及责任保险法律。为确保开采利益所有人能够承担联合作业给第三方或政府造成的损害和伤害，包括环境损坏、伤害及清理事故造成的残骸，开采利益所有人应通过作业人投保第三方责任保险，承保自身及其承包商、分包商、雇员的开采活动。

保险单应将总统作为额外被保险人，放弃对总统的代位求偿权，并应规定除非提前30日书面通知总统否则不得取消保险。保险证明应在协议生效后90日内提供给总统。保险限额、保险范围、免赔额和其他条款也应提供给总统。在第三方责任保险不可用、未获得或部分及全部不涵盖由联合作业引起的任何索赔或损害时，开采利益所有人应继续承担全部责任，作出赔偿并使总统免受所有此类索赔、损失及任何性质的损害。开采利益所有人应通过总统批准的作业人投保可能承担的责任。

开采利益所有人应根据《规则》，随时协助总统进行赔偿、抗辩并使其免受诉讼、费用、指控、索赔、损失、损害赔偿或任何形式的要求，包括但不限于财产损失、损害索赔及由任何联合作业造成的人员伤亡和财产损失。

## 二十四、母公司及银行担保

开采利益所有人应在协议生效当日或之前取得并向政府提交担保,且应在任何后续阶段开始前提供担保。担保由石油特许权总局自行独立决定是否可接受。担保可采取下列一种或多种方式:(1)石油特许权总局认可的在巴基斯坦具有良好信誉的银行提供不可撤销、无条件的规定格式的银行保函,担保开采利益所有人未履行义务;(2)由母公司向石油特许权总局提供可接受的有利于政府的担保;(3)由在当地注册并在巴基斯坦油田享有作业权和多数开采利益的勘探和生产公司提供担保;(4)对石油生产和资产的优先留置权等于全部最低财务义务;(5)石油特许权总局接受的具有国际声誉的银行提供等额最低财务资金 25% 的托管账户。

担保由法律顾问出具令石油特许权总局满意的法律意见,母公司或公司担保函已经过担保人代表签署的,具有法律效力。开采利益所有人应根据《陆上石油规则》、特许权和协议规定,在司法文件上作出承诺。

银行保函的担保金额应在每年结束时按比例减少,金额等于该区域所完成工作单元的 25%,并经特许权总局代表总统签署证明。每个阶段结束时,经政府签署开采利益所有人该阶段已完成最低工作义务的证明,可以解除银行保函。

如果开采利益所有人选择进入下一阶段或协议续期,银行应在进入下一阶段或续期开始前将担保文件交给特许权总局。如果担保文件未在规定期限内提交,政府可以根据《陆上石油规则》终止协议。

## 二十五、不可抗力

"不可抗力"包括天灾、战争、暴动、暴乱、内乱、洪水、闪电、爆炸、火灾、地震以及受影响方无法合理防止和控制的任何其他事件。

因不可抗力导致协议任何一方未能履行协议、许可证或租约时不视为违约,受不可抗力影响的一方应采取政府认为满意的一切合理措施适当预防履行其义务。履行能力受到不可抗力影响时,一方应毫不迟延地向另一方发出书面通知,并提供努力消除这种原因并采取补救措施的必要证据和证明材料。

受不可抗力影响的协议、许可证、租约期限应延长到政府决定恢复作业时。如果不可抗力持续时间在初始期或持续超过 3 年,协议任何一方可提前 3 个月通知终止本协议,且无需进一步履行义务,但前提是要本着诚信原则宣布不可抗力,且特许权总局予以接受。

# 二十六、仲裁

由协议条款、许可证或租约引起的任何问题,无论该问题或争议性质如何,双方应在收到争议回执后 30 天内本着诚信原则进行谈判,友好解决。若未能在合理期限内友好解决,该争议应提交给 1965 年《国家与其他国家国民之间投资争端公约》设立的国际投资争端解决中心解决。总统和开采利益所有人在公约要求的范围内同意根据该公约进行仲裁。

如果国际投资争端解决中心未登记仲裁请求或者拒绝对争议行使管辖权,则该分歧或争议应由仲裁员根据《国际商会仲裁院仲裁规则》解决,仲裁员根据《仲裁规则》指定,由 3 人组成。仲裁员不得为巴基斯坦国民或争议另一方所属国家的国民,仲裁员不得是争议任何一方的雇员、代理人或前雇员、前代理人。仲裁地点应位于巴基斯坦,也可以是总统和外国开采利益所有人商定的其他地方。如果双方无法达成协议,仲裁地点应由国际投资争端解决中心或国际商会决定。仲裁裁决为最终裁决,可以向有管辖权的法院申请司法承认和强制执行该仲裁裁决。仲裁的官方语言为英语。

国际仲裁仅适用于外国开采利益所有人之间、外国开采利益所有人与总统之间、外国开采利益所有人和当地开采利益所有人之间的仲裁。当地开采利益所有人之间、当地开采利所有人和总统之间的仲裁应按照 1940 年《巴基斯坦仲裁法》进行。

外国开采利益所有人也可以选择将其相互之间及与总统、本地开采利益所有人之间的特定争议根据 1940《巴基斯坦仲裁法》解决。前提是在行使该选择权的情况下,特定争议未选择国际投资争端解决中心或国际商会的国际仲裁。

# 二十七、环境保护

作业人应遵守政府颁布的所有有关环境保护和作业安全的法律、法规,包括 1974 年《石油天然气钻井和安全生产条例》、1997 年《巴基斯坦环境保护法》和 1923 年《矿山法》。

示范协议要求开采利益所有人开展石油作业时应关注环境和保护自然资源,采用先进的技术和操作方法防止石油作业中的环境损害。如果无法避免对环境造成的一些不利影响,应采取必要和适当的步骤防止环境损害,将这种损害对人身、财产和其他方面的不利影响降至最低。

若开采利益所有人未能遵守环境保护或违反相关法律规定,造成环境损害,应立即采取一切必要、合理的补救措施。若政府有合理理由相信开采利益所有人建造的工程、装置、石油作业危及或可能危及人身和财产,造成或可能造成污染,正在伤害或可能伤害野生动物,或环境达到政府认为不可接受的程度,政府可要求开采利益所有人采取补救措施。如果政府认为有必要,也可以要求开采利益所有人停止全部或部分石油作业,直至开采利益所有人采取补救措施修复造成的损坏。开采利益所有人应在石油作业开始时与政府协商确定采取的环境保护措施和方法,在措施和方法发生重要变化时与政府协商,并考虑良好国际石油行业惯例和环境影响研究。

除巴基斯坦法律规定的要求外,开采利益所有人应经政府批准后安排一名或多名具有环境问题特殊专业知识的人员进行两项环境影响研究。第一,与环境、人类、当地社区、野生动物、开采区域内及邻近区域的海洋生物相关情况的研究。第二,将采取的方法和措施提供给签约方考虑,以最大限度减少环境破坏并进行现场修复。第一项研究应分两部分进行,在勘探期的钻探开始前完成初始部分并经政府批准。第二部分研究应在根据批准的开发计划进行石油作业前完成并作为开发计划的一部分由开采利益所有人提交,在石油作业开工前经过政府特别审批。

这两项研究应包含为尽量减少环境影响而需要采取措施的具体情况,包括但不限于:(1)拟议的通道切割;(2)清理和打捞木材;(3)野生动物和栖息地保护;(4)燃料储存和处理;(5)爆炸物使用;(6)营地和舞台;(7)液体和固体废物处理;(8)文化和考古遗址;(9)选择的钻探地点;(10)地形稳定;(11)淡水层保护、井喷预防计划;(12)完井和测试期的燃放;(13)弃井;(14)钻井拆卸和现场竣工;(15)复垦;(16)噪声控制;(17)泥浆和碎屑处理。

开采利益所有人应确保:(1)石油作业是以环境可接受、安全的方式进行,与良好国际石油行业惯例相一致,并得到适当监测;(2)向员工和分包商提供环境影响研究,使其充分认识到石油作业中使用的环境保护措施和方法;(3)开采利益所有人应在其与分包商的协议中约定环境保护措施和方法。

开采利益所有人应在进行钻井活动前,事先准备并向政府提交处理石油泄漏、火灾、事故和紧急情况的应急计划并经政府审核。该计划应与政府讨论,考虑政府的关切。发生影响环境的紧急情况、事故、漏油或火灾时,开采利益所有人应立即通知政府,并立即实施相关应急计划,根据良好国际石油行业惯例展开恢复现场和控制损害行为。石油作业中发生影响环境的其他紧急情况或事故时,也应根据良好国际石油行业惯例采取谨慎和必要的行动。若未能在政府指定的期限内采取环境保护措施,政府在向开采利益所有人发出合理通知后,可以采取任何必要行动,向开采利益所有人追偿因此产生的所有费用和支出及相应利息。

## 二十八、稳定性条款

协议规定了开采利益所有人和总统之间达成的全部协议,对每一方具有约束力。除非开采利益所有人和总统就本协议另行修订,不得单方修改、修订或变更。《规则》、2001 年《所得税条例》、1948 年《矿山、油田和矿物开发政府控制法》和协议生效日有效的法律应继续适用于本协议,无论随后是否对其进行了修改或修订;协议中未具体处理的事项,或协议条款与法律之间的冲突,应适用《陆上石油勘探开发规则》、2001 年《所得税条例》、1948 年《矿山、油田和矿物开发政府控制法》和协议生效时有效的法律。协议应符合开采利益所有人的继承人和受让人的利益,并对其具有约束力。

# 第三节 联合作业协议

《联合作业协议》是为了进一步界定《陆上石油特许权协议》下开采利益所有人的权利义务,规范石油勘探、开发和生产中的作业行为,与《陆上石油特许权协议》同时生效。

除特许权协议中的规定外,各开采利益所有人应承担其开采利益范围内的各项支出。各开采利益所有人的表决权与表决时享有的开采利益比例一致。

## 一、管理和作业

设立作业委员会对联合作业协议下的所有联合作业提供综合管理、监督、指导和控制。各开采利益所有人指定一名代表和一名替代人员组成作业委员会,替代人员在代表缺席时行使职责。作业委员会主席由石油特许权总局指定。各开采利益所有人授予其代表和替代人员充分权力,并受其代表行为约束。各开采利益所有人应将其指定代表和替代人员姓名、地址书面通知其他开采利益所有人。各开采利益所有人可通过书面形式通知其他开采利益所有人,随时更换其代表或替代人员,替代人员具有与被替代人相同的权力和职责。每位代表可指定其认为合适的顾问参加作业委员会会议。

作业委员会每季度应开会讨论重要事项,除非作业委员会因工作计划和预算审查而取消会议。作业委员会应在作业人或非作业人要求的其他时间举行会议,在拟定的会议日期前至少 15 日发出会议通知,说明会议时间、地点和考虑的议程以及切实可行的信息和建议。当作业委员会审议与商业或批准开发计划有关的事项时,应至少提前 28 日发出会议通知。

除非已事先发出会议通知或开采利益所有人的所有代表一致同意,否则作业委员会会议上不得作出任何决定。作业人代表应在作业委员会会议上作会议记录,并在 15 日内尽快制作会议记录副本提供给所有开采利益所有人代表。开采利益所有人对会议记录有任何更正或异议的,应通知作业人和其他开采利益所有人。如果开采利益所有人在收到上述会议记录后 30 日内未发出更正或反对的通知,则会议记录视为已获批准。若作业委员会不同意会议记录,应在下次会议上进行讨论。作业员会作出的决定,对所有开采利益所有人都具有约束力。

作业委员会关于联合作业的所有决定应由占开采利益 70% 以上表决权通过。每位代表享有的投票权与特许权协议规定的委托人享有的开采利益相当。除非开采利益所有人一致同意更改会议地点,所有会议均应在巴基斯坦举行。开采利益所有人代表出席会议的费用,由各开采利益所有人承担,不计入共同账户。

任何需要作业委员会批准的事项,应经审议和表决,以书面形式通知所有代表和作业人。代表应在收到书面通知后 15 日内,将其投票通知作业人。未向作业人发出投票通知的开采利益所有人视为对所提交的事项投了赞成票。作业委员会批准的提案视为获得所有开采利益所有人通过。作业人应在收到所有开采利益所有人投票后,立即以书面形式报告投票结果,并保存书面记录。

除非参会人数达到法定人数,否则不得在任何会议上处理任何事务。法定人数应包括作业人和一名非作业人,并对表决事项持有 70% 以上的总开采利益。未出席会议代表可通过书面形式对会议事项进行表决,但该会议事项应在提交会议表决之前送达作业人。

如果作业人需要在 15 日内采取开采利益所有人授权的行动,作业人应通过电传或电话通知每个开采利益所有人,并立即以书面形式确认采取行动的有关情况,说明必须作出决定的时间,该时间应不少于 48 小时。授权代表在规定时间内的投票视为作业委员会的行为。开采利益所有人未能在该时间段内投票的,视为投票赞成。

作业委员会必要时可设立咨询分委员会,例如与商业和发展计划有关的技术、财务分委员会或特别分委员会,以便在作业委员会审议之前进行审查。所有分委员会应由各开采利益所有人的一名代表组成,但技术委员会的主席应由石油特许权总局任命。分委员会的职责和职能由作业委员会决定。

除联合作业协议另有规定外,与协议相关的所有重要事项(包括但不限于以下事项)应提交作业委员会审查、修订和决定(酌定),作业委员会作出的所有决定对开采利益所有人均具有约束力,并由作业人及时执行:(1)预算和工作方案及方案的修订、修正;(2)定位、钻探、测试、加深、封堵、完井、返工和废弃油井方案;(3)选择专业顾问、技术服务、联合作业投标合同的授予;(4)石油储量估算;(5)根据当时良好国际油田惯例作出的可用石油预测,该预测应在每个季度开始前 90 日内作出;(6)许可证的延期或续期,或申请授予、延期、续期租约;(7)放弃作业区域或租约;(8)经总统批准的许可证或租约的土地面积;(9)通知总统向第三方或与第三方交换机密信息;(10)在发布新闻稿和宣传材料时,由作业人代表开采利益所有人发布,但是应事先经过总统批准;(11)提交作业委员会决定的其他特别事项,或联合作业协议未处理的其他有关事项;(12)宣布商业发现;(13)开发计划的垂直和水平范围;(14)在作业区域外选择可以提出联合申请的区域。

作业委员会应确定履行开采义务的地点和时间。

## 二、作业人的权利义务

作业人全权负责直接管理和监督所有联合作业,并单独保管、控制所管理的所有联合财产,按照经批准的工作计划和预算、特许权协议及《陆上石油规则》条款和条件履行职责,遵守作业委员会发出的指示。

作业人为执行联合作业及相关事务,拥有以下专有权利、职责和义务:(1)根据特许权协议和联合作业协议,授权管理人、雇员、代理人、独立合格的承包人、顾问或服务公司从事联合作业。作业人有责任尽一切合理努力,按照最有利于开采利益所有人的条件、特许权协议及《陆上石油规则》,获得共同账户所需的材料和设备。(2)开采利益所有人和总统代表发出合理通知,在不干扰联合作业情况下,有权在合理时间查看正在进行的所有联合作业,检查联合作业记录和账目,检查所有数据和解释,包括但不限于与联合作业有关的岩心、样本、日志和测量报告。作业人应及时向各方提供所有日志、地球物理数据及所有其他地质、地球物理、钻探财务信息的复印副本,包括但不限于油井测试和岩心分析报告。根据《陆上石油规则》和特许权协议,数据、信息和解释均为开采利益所有人的专有财产和保密信息。非作业人可按照约定的培训条件随时指定职员参与联合作业培训。(3)向作业委员会提交工作方案和预算,并按照其认为有利的方式提出并执行联合作业建议。(4)签订、执行联合作业所需的合同,包括服务、材料和设备。对于任何支出超过 15 万美元的合同,作业人应通过适当的公开投标程序进行。除非作业委员会另有决定,否则各方及其附属公司可就该合同提交投标书。支出超过 15 万美元但低于 50 万美元的合同,作业人应将该合同授予最合适和最有竞争力的投标人,并在下次会议上将中标情况报告给作业委员会。支出超过 50 万美元的合同,作业人应将中标建议经过作业委员会会议批准,或者将评标摘要和其他相关文件连同投标通知开采利益所有人。中标建议提出后 10 日内视为通过,除非开采利益所有人通知其不支持该中标建议,且不同意的比例占Ⅲ区开采利益的 25%、Ⅱ区占 20%、Ⅰ区和Ⅰ(F)区占 15%。(5)代表开采利益所有人获得联合作业需要或相关的地面权利。(6)及时支付和履行与联合作业相关的支出,保存、维护、记录联合作业过程中获得的所有数据和信息,按照作业委员会规定的方式和频度提供报表及信息。(7)根据作业委员会制定的政策标准,确定有效开展联合作业所需要的雇员人数、劳动时间、服务报酬和其他工作条件;但是,作业人应按照特许权协议和《陆上石油规则》,优先雇佣巴基斯坦公民。

经开采利益所有人同意,作为代表就联合作业协议下的所有事项与政府或其他当局进行交流。作业人是开采利益所有人的发言人时,可代表开采利益所有人与总统和其他当局就重大影响事项举行会议。作业人应代表所有开采利益所有人准备、保存和处理政府法律法规可能要求的所有报告、申请和申报表。工作权益所有人在通知作业人和其他开采利益所有人后,也可以自行向主管机构陈述。

作业人应按照良好国际油田惯例适当、熟练地进行联合作业,勤勉尽责,审慎合理,按照特许权协议、租约及其他法律、规则和命令的要求,有效地管理维护作业区域。作业人不负责联合作业造成的任何损失或损害,除非该损失或损害是由于作业人故意不当行为造成的。作业人在任何情况下均不承担间接损失或损害,包括但不限于无法生产石油、生产损失或利润损失。"故意不当行为"是指肆意和鲁莽的行为,即故意和完全无视本来可以避免的、可预见的有害后果。

各开采利益所有人同意在其开采利益份额范围内赔偿因特许权协议和联合作业产生的索赔和责任,包括必要成本和费用。作业人应与开采利益所有人协商并告知其考虑承担的事项。

如果作业人或任何开采利益所有人因联合作业被起诉,应立即书面通知所有其他开采利益所有人。任何此类诉讼的抗辩应由作业人律师进行,费用由联合账户支出。其他开采利益所有人有权自行承担律师费用参与该诉讼。作业人事先经作业委员会批准后可协商处理诉讼。

联合作业引起的任何损害索赔应由作业人及其律师处理,费用由联合账户支出。若索赔金额低于5万美元,作业人可根据其最佳判断协商解决。索赔金额超过5万美元的,作业人得到作业委员会的批准后方可协商解决。

如果发生爆炸、火灾、洪水或其他紧急情况,作业人应采取其认为有利的行动来保护和保障生命财产,立即向开采利益所有人和总统报告紧急情况、所采取的行动、遭受的损害和费用。

作业人在向开采利益所有人和政府发出书面通知90日后,可随时辞去作业人的职务。如果作业人发生清偿不能、破产、转让、解散、出售的情况,或将其全部开采权益转让给第三方,或未履行其职责和义务且在作业委员会书面通知后30日内不纠正违约,应自动终止作业人身份。作业委员会投票解除作业人职务时,若开采利益所有人或其子公司是作业人,不能参加投票。作业人应任职到指定后续作业人到任时为止,但不超过原离职通知后180日。

在作业人辞职或离职后,作业委员会应选择一位其他开采利益所有人担任作业人。如果开采利益所有人均不愿意接受任命,应通过书面合同选择合适的实体作为后续作业人,并经作业委员会批准。没有开采利益所有人同意,不得当选为作业人。后续作业人应根据特许权协议和联合作业协议承继作业人的权力和职责。

在作业人发出辞职或离职通知后,开采利益所有人应立即安排清点作业人为联合账户获得的设备、材料和用品。在作业人辞职或离职生效之日,该离任作业人应向后续作业人交付其保管的所有设备、材料、用品和其他资产,并说明无法交付的资产。离任作业人还应向后续作业人交付所有数据,包括但不限于联合账户的岩心样本、日志、记录、数据文件和所持有的联合账户余额。在后续作业人负责联合账户之前,安排对联合账户进行离任审计。

## 三、工作计划和预算

作业人进行的所有联合作业及与联合账户相关的所有支出,只能根据批准的工作计划和预算及补充预算执行。

作业人应向作业委员会提交一份详细工作计划和预算,应政府控股私人有限公司和省控股公司要求每年应向其提交一份7月1日至次年6月30日期间的工作计划和预算。初始预算应在协议的作业活动开始后尽快提交,之后的预算应不迟于每年开始前75天提交,同时向政府控股私人有限公司和省控股公司提交该年7月1日至次年6月30日期间的额外预算。如果当时没有足够细节使作业委员会能够核准预算项目,作业委员会原则上可批准此类项目,但作业人须稍后提交所需的资料供核准。作业委员会应在每年前30日内同意工作计划和预算。作业人经授权进行联合作业,并将作业工作和支出列入作业委员会批准的工作计划和预算。工作计划和预算获得批准后,根据预算管理局的预算支出作为会计程序中规定的现金调用基础。

作业人应承担经批准年度工作计划中规定的所有联合作业,并代表联合账户支付该作业产生的所有支出。但作业人开展以下工作应在获得开采利益所有人和预算管理局的书面批准后进行:(1)地震调查;(2)与油井有关的作业,包括但不限于钻探、加深、封堵、返工、测试和竣工;(3)井以外的任何20万美元以上的单项固定资产;(5)超过15万美元的单一维护项目。

作业人不得进行任何未纳入经批准工作计划的联合作业,或超过已批准预算的支出,但下列情况除外:(1)作业人因执行批准的工作计划,支出不超过预算的10%,但应向开采利益所有人报告超额支出的细节和理由;(2)紧急情况下,作业人可能会产生其认为有利的旨在保护联合作业、生命或财产的临时支出,作业人应立即将该支出报告交给开采利益所有人。

若有开采利益所有人未能根据会计程序全额支付应付现金,作业人应尽快用电传将该违约通知所有其他开采利益所有人。作业人应通过融资或自行借款提供必要的资金,融资的合理成本应向非违约开采利益所有人收取。由作业人承担按日计算的利息,利率比伦敦银行间同业拆借利率(LIBOP)高3%。作业人发出违约通知后3日内,应通知各非违约方补足违约金额,并在发出通知后第6日再次催缴现金。若违约持续到作业人发出通知后6日以上,非违约开采利益所有人应支付已到期的应付金额,直至违约开采利益所有人弥补其全部违约金额。

违约开采利益所有人应向作业人支付全部金额以弥补违约。如果非违约开采利益所有人支付了款项,违约开采利益所有人应按日支付从付款到期日至实际付款日的利息,利率按伦敦银行间同业拆借利率加3%。如果违约行为持续到作业人发出违约通知后6天以上,违约开采利益所有人无权获得与其开采利益相对应的石油权益,该石油权益由非违约开采利益所有人按其所占开采利益的比例所有。在违约持续期间,违约开采利益所有人无权派代表出席作业委员会会议和任何分委员会,亦无表决权,且不得进一步访问任何与联合作业有关的数据和信息。非违约开采利益所有人按其所占开采利益的比例行使投票权。违约开采利益所有人在违约期间受作业委员会的决定约束。若违约持续时间超过60日,各非违约开采利益所有人有权在之后30日通知其他开采利益所有人后没收、取得违约方在许可证、租约、特许权协议及联合作业协议中的开采利益。若两个或两个以上非违约开采利益所有人行使该权利,则按照其在总体开采利益中比例取得。如果没有非违约开采利益所有人行使该权利,视为开采利益所有人决定放弃联合作业,各开采利益所有人包括违约方应支付放弃联合作业中的成本,包括但不限于支付违约赔偿金。

没收和取得违约开采利益所有人在许可证、租约、特许权协议及联合作业协议下的开采利益时,应经过政府按照《陆上石油规则》进行的必要的批准,不损害非违约开采利益所有人的其他权利。除按照许可证和租约应支付的租金和特许权费外,不向非违约开采利益所有人收取任何费用和负担。没收和取得开采利益从违约之日生效。违约开采利益所有人应及时参与政府根据《陆上石油规则》进行的审批,交付相关文件。

## 四、成本和费用

各开采利益所有人应按其开采利益的比例分别负责并承担联合账户下作业人的费用,并享有权利。

联合账户的所有费用和开采利益所有人之间所有事项均受会计程序约束。若联合作业协议的条款与会计程序有差异或冲突,优先适用联合作业协议的条款。

## 五、石油处置

在不损害总统取得现金或实物形式特许权费及作业人为联合作业用油前提下,各开采利益所有人按开采利益份额拥有实物,并有权在支付特许权费后单独处置。

各开采利益所有人均有义务按照商业生产开始前达成的协议按时按量吊装并单独处置其享有权益的石油,该项权利不应受到损害。如果开采利益所有人发现自己无法根据吊装程序吊装,应立即通知其他开采利益所有人,并应按照吊装程序处理。开采利益所有人承认,如果属于生产天然气和液化石油气,其可以就处置天然气和液化石油气进行特别安排,并同意应任何一方要求,各自代表在必要时开会安排。

## 六、单独风险井

任何开采利益所有人均有权在遵守约定情况下在开采区域内另行钻探油井,但经作业委员会批准列入当前年度工作计划和预算的井除外。提议钻探单独风险井的开采利益所有人应向其他人发出通知,说明井的位置、将开展的钻井作业和目标地层。井位置应符合作业委员会先前批准的开发钻井的间距模式。

除协议另有规定外,作业人应在收到单独风险井通知后 30 日内,将估算的单独风险井的详细成本及开工日期通知各开采利益所有人。作业人的估算应包括定位、钻井、测试、完井和装备(包括必要的流动管线和储罐)及放弃井所需的所有操作和设备总成本。在收到通知后 45 日内,各开采利益所有人应选择是否参与拟议的单独风险井的钻探并书面通知其他开采利益所有人。未能在该时间内发出通知的,应视为该开采利益所有人选择不参与该拟建油井的钻探。选择参与视为同意钻探该油井。

如果并非所有开采利益所有人都选择参与单独风险井,则选择参与的开采利益所有人(钻井方)的开采利益按其占所有钻井方开采利益总额的比例计算,或经钻井方同意的其他比例。

联合作业协议是可分割的,与单独风险井的钻井和作业合同独立适用。当钻井方已完全收回价值时,联合作业协议与单独风险油井不再分别适用。

未选择参与独立风险井钻探的开采利益所有人称为"非钻井方"。钻井方可以要求当前作业人钻探单独风险井,也可以自行作业单独风险井,新的作业人有义务执行单独风险井钻探所需的全部作业活动。作业人为非钻井方时,可在收到单独风险井通知后 60 日内通知现有作业人该井的所有作业情况,现有作业人应免除对该井的作业义务。这种情况下,钻井方应作为新作业人进行作业。

如果钻井方选择不让作业人钻探单独风险井,则钻井方必须在发出通知后 6 个月内开始钻探单独风险井。如果钻井方未在规定期限内开始钻探单独风险井,需要发出新通知并遵守约定,否则在 60 日后钻井方无权钻探单独风险井。

作业人应按照开采利益所有人批准的通知进行再钻、侧移、加深、返工、测试和封堵作业,费用为投票赞成该通知的钻井方承担。如果建议的单独风险钻井作业包括再钻、侧移、加深、返工、测试或封井,钻井方应按照协议的钻井设备的残值向非钻井方支付所有者权益。钻井方拥有该作业产生的所有产量,直到钻井方的作业价值得到完全回收。参与最后一次油井作业的开采利益所有人应承担弃井费用。

如果钻井方钻探单独风险井并完井,钻井方拥有该井的所有产量并承担该井的所有成本,直至钻井方实现下列资金补偿:(1)1800%的非钻井方的开采成本,通过钻井设备生产试验和采油树生产设备的成本应从该井第一次销售收益得到补偿;(2)400%的非钻井方与单独风险井采油树下游石油生产有关的成本和将生产的石油运至交货点的成本,包括但不限于处理该单独风险井生产所需的流动管线和储罐;(3)按照上述规定补偿钻井方成本和费用的200%;此后,该井应归各方所有,各方应根据其开采利益参与。

如果开采利益所有人最初选择参与单独风险井,但随后未能按照会计程序规定及时支付款项,则组成钻井方的其他开采利益所有人有权选择将该开采利益所有人作为非钻井方。

由钻井方组成的开采利益所有人应按照其在单独风险井中开采利益的比例,赔偿非钻井方因单独风险井钻井产生的所有损失、损害和索赔。

钻井方有权将其与非钻井方共同拥有的任何数据和信息用于单独风险井。有关单独风险井的数据和信息应提供给非钻井方,但该数据和信息仍属于钻井方的财产。除非经开采利益所有人批准,其拥有、使用的用于其他联合作业的钻井设备不得用于钻探单独风险井。除非另有约定,在重新钻孔、侧轨加深、完井、封堵、测试或返工时,如果设备位于钻孔位置则应使用该设备进行所需作业。

如果作业人或开采利益所有人根据其合理判断认为拟议的单独风险井作业存在明显损害当前或将来油井或弃井的重大风险,应通知其他开采利益所有人,说明其作出判断的理由。除非经所有开采利益所有人批准,否则不得进行拟议的单独风险作业。

根据特许权协议批准开发计划后,任何开采利益所有人可要求审查单独风险井条款。若审查后所有开采利益所有人均认为需要修改,则应进行修改并提交给特许权总局。

# 七、保险

作业人应为了开采利益所有人的利益,代表开采利益所有人以合理、有竞争力的条件取得有知名度的保险公司保险。开采利益所有人可自行投保其他保险,但须书面通知作业人。全部开采利益所有人参与的保险费用应计入联合账户,非全部开采利益所有人参与的保险费用应按各自开采权益的比例计算。

作业人、开采利益所有人应主张保险有关的所有索赔,采取一切必要和适当的步骤实现保险利益。作业人应尽一切合理努力要求联合作业协议下的承包商和分包商取得法律法规要求的所有保险及作业人认可的其他保险。保单上应背书受益人放弃对所有开采利益所有人的明确或默示代位求偿权。若情况可行,作业人应当把其他开采利益所有人、承包商、分包商作为额外的被保险人。

各开采利益所有人可以为自己的账户另行投保,但是费用应自理。自行投保不得以任何方式干扰作业人为联合账户所进行的投保。作业人应尽最大努力与其他开采利益所有人合作,促使保险公司有序地解决索赔。与联合作业有关的一切损害、损失和责任,如不能从购买的联合账户保险中收回,应计入联合账户。

## 八、信息保密

开采利益所有人就联合作业获得的所有信息,包括但不限于地震井数据、联合作业信息及开采利益所有人提供的数据和信息,均为机密,不得向任何其他非开采利益所有人披露,除非:(1)开采利益所有人的关联公司承诺严格保密;(2)总统或有管辖权的证券交易所根据法律法规要求提供;(3)该数据或信息对承包商履行工作至关重要,但承包商应对该信息严格保密;(4)向开采利益所有人的善意潜在受让人披露,但是该潜在受让人应事先签署严格保密信息的保密协议;(5)因银行或贷款机构提供资金要求披露,但银行或贷款机构已事先签署严格保密信息的保密协议。

开采利益所有人不再具有所有人身份时,仍应当承担持续保密义务。

作业人负责准备和发布有关联合作业协议和联合作业的所有公告、声明。除非所有开采利益所有人已获取副本,并经作业委员会和总统批准,否则作业人不得发布公告、声明。如果开采利益所有人希望就联合作业协议或联合作业发布公告、声明,则须向所有其他开采利益所有人事先提供副本并获得作业委员会和总统批准。开采利益所有人及其子公司尽管未能获得作业委员会和总统批准,但是为了遵守股票交易法律法规可以发布公告和声明。

## 九、利益转移

除根据特许权协议约定外,开采利益所有人不得转让、输送、抵押或以其他方式处理其开采利益的全部或一部分。

转让人和受让人之间转让开采利益应经总统批准,受让人成为联合作业协议当事人后应在批准后首月第一天将批准文件复印件提供给作业人,否则该转让对作业人无约束力。任何权益被转让时,转让人应将未支付的相应义务和利益转让给受让方。转让不解除转让前应承担的责任和义务。

开采利益所有人应将出于联合作业协议目的的融资情况通知其他开采利益所有人,包括向金融机构、银行或其他出借人的转让、转移、抵押、质押、担保等,并及时支付所借本金和利息,全面、忠实地履行从该金融机构获得融资的所有义务。

开采利益所有人可将其特许权协议和联合作业协议下的全部或部分权利、责任、义务转让给关联公司或非关联公司。如果开采利益所有人希望放弃特许权协议下的开采利益,应在向其他开采利益所有人发出通知后两个月内确定希望放弃的具体日期。其他开采利益所有人在收到通知后 30 日内可以选择加入放弃。放弃的开采利益由不选择放弃的开采利益所有人按照各自开采利益的比例享有和承担。放弃方应交付所有文件以完成转让。如果所有开采利益所有人都选择放弃,应交付所有文件并采取行动完成放弃。未经其他开采利益所有人同意,转让不免除放弃方在转让日之前产生的责任和义务,也不免除经批准的工作计划和预算。

## 十、开采利益所有人之间的关系

开采利益所有人在联合作业协议下的权利、义务和责任是独立的,不具有共同或集体性质,各开采利益所有人只对联合账户中各自开采利益份额对应的成本和责任负责。

开采利益所有人对共同财产是共有人之间的关系。联合作业协议不创建法人或实体,其目的不是创建任何公司、合伙或协会。因各开采利益所有人只对协议中的义务负责,联合作业协议下的作业不视为创建任何实体。

## 十一、税收

作业人应遵守特许权协议,支付开采利益所有人因石油生产和储存产生的关税、其他评估税和政府费用,并计入共同账户。

经作业委员会发出指示,作业人应对联合账户发生费用的有效性及付款提出抗辩。该抗辩不阻碍非作业人单独安排自己的律师进行抗辩,非作业人的抗辩不影响作业人抗辩。

联合作业协议受特许权协议约束,联合作业应根据联合作业协议、有效的法律法规、规章及命令进行。如果联合作业协议与特许权协议不一致或有违反,则联合作业协议在经过相应修订后仍然有效。除非根据特许权协议和联合作业协议,否则任何开采利益所有人不得采取任何分割作业或联合作业。

## 十二、期限

在联合作业协议终止之前,应对联合账户进行最终审计和结算。

直至出现下列情况,联合作业协议一直有效:(1)所有开采利益所有人书面同意终止;(2)所有开采利益归属同一个开采利益所有人;(3)特许权协议终止。

# 第四节　海上石油勘探与生产规则

《海上石油勘探与生产规则》(简称《海上石油规则》)分一般规定、勘查执照、勘探许可证、开发与生产租约、账户记录检查报告、作业标准、其他规定共 7 章 87 条,另有两个附表和一个附图。附表一是勘查执照、勘探许可证、开发和生产租约申请书样表,附表二是勘查执照、勘探许可证、开发和生产租约标准格式文本。附图是海上许可区域地图。

## 一、一般规定和概念界定

首先,《海上石油规则》中,商业发现是承包商在考虑所有相关作业和财务数据后,认为所投资的石油作业资金能产生合理利润,且经管理局同意后作出宣布。考虑因素包括可采储量、可持续的生产水平、预计的开发和生产支出、适用的价格和根据良好国际石油行业惯例的其他技术及经济方面的因素,这些因素可以证明其开发和商业生产的经济性。这一定义与《陆上石油规则》存在较大差异,更加强调资金回报和财务信息,没有直接提及评估井和石油勘探中的物理性质方面如石油质量、数量、重力、位置和深度等,提出和宣布商业发现的主体从陆上石油权利持有人变为承包商。承包商是石油勘探生产公司或签订勘查协议、执行勘查功能并承担承包商权利义务的公司。

其次,良好国际石油行业惯例的界定范围有所不同。一般指合理、谨慎、勤勉地利用政策、程序、方法、设备、材料以实现有效勘探、评价和开发石油,包括从发现区实现最优的石油回收,将对发现区造成的环境影响降至最低,使用高效方法将生产的石油转化为可销售形式并在市场上交付,特别要考虑到安全和其他因素及手段,熟悉和遵守下列专业机构制定的标准:(1)美国天然气协会;(2)美国石油协会;(3)美国机械工程师协会;(4)美国测试和材料协会;(5)英国标准协会;(6)国际标准化组织。这一界定与《陆上石油规则》有三点不同。第一，没有像《陆上石油规则》那样强调相关标准需要是"最新"标准。第二，这些标准的制定机构由《陆上石油规则》"包括但不限于"七个组织转向列明的六家机构，取消了管理局认为可接受的其他组织制定的标准——尽管列明的六家机构在两类规则中是相同的。第三，《陆上石油规则》所列明的七家组织中的前六家是具体机构，最后一个实际上是不确定的，由管理局按照实际情况在相关组织中自行认定。可见，《海上石油规则》实际上适用的标准更明确，没有赋予管理局选择权。

再次，《海上石油规则》弱化使用《陆上石油规则》中石油权利的概念，转向以协议作为石油利益载体。《陆上石油规则》设定了三类石油权利，分别是勘查执照、勘探许可证、开发和生产租约。三类证照的申请要求不同，代表的石油权利各异。申请方式上，申请人应以附件规定的书面格式文本提出申请，表明申请公司的性质，主要营业地，授权、认缴或实缴资本，公司董事姓名和国籍，主要股东姓名和持股情况。申请人应根据良好国际石油行业惯例，提供有关其财务和技术资格以及其根据预查协议或其他协议执行活动能力的证据。申请人还需对管理局要求的事项提供进一步证据，若在管理局提出要求后3个月内未能提供证据的，该申请无效，除非管理局另行作出决定。申请人应承诺放弃任何影响巴基斯坦主权、安全的政治活动，及任何可能等同于干涉其内政的政治活动，特别是避免所有间谍活动。

最后，《海上石油规则》规定了与海上石油作业属性相关的一些概念。比如，近海区域指1976年《领海和海域法》中规定的领海、历史性水域、毗连区、大陆架和专属经济区内的所有区域。"认证机构"系指石油特许权总局批准的认证机构，包括但不限于美国航运局、法国国际检验局、挪威船级社和劳氏船级社。

## 二、勘查执照

管理局可允许政府控股私人有限公司根据勘查协议通过承包商进行初查，包括地球物理、地质、地质化学和地质技术调查，以及为获得地质信息进行钻孔。在符合执照条款规定时，管理局可在任何时候就勘查协议所涵盖地区的任何部分向其他人发出许可证或租约。

承包商应提供所有地图、平面图、图表、磁带和相关数据，并在调查完成后6个月内提交一份完整的调查报告。承包商须遵守管理局关于勘查过程中产生或收集的地图、平面图、绘图和其他数据的所有指示。除非管理局另有规定，否则执照和勘查协议不得扩展到许可证或租约已涵盖地区。承包商应尽职尽责地执行勘查协议中规定的工作,应向政府按照每平方千米每年 1000 卢比的费率支付租金。

勘查执照的初始期限为一年。勘查协议应明确承包商在执照有效期内应执行的工作计划。管理局可以酌情决定将执照续期一年。承包商应在执照期满前至少 30 日内,或在管理局允许的较短期限内,代表政府控股私人有限公司以书面形式提出续期申请。若承包商遵守了工作计划和勘查协议的所有义务并与管理局就续期期间的最低工作计划达成一致,管理局在收到续期申请后应同意续期申请。

根据执照签订的勘查协议并不意味着承包商有权要求在预查协议所涵盖的全部或部分区域上执行该协议。在勘查协议期满时,承包商可向管理局申请根据本规则订立协议,但无权要求放宽本规则的要求。应承包商要求,管理局可允许对所进行的工作或发生的支出进行调整。

## 三、石油勘探许可证

管理局可向政府控股私人有限公司授予独家石油许可证,使其能够通过承包商按照规定的条件和协议进行勘探。许可区域面积应不超过 2500 平方千米,在轮廓上应尽量连续,以直线为界。许可证应允许政府控股私人有限公司在许可区域内通过承包商开展与勘查、勘探相关的所有活动,包括石油钻探。承包商无权书面请求管理局所允许的除试验或早期生产之外的其他提取石油活动。任何情况下,试验或早期生产不得给政府造成收入损失。承包商应履行协议中规定的工作计划。

《海上石油规则》第 26 条规定了许可证的期限和区域放弃。许可证的初始期限不超过 5 年,包括两个阶段,前三年为第一阶段,后两年为第二阶段。第一阶段的最低工作方案应通过竞争性投标来确定。第二阶段的最低方案应根据协议确定。如果承包商已遵守承诺的工作计划,并履行许可证初始期限的所有其他义务,管理局可给予最多两次续期。每次续期最长为一年。承包商为获得续期,应提供适当的工作计划并考虑许可证区域的地质条件。要求续期的承包商,须在许可证期限届满前至少 3 个月,或在管理局允许的较短期限内,代表政府控股私人有限公司提出续期申请。授予政府控股私人有限公司续期后,协议期限延长相应期限。管理局可以基于钻井进度延长许可证的初始期限及续展期限。延长期间视为首次期限及续展期限的一部分。经承包商申请,管理局经考虑钻井进展情况,可以将许可证再延长 3 个月供钻井研究。

承包商应在许可期限内代表政府控股私人有限公司遵守放弃部分区域的

时间表:(1)在第一阶段结束时放弃原许可区域的 30%;在第二阶段结束时,放弃剩余许可区域的 20%;在第二次续期开始时或之前,再放弃剩余许可区域的 10%。(2)经承包商书面提出并经政府控股私人有限公司同意,管理局可基于以下理由延长许可证期限:①如果地震和钻井服务无法及时履行最低工作义务,则在管理局考虑接受或拒绝延长勘探许可证的请求之前,承包商应提供证明。承包商在用尽所有其他方案后才能提出延期申请,包括但不限于集中资源与其他石油权利持有人进行协调活动。②如果承包商承诺承担相当于同一阶段或续期的最低工作义务 20% 的额外工作。③如果承包商额外放弃的面积相当于原许可证面积的 20%。④发生承包商因其不能控制的情况,如法治形势、水灾、地震等不可预见的原因无法进行工作。任何情况下,延期和续期均累计不得超过 24 个月。若地质结构延伸至毗邻区域,应承包商书面请求,管理局可根据个案具体情况修改许可证所涵盖区域的坐标。

《海上石油规则》第 27 条规定了延长井测试、评估和续期规则。(1)发现石油的承包商可进行额外工作,以便在提交评估方案并经管理局批准后对发现结果进行评估。(2)如果承包商已遵守工作计划和其他义务,政府控股私人有限公司有权将许可证续期不超过一年,以便承包商对发现进行评估。续期应仅适用于估计的发现区域。考虑到储量的不确定性、建议的投资支出和管理局在承包商提出书面请求后根据个案情况批准的其他相关因素,评估续期的期限可进一步延长。(3)除特殊情况外,管理局不得允许评估期间的气体燃放超过 30日。(4)只要承包商遵守租约要求的特许权费、税收、租金、海洋研究费、培训和社会福利义务,经管理局批准,承包商可在评估阶段和租约授予前进行延长井测试。(5)申请延长井测试应向管理局提出申请,并提供详细技术证明、建议工期及天然气处置计划。(6)延长井测试的期限应考虑储量的不确定性和建议的投资支出。(7)在延长井测试期间,应允许承包商根据延长井测试的定价条款生产石油,但延长井测试期间的生产应用于支付产量奖和租约中的其他义务。在延长井测试期间不免除特许权费。但是,第一次产量奖应在授予租约后开始商业生产时支付。(8)进行延长井测试所需的设施应按照良好国际油田惯例进行建造和操作。

在宣布商业性发现后授予租约前,管理局可批准进行早期商业生产,条件是早期商业生产期间应支付产量奖、特许权费和租约,且不适用延长井测试的折扣。希望进行早期商业生产的承包商应向管理局提交申请,包括早期商业生产期间的石油处置计划。早期商业生产所需的设施,应按照良好国际油田惯例进行建设和运行。

如果有重大天然气发现,保留期可以达到 5 年,前提是要安装足够的天然气管道运输设施,且天然气销售市场已得到充分发展。但在发现石油时,不得有此类保留期。若有正当理由,管理局可以再次给予不超过 5 年的保留期。保留期不适用于石油发现。只有当石油和天然气生产或石油、天然气、凝析油液体生产在缺少气体销售达不到经济性时,气体发现才可能获得保留期。

在完成包括延长井测试在内的评估工作后,承包商经政府控股私人有限公司同意,可以向管理局提交商业发现的通知。提交商业发现的通知并不授予承包商对天然气、凝析油或石油定价的任何权利或特权,不得解释为接受商业发现具有经济和财务可行性的假设。承包商在提交通知后,有权申请授予发现区域的租约和开发计划。租约优先于许可证,但许可证在该租约区域以外继续有效。许可证终止后,承包商须放弃租约区域以外的许可区域。如果承包商在许可证期满前代表政府控股私人有限公司申请授予租约,且该申请已在管理局登记,则许可证期限须延长到租约获批或被拒绝为止。

许可证放弃、终止、撤销及期限届满时,若承包商未完成义务时,应履行以下义务:(1)在许可证放弃、终止、撤销及期限届满 30 日内,向政府控股私人有限公司支付违约金。政府控股私人有限公司应在收到违约金后两周内将违约金存入联邦政府财政部。(2)通过政府控股私人有限公司请求管理局允许将承诺但未完成的工作义务转移到另一海上区域,但承包商应向管理局证明许可证区域无钻探前景。工作义务的转移应遵守管理局规定的期限和条件。若承包商未支付应付违约金,或请求转移未完成的工作义务未得到批准,管理局可以撤销发放给政府控股私人有限公司的租约。如果承包商违约、违反本规则或违反其义务,但采取了管理局满意的补救措施,视为承包商减轻了违约。

《海上石油规则》第 33 条规定了租金的支付规则:第一,承包商应代表政府控股私人有限公司向政府缴纳租金,标准按每年每平方千米 57000 美元另加 11.5 美元。第二,租金应于每年 1 月 1 日参照美国劳工部劳工统计局公布的美国消费者价格指数进行调整,以确保租金的实际价值。为及时确定租金,承包商应在每年一月的第一周联系管理局。第三,租金应当提前预付。此外,在授予许可证的第一年,租金应计算到当年的 12 月 31 日。此后的年度租金应在每年 1 月 31 日前支付。

# 四、石油开发与生产租约

## (一)租约申请

承包商经政府持股私人有限公司同意后,提交开发和生产租约申请以及现场开发计划。管理局须审查该申请,并在承包商遵守许可证条款和条件及工作计划情况下或承包商在工作计划方面取得令人满意的进展情况下,批准申请人的租约申请,租约自发出商业生产公告之日起生效。如果承包商未使用早期商业生产,租约的生效日期应为申请租约和提交现场开发计划的日期。管理局可将同一许可证下一个以上发现区域只授予一个租约,条件是这些发现区域呈垂直并列分布。此种情况下,租约须授予给面积较大的发现区域。如果发现区域的任何部分超出租约范围进入开放区域,管理局可在确信发现区域延伸到该开放区域并符合必要条件后,重新调整租约的现有边界以纳入发现区域向开放区域的延伸部分。

承包商根据本规则及协议的条款与条件,享有在租约区域内进行商业发现的开发生产作业的专属权利,包括运输石油的权利。在管理局授予租约之前,应管理局要求,承包商应自行承担勘查费用对租约区域内的海陆进行水深地形和现场测量,制作石油作业通常需要的比例尺,并经国家海洋研究所批准后并向管理局提交报告。授予租约的每个发现区域应尽可能边界明确,以直线划定。

(二)租约期限

管理局在承包商提交相关技术和其他资料后,可以授予最长期限为 25 年的租约。如果最初授予的租期少于 25 年且商业生产继续进行,租期可以按相同的条款和条件延长到 25 年。承包商可以经政府控股私人有限公司同意代表其向管理局提出延长租约生产期的申请,续期最多 5 年,且需要提交经修订的现场开发计划供管理局批准。承包商为获得续期,应在生产期届满前至少三年提交续期申请,且承包商提交申请时租约区域的生产一直正常。

租约期限届满后,管理局可以根据情况决定续展租约或重新授予 5 年期租约,条件是承包商同意在租约期限届满前一年同意向联邦政府支付所生产石油井头价的 15％。若未能达成此协议,管理局可以邀请通过预审的公司进行租约投标。投标应依照政府发布的准则对签约费作出评估,签约费用于合同区域纬度线最近沿海地区人口的社会福利。每个投标人应在投标时提供签约费 10％的投标保证金和现场开发计划,但是管理局没有义务在续期或重新授予租约期间给予延期。

(三)开发计划及其他计划

承包商经政府控股私人有限公司同意后,应向管理局提交一份开发计划和租赁申请,其中应包含有关设施结构、设施建设、作业、安全、环境管理和服务的所有信息。管理局可要求承包商提交其认为必要的其他资料。开发计划须经管理局批准。如果承包商提供了必要信息,管理局不得无故推迟批准。开发计划获批准后,承包商须按照计划进行开发和生产,但可以进行必要的修改并经管理局批准。

在开始石油作业之前,承包商应向主管部门提交环境管理和保护计划、安全计划及修订文件,并获得批准。环境管理和保护计划都应根据法律和良好国际石油行业惯例编制,内容应包括但不限于:(1)描述承包商建立的日常作业对自然环境影响的监控和采取的降低、减轻影响的措施;(2)所有应急计划,包括但不限于对石油或危险物质的意外泄漏的反应和缓解计划;(3)废物处理程序的说明;(4)确保溢出的废物成分符合环境管理和保护计划中规定的监测程序;(5)拟用于石油作业的化学物质摘要;(6)废弃计划,包括但不限于在商业生产终止后拆除所有结构和生产场地的环境恢复计划。

如果管理局要求,环境管理和保护计划应同时交由管理局批准的第三方审查,证明环境管理和保护计划、建议的设备、评估的做法和程序以及所有其他必要文件已经过审查,且合理有效,符合良好国际石油行业惯例。第三方及管理局批准的其他主管人员应每年审查、审计环境管理和保护计划,向主管部门提供专业意见,或提出修改后由承包商采取适当措施更新并立即实施修改后的计划。

安全计划应按照法律和良好国际石油行业惯例编制,包括但不限于:(1)承包商的安全管理政策详情和实施程序描述,安全区域的划分应符合良好国际石油行业惯例;(2)所有识别危害、评估风险和减轻风险的手段方面的研究结果摘要;(3)消除危害和减少风险所进行的设备安装设计的描述;(4)设备安全作业和维护程序的描述;(5)人员培训和资格鉴定所采用的标准;(6)装置和陆上基地的指挥结构及其相互关系的说明;(7)对影响人员安全和装置完整性的意外事件的响应和应急计划;(8)物理环境监测设备的说明;(9)船舶在正常作业期间与生产装置的距离。

提交给主管部门的安全计划应附有认证机构的审核,明确拟使用的设备、确定的惯例和程序以及其他必要因素已经过认证机构审查,合理有效,符合良好国际石油行业安全操作惯例。相关证书在设备和装置使用期间应继续有效。若管理局决定,则须由证明当局每年续期。不得接受先前参与制造、安装、建造的认证机构出具的合格证明。认证机构颁发的证书,应说明设备和装置的下列事项:(1)适合使用目的,可以在相关区域安全操作,在证书设定的位置和时期不会对人或环境造成威胁;(2)符合本规则施加的所有要求和条件。

## (四)石油运输

《海上石油规则》第 42 条规定了石油运输规则。(1)承包商有权通过自身全部或部分拥有的运输设施或通过第三方拥有的运输设施从租约区域起运和运输石油。(2)承包商应向有关监管机构提交一份包含所提议的运输系统组织和实施情况的申请。管道运输情况下,申请还应包括设计、施工和路线方案。(3)管理局在审批时,可规定合理和必要的条件以确保石油运输系统合理,可以要求不同承包商或租赁者共同安装运输设施,可以授予第三方以管理局批准的费率使用运输能力。

## (五)特许权费

《海上石油规则》第 43 条对特许权费做了安排。(1)承包商应按照生产和储存石油价值的 12.5% 向政府支付特许权费,包括液体和气态碳氢化合物如液化石油气、液态天然气、溶剂油、汽油以及碳氢化合物生产中的硫等所有物质,除非协议规定了不同的特许权费率。(2)特许权费须以现金形式支付,除非政府选择在现场闸门接收全部或部分实物形式的特许权费。实物缴纳情况下,承包商根据政府要求,应以与其本身享有的石油相同的方式安排运输特许权石油,运输费用由政府承担。政府选择实物特许权费时应在批准现场开发计划时作出。如果石油区块在领海内,政府应向有关省按照其份额协商实物特许权费。如果一个区块的大部分位于巴基斯坦领海以外,特许权费应支付给联邦政府。(3)特许权费应按月在当月生产结束后 45 日内支付。若发生逾期支付,逾期罚金由管理局按伦敦银行间同业拆借利率(LIBOR)上浮 2% 计算。若特许权支付义务在生产月结束后连续两个月仍未履行,管理局有权采取适当措施。(4)若政府选择实物特许权费,政府应根据与承包商达成的装载协议,及时装载、接收特许权石油。(5)承包商使用租约区域内所产石油以用于该区域内钻井、生产、维护和石油加工时,免除所用石油的成本、特许权费和消费税。承包商在计算所得税时,无权把任何名义成本计入业务费用。(6)租约有效期内,任何年度的特许权费中除了扣除允许运输成本外,不允许扣除任何其他开支。(7)政府可以发布承包商特许权费管理和支付程序的指南。

为了计算应付特许权费金额,生产和储存的石油价值应按各项交易的月度加权实际销售价格计算:(1)如果石油是根据本规则销售到国内市场,实际销售价格是指根据承包商与政府或政府指派主体签订的协议确定的价格,并扣除允许运输成本。(2)其他情况下,实际销售价格以下列较高者计算:石油销售价格或其他方式处理的价格扣除允许运输成本;石油销售的公平市场价格扣除允许运输成本;承包商与政府或政府指派主体签订的协议中确定的价格,并扣除允许运输成本。(3)为计算成本回收和生产分成,石油井口价值采用各交易的月度加权实际销售价格。销售给全国市场的石油,实际销售价格是指承包商与政府或其指定人协议确定的价格扣除允许运输成本。其他情况下,实际销售价格应为通过竞争过程实现的价格,管理局可就此发布指导方针。液化石油气的价值以已结算的市场价值为准。

关于特许权费的管理,《海上石油规则》第 43 条规定:若承包商由两个或两个以上公司组成,应指定作业人作为代表缴纳特许权费,除非获得管理局事前批准可以单独缴纳特许权费。缴纳特许权费时应附上管理局规定的证明表格和所需的文件。如果管理局决定发生的石油损失或浪费本来可以避免,则应根据管理局发出的指示缴纳特许权费。如果承包商发生的石油损失不可避免且获得了保险赔偿,其应根据管理局发布的指示就获得的保险赔偿支付特许权费。如果租约区域位于巴基斯坦领海,各省政府应将 10% 的特许权费用于领海附近地区的基础设施建设。如果石油发现区位于一个以上省属领海区域,各省政府之间对特许权费的分配应依据各省占该发现区的潜在储量确定。

(六)年度租金和地表租金

承包商应代表政府控股私人有限公司按每平方千米 5.7 万美元另加每平方千米 111.5 美元的年度租金。租金应于每年 1 月 1 日参照美国劳工部劳工统计局公布的美国消费者价格指数进行调整,以确保租金保留其实际价值。为及时确定租金,承包商应在每年一月的第一周联系管理局。租金应当提前预付。在授予租约的第一年,租金应计算到当年的 12 月 31 日。此后的年度租金应在每年 1 月 31 日前支付。承包商应就其执行协议期间使用、占用的土地支付地表租金,费率根据相关法律和规则评估的地表租金和水费确定。

(七)国家市场交货

政府可以决定承包商向国家石油市场交付其生产的石油。国家石油市场是指国家整体市场需求减去其他国内来源生产的石油。承包商应依照政府指示在巴基斯坦境内交货点交付。该交货义务应尽可能按比例地适用于生产石油的所有公司。各承包商可以自行履行义务,也可以进行联合安排并经管理局批准。

政府可以决定由承包商安排支付将原油、凝析油和液体天然气运输到巴基斯坦最近炼油厂的运输费用。根据本规则交付的石油价格应根据政府和承包商所达成协议中的条款和条件确定。

(八)石油测量

承包商经管理局批准,应对许可证和租约区域内生产的石油根据良好国际石油行业惯例采用的通常方法进行测量和称重。管理局可以在必要时,根据良好国际石油行业惯例发布安装、维护、检查和其他与石油测量相关的指导意见。

管理局及其授权人员有权在协议及协议续期中检查石油测量和称重设备,并在石油测量和称重时到场。承包商应安装、操作并保持所有测量和称重设备,确保设备始终处于良好状态。如果发现设备不准确,且管理局在考虑承包商书面陈述后,视为该设备不准确的状况在发现时已经存在三个月,或者在最后一次检验、测试前已经存在,以两者中时间较短者为准。如果计量设备不准确是由承包商故意干预或过失所致,不适用上述三个月的时间限制,管理局有权决定调整特许权费和分成比例,并予以罚款。该期间的应付特许权费和分成比例作相应调整。承包商不应改变其使用的测量和称重方法,除非有管理局授权人员在场。

(九)租约的撤销

如果授予租约后 7 年内仍没有开始正常的商业生产,可以撤销该租约。联邦政府可以发布通知,要求承包商在通知后 90 日内采取补救措施。若承包商不采取补救措施,管理局可以撤销租约。若未经政府事前书面批准终止石油生产超过 90 日,联邦政府也可以撤销租约,除非终止生产是由于不可抗力导致。

# 五、账目、记录、检查和报告

(一)记录

承包商应保持完整和准确的记录。除非经管理局批准,否则所有记录的原件都应保存在巴基斯坦境内。承包商须遵从管理局和政府控股私人有限公司的要求,提交纪录副本。

保存记录的期限从相关信息制作完成当年年末开始计算 6 年。经承包商申请,管理局可以以书面形式同意在 6 年期限届满前销毁特定记录,法律另有规定的除外。若管理局基于合理理由认为记录保存期限有必要超过 6 年,可以向承包商提出要求,但应说明原因。

承包商应始终完整精确地保存所有油井钻井、加深、封堵、完工、重新完工、侧钻、测试和废弃记录,并保存每个油井下列细节情况:钻井的地层和底土;钻井的套管及任何变更;所遇到的任何石油和其他储层流体和矿物;管理局要求的其他细节情况。若管理局要求提供记录,承包商应在准备后提交记录的副本。

(二)生产记录

承包商应尽可能保存每口井、地层、储存和油田的完整和正确的生产记录,并准确地录入下列情况:(1)所获取、储存石油的总质量和油品质量;(2)测试方法和测试结果;(3)在巴基斯坦境内外交付的石油数量和质量;(4)用于再注入、压力维护、放空、燃放、钻井或其他作业用途的石油的数量和质量;(5)所销售的石油数量和质量、购买人名称和价格及必要支持文档。(6)为消除杂质、惰性气体、天然气液体和液化石油气而处理、加工的天然气数量和质量,以及由此获得的任何液体、气体、固体的数量和质量;(7)管理局要求的其他特定事项。

(三)政府享有数据财产权

承包商因协议或勘查协议下的行为获得的所有数据,包括但不限于油井日志、地图、磁带、岩芯、样品及任何其他地质和地球物理信息均属于政府的财产。承包商在取得上述数据时应尽快向管理局提供。在协议和勘查协议有效期内,经向管理局事前通知,可以向第三方披露上述信息的全部或部分。但在披露数据之前,该方应执行根据良好国际油田惯例制定的适当保密协议。

所有经处理的地球物理和地质资料应给以透明、稳定的材料提交给管理局,并提交电子文档。若相关海上区域属于领海,管理局可向省政府披露除地震和钻探数据外的一些数据。

联邦政府、省政府、管理局和政府控股私人有限公司应规定的信息和数据秘密保存,期限3年,从承包商取得数据之日起计算。但下列情况除外:(1)向巴基斯坦其他政府机构或政府所属金融机构和顾问披露的信息,政府机构、金融机构和顾问受保密约束;(2)为一般统计目的所需的信息;(3)与提前终止执照、许可证、租约有关的信息,以及与放弃日期有关的信息;(4)管理局、联邦政府、政府控股私人有限公司可在与这些数据相关的活动发生3年后向任何利益相关方披露所有原始地质物理、地质和油井数据,包括油井日志。然而,这种披露不适用于在多客户安排下形成的数据。

联邦政府和管理局可以根据其确定的条款和条件,将所拥有的执照、许可证、租约、协议方面的资料发布给承包商及从事石油勘探、生产和研究的组织,并收取数据复制和其他成本费用。除非根据本规则规定,否则承包商不能向无法律权利获取数据的人披露任何数据。接收数据的人应遵守同样的约束。

### (五)检查工厂、记录、账户的权利

管理局及其授权人员经事前书面通知可以在任何合理时间,进入石油权利持有人活动和经营场所审计、检查、检验油井、记录、工厂、器具、建筑物和其他工作。承包商应当为审计、检查、检验提供下列便利:(1)允许管理局及其授权人员进入,毫不迟延地履行其审、检查、查验职责;(2)向管理局及其指定人员提供一切合理的协助;(3)迅速向管理局及其指定人员提供其履行职责所需的核证记录的副本。

### (六)报告

《海上石油规则》报告按照时间类型分类,有年度报告、季度报告、日报告、临时报告、发现报告 5 种,与《陆上石油规则》在报告类型和具体内容上既有相似之处,也存在一些差别。报告应以管理局要求的格式和方式制作。承包商应明确其报告是否在巴基斯坦境内制作,以及报告是自己还是他人编制。

承包商每年应向管理局提供年度报告,报告应载明下列情况:(1)附账目摘要的财务报告。财务报告应根据石油行业普遍接受的会计原则制作并经管理局批准的注册会计师事务所审计。(2)承包商在一年内开展的与执照、许可证或租约区域有关的所有勘探、开发、生产和其他工作的说明。(3)根据良好国际油田惯例,每年年底估算的石油现有储量和可采储量。如果管理局要求,承包商应从管理局批准的知名独立顾问处取得储量证明。(4)预估下一年各季度石油生产和出口量。财务报告在每年度结束后 6 个月内提交,其他报告应在每年度结束后 90 日内提交。

各承包商应在每个季度结束后 15 日内,编制并向管理局提交进度报告,陈述活动情况,附上开展工作的计划和图纸,并载明下列情况:(1)所有已进行的地质和地球物理工作的摘要;(2)所有钻井活动及其结果的摘要;(3)与报告期间进行的活动有关的地图、报告和其他地质和地球物理数据清单;(4)承包商当季发生的支出报告,该报告的格式由管理局规定。

钻井过程中,承包商应向管理局以规定的格式提供油井日报告的副本,并提供有关石油生产以及所进行的地质和地球物理工作的日报告

承包商应就下列情形向管理局提交临时报告:(1)如果油井显示有大量石油存在,或对生产石油的油井进行了钻杆或任何其他测试,则应在 24 小时内通过传真或邮件发送临时报告;(2)在该临时报告提交后 7 日内,若显示存在石油或进行了钻杆及任何其他试验,应提交相关地质信息和化学分析的书面报告。报告应载明下列信息:钻杆或任何其他试验的条件和结果,包括但不限于流量、

流量周期、测试间隔、压力、节流阀尺寸、孔口条件和启动措施;物理分析;对油藏潜力的认识。(3)在钻井作业完成或放弃钻井后一个月内,应提交一份综合完井报告。完井报告内容应包括岩性组、地层边界、油气带、所有钻井日志和试验副本以及包括成本的其他相关信息。并尽快提交在此期间无法获得的信息。(4)提交商业发现通知后,提交一份证实该通知报告,明确所有相关的地质信息,包括可采储量和每日产量的估计数。(5)放弃执照、许可证和租约任何区域,或者协议届满、提前终止后 45 日内,承包商应提交其取得的所有勘探、开发、生产、放弃、恢复场地相关的作业地图、计划、报告、记录、解释和数据。(6)向管理局报告承包商或其母公司任何新增资本情况,以及修改公司备忘录、设立公司及公司章程情况。任何新增资本应经管理局事先同意,且不能导致丧失有效控制权。(7)管理局要求的有关承包商作业进度和结果的其他计划及资料。

除非经管理局与承包商和政府控股私人有限公司协商,任何人不得直接或间接发布关于发现石油的宣告、报告。未经承包商同意,不得明示或暗示声明政府及其授权机构或个人已形成或表达了许可证及租约区域可能含有石油的意见。

## 六、作业标准

应避免有害的开采方法。承包商在操作时应适当、谨慎、尽职,遵守良好国际油田惯例,不对航行、渔业造成不合理的阻碍和干扰,采取所有合理的措施预防污染,避免损害周边环境。承包商应采取的措施、作业原则与《陆上石油规则》石油权利持有人相同,无需赘述。另外,承包商进行石油作业时应避免造成垃圾。若有发生,由承包商自行负责清理。

承包商在开始钻井或再入钻井前 45 天、测试前 5 天及进行相关作业或弃井前,应经政府控股私人有限公司同意并以书面形式通知管理局,否则不得开始钻井、再入、测试及进行相关作业,也不能放弃油井。管理局应在收到通知之日起 15 日内批准,否则视为已获批准。如果管理局不同意承包商对油井的分类(如勘探与开发),应通知承包商提供额外信息,或在拒绝承包商的分类时说明理由。若因技术或安全原因导致紧急情况,可以在紧急情况结束后发出通知,但应对紧急情况作出说明。如果在井的分类上存在分歧,承包商可开始钻井,而管理局可根据钻井后获得的数据决定井的分类,该决定对承包商具有约束力。

承包商应尽快将测试井的建议、测试潜在生产水平的计划及油井测试结果和所有其他相关数据的技术评估通知管理局。作业完成后,应按照良好国际石油行业惯例安全堵塞和弃井。放弃区域应具有足够面积,以便将来能够进行石油作业。

## 七、其他规定

《海上石油规则》的其他规定主要涉及货物和服务当地化、本国员工的雇佣和培训、联合勘探与开发、租约区域内的石油勘探、第三方勘探和设备的使用、租约和执照持有人的一般性权利、政府的其他权力等。这些规定与《陆上石油规则》在内容上基本一致，差别主要是：第一，以承包商替代《陆上石油规则》的石油权利持有有人。第二，石油权利终止时的政府权力方面，《海上石油规则》增加一项，即在承包商支付通过竞争程序确定的补偿后，管理局可考虑将任何设备转移到巴基斯坦其他地区进行石油作业。第三，不可抗力的范围除了包括《陆上石油规则》规定的天灾、战争、暴动、暴乱、内乱、洪水、闪电、爆炸、火灾、地震及持有人无法合理防止或控制的任何其他事件，如封锁、罢工、停工或其他工业骚乱等。第四，增加担保权益条款。《海上石油规则》第72条规定：经管理局事先批准，承包商或由承包商组成的任何公司可为获得石油作业融资设立担保权益。管理局可以促成政府控股私人有限公司作出设立担保利益的安排，但在任何情况下，管理局和政府控股私人有限公司均不得对承包商或承包商所在公司的债务和义务承担责任。

## 第五节　海上产品分成协议

与巴基斯坦陆上石油特许权协议示范文本相似，《海上产品分成协议》以示范文本方式对联合开采海上石油进行规范。协议由总统（甲方）代表国家和联邦政府，其他方涉及国家控股私人有限公司（乙方）、国内外承包商（丙方）。正文由32个条款组成，另有一个会计程序附录。

## 一、承包商的权利与义务

承包商自行承担风险和费用进行合同区域内的石油勘探、开发和生产，并与政府、石油特许权总局按照协议分享产品。总统根据《海上石油规则》授予石油特许权总局在合同区域内进行石油勘探的权利，并在宣告商业发现和批准开发计划后，根据该规则为各开发区域授予石油开发许可证和生产租约。许可证和租约授予在合同区域内进行排他性的石油作业权利，但勘查执照持有人在协议生效前享有的权利不受影响。

协议明确了原始合同区域面积。除了明确规定的权利外,协议不授予承包商对地表、海底、底土或海上任何自然资源或水生资源的其他权利。除了在石油特许权总局和承包商之间设立产品分成安排外,协议不在两者之间设立合伙关系、纳税实体或任何其他关系。

承包商和石油特许权总局根据协议享有的石油所有权在测量点转移。承包商应负责测量点上游的所有成本和风险,各方应负责与测量点下游份额相关的所有成本和风险。如果石油特许权总局及其指定人购买全部或部分承包商石油份额,则应负责测量点下游的所有成本和风险。

石油特许权总局根据承包商的书面请求,依据相关法律、法规和政策,尽可能协助承包商获得所需的许可和批准。承包商通过作业人有权根据协议、规则、良好国际石油行业惯例和所适用的巴基斯坦法律,在规定的合同区域内进行石油作业。如果巴基斯坦法律规定与良好国际石油行业惯例发生冲突,则以巴基斯坦法律为准。

承包商应根据协议规定负责石油作业。在不影响承包商协议中地位的情况下,其石油作业应受到石油特许权总局及管理委员会的全面监督和审查。承包商有义务承担本协议项下的所有石油作业费用。除了有权根据本协议获得石油外,承包商无权就协议下的服务和支出获取任何补偿。如果在合同区域内没有商业发现或承包人的产量不足,承包人应自行承担损失。

如果承包商由多个实体组成,应经过石油特许权总局事先书面批准,并指定其中一个实体作为石油作业的作业人。这种情况下,作业人应立即向石油特许权总局提供一份作业协议及后续修改文件副本。但是,作业人的义务不免除承包商向政府和石油特许权总局承担的任何责任。

承包商还应履行下列义务:(1)在协议生效后 90 日内,根据相关法律,在巴基斯坦境内设立分支机构或代表机构;(2)指定一名居住在巴基斯坦的代表,代为负责协议区域内的事务,并代承包商收取通知;(3)为石油作业提供所有必要的资金,包括但不限于购买和租赁资产、材料、物资所需的资金以及执行工作计划的其他资金;(4)根据法律和协议以及公认的国际石油行业标准开展石油作业,高效安全地进行石油勘探、开发和生产,防止石油损失和浪费,最大限度地从合同区域回收石油;(5)确保石油作业中使用的所有材料、设备、技术和设施符合国际石油行业公认的工程标准,保持良好工作状态;(6)在进行石油作业时,采取必要措施,保护生命、安全、财产、农作物、渔业、航行、环境,防止污染;(7)确保技术上具有生产能力的勘探井、评估井处于可重新进入的状态以便进一步测试和完井。

## 二、协议有效期和勘探工作计划

产品分成协议和许可证的初始期为 5 年,其续展的条件、次数和期限等与《海上石油规则》一致。当涉及评估区域,且承包商完成了协议中最低工作和其他义务时,协议和许可证可以延期一年。

为了继续钻探勘探井并经石油特许权总局批准,初始期及第一、第二次续展期可以延长一段时间。勘探井完井后,工作量将计入该阶段或延长阶段的最低工作义务。协议和重要气体发现区许可证的期限应延长至保留期。

如果在初始期或续展期间有商业发现,协议有效期不超过 25 年,从授予租约时开始计算。在出现重大气体发现区域时,协议期限可以延长到保留期期限届满时。协议、许可证和租约均可根据本协议的规定提前终止。协议期限期满时,本协议和租约可根据《海上石油规则》再延长 5 年。

最低工作量如下:(1)初始期间的第一阶段,即协议前三年的每年工作单元在中标时确定。初始期间的第二阶段即协议第 4 年、第 5 年,每个网格区域至少需要 10 个工作单元。各工作单元均应在初始期结束前完成。(2)首次续展期中的合同第 6 年,每个网格区域至少有 20 个工作单元。(3)第二次续展期中的合同第 7 年,每个网格区域至少有 30 个工作单元。为确定最低工作量,合同区域内包含的网格数量是:对于第一阶段,原合同区域的区段数除以 100;初始期的第二阶段和两次续展期中,各阶段的区段数除以 100。如果经上述方法确定的网格面积是一个分数,最小工作将根据分数确定,并四舍五入到整数。

承包商同意向政府控股私人有限公司按每个工作单元一万美元赔偿初始期及续展期未完成工作。政府控股私人有限公司在向承包商收取赔偿后,应按照石油特许权总局规定的方式向总统支付所收取的款项。此外,如果承包商在各阶段及续展期未完成最低工作量,本协议应在该阶段届满时自动终止,承包商无权进一步延长或续期,但本协议在有商业发现时将继续有效。

作业人应向石油特许权总局通报每口井的进展,并及时将其测试建议通知石油特许权总局;按照良好国际石油行业惯例进行测试,通过录音电话或其他方式表明潜在生产水平;及时对测试结果和所有其他相关地下数据进行技术评估,并尽快将结果提交给石油特许权总局。

如果在任何期间完成的工作单元数量超过该期间的最低工作,超额部分应结转记入下一期的最低工作义务。为制定评估方案而进行的评估井和地震调查,不视为履行规定的最低工作。

各阶段及续展开始前,签约公司均应提供法律意见书,附上不可撤销、无条件的银行担保或托管账户。银行无条件担保总金额应等于第一阶段及各续期阶段工作单元的 25%。银行担保金额应根据承包公司的要求按比例减少。对于托管账户,应存入政府接受的国际知名银行账户,总额等于 1 万美元加工作单元价值的 25%。在政府满意的情况下,每年度结束时,若完成工作单元,可以按比例减少、提取。政府控股私人有限公司经财政部建议并经巴基斯坦国家银行允许后,可以设立外汇账户,留存外汇资金作为承包商的担保。未经巴基斯坦国家银行允许,承包商不得发行以外币计价的担保,确保遵守规章制度。若政府持有开采利益所有人的多数股权,该开采利益所有人不需要提供履约担保。承包商应在协议生效后 90 日内开始石油作业。

## 三、放弃

在许可证初始期届满前,承包商放弃的原合同区域面积应不少于 20%。在许可证第一次续展期届满前,承包商放弃的剩余合同面积应不少于 30%。在许可证初始期的第二续展期届满前,承包商再次放弃的原合同面积应不少于 30%。除协议另有规定外,承包商应在勘探期届满时或届满前放弃原合同区域的剩余部分。

放弃区段的轮廓由承包商决定,但是承包商应至少提前 90 日书面通知石油特许权总局,明确拟放弃的合同区域。放弃的区段应为独立、紧凑连续的区域,所有区段应连接,且至少有 30 秒的经纬度,放弃区域最长的东西南北四至应能够作为一个合同区域。在初始期和任何续期期间,承包商没有义务放弃评估区域、开发区或重大天然气发现区。承包商书面通知石油特许权总局后,有权放弃合同区域的任何部分。放弃面积超过规定面积的,超过部分可计入下一阶段或下一续期应履行的放弃义务。

放弃不免除承包商在放弃之前应履行的支付义务及与放弃区域直接相关的其他义务。任何阶段或续展期间的放弃不减少相应的最低工作量。

## 四、发现与开发

如果在合同区域发现石油,作业人应立即通知石油特许权总局,并在勘探井的钻井和测试终止之日起 3 个月内再次书面通知石油特许权总局该发现是否值得评估。如果承包商通知石油特许权总局该发现不值得评估,石油特许权总局有权在书面通知承包商 6 个月后,要求承包商立即放弃指定区域,除非承包商提供了保留发现区域的有效理由。指定区域应根据地球物理和其他技术信息确定,面积不超过 150 段,范围不包括钻探地质构造的表面垂直投影。

如果承包商通知石油特许权总局该发现值得评估,承包商应在通知之日起 6 个月内提交评估方案,并在评估方案批准之日起一年内对发现进行评估,包括对钻探发现油藏估计深度的评估。在评估计划完成之日起 6 个月内,或石油特许权总局允许的合理期限内,无论承包商是否认为该发现是商业发现或重大气体发现,均应书面通知石油特许权总局。若承包商已通知石油特许权总局该发现不是商业发现或重大天然气发现,石油特许权总局可书面通知承包商立即放弃指定区域,除非承包商提供保留发现区域的有效理由。

如果承包商已通知石油特许权总局该发现为商业发现或重大气体发现,其应根据具体情况,以下列方式选择开发区或重大气体发现区:(1)面积不超过商业发现或重大天然气发现的地质实体;(2)选择的开发区或重大气体发现区域应不超过 150 个连续区段,这些区段互相连接且一侧至少有 30 秒的经纬度。若承包商能够根据地质、地球物理和其他数据提供确凿证据证明 150 个区段不足以覆盖所发现储藏的垂直投影,则石油特许权总局可酌情在许可证区域范围内批准多于 150 个区段的开发区域。

如果承包商已书面通知石油特许权总局该发现为商业发现,应在通知后 12 个月内或石油特许权总局允许的时间内提交每个商业发现的详细报告和商业发现的开发计划,并经石油特许权总局批准。政府应在批准开发计划后 3 个月内,向政府控股私人有限公司授予不超过 25 年的租约。

承包商享有重大气体发现区的保留期,保留期自重大气体发现日起计算 5 年。承包商向管理局提供正当理由后,可以再次获得最多 5 年的期限。若发现了石油,不得有此类保留期。申请重大气体发现区的保留期应按照规则经石油特许权总局批准。如果承包商在保留期内未将重大气体发现宣布为商业发现,则承包商应放弃重大气体发现区域,且许可证应在保留期终止时自动终止。如果承包商在保留期间宣布了商业发现,承包商应从重大气体发现区中选择开发区。每一项商业发现报告应涵盖下列所有因素,包括但不限于:(1)所发现石油的化学成分、物理性质和质量;(2)生产地层的厚度和范围;(3)油藏的岩石物理性质;(4)不同流量测试井的产量指标;(5)油藏的渗透性和孔隙度;(6)油藏的估计生产能力;(7)确定商业发现所需的相关经济和商业信息。

承包商的每一项开发计划应含有从合同区域回收、储存和运输石油的所有设施和服务的详细建议,包括但不限于:(1)储量性质和特征、数据、统计资料的描述,地质、储层评估、石油工程因素、储层模型、现有储量估算、已产石油量估算、石油流体的性质和比例以及可生产石油的分析;(2)关于开发和商业发现生产的建议,包括可能的替代方案、工作方案和预算,以及与伴生天然气处置有关的建议。承包商应就其所希望的特定发展建议提出具体建议,包括关于石油业务的经济和盈利能力的预测信息,以及拟议的融资安排和资金条件;(3)关于井间距、钻井和完井、生产和储存设施,以及石油生产、储存和运输所需的运输和交付设施的建议。这些建议包括但不限于:生产设施和平台的估计数量、规模、生产能力;生产井的估计数量;生产设备和储存设施的详细情况;包括管道在内的石油运输可行替代方案情况;石油作业所需设备的详细情况;(4)拟议的开发方案和替代方案下,根据良好国际石油行业惯例估算的产量和可能持续的产量预测;(5)拟议和替代方案下的成本估算;(6)与建立加工设施有关的建议;(7)石油作业过程中采取的安全措施,包括应急计划和应对紧急情况的措施;(8)预计对环境产生的不利影响以及为预防环境污染和全面保护环境拟采取的措施;(9)承包商、作业人在巴基斯坦设立的组织机构的说明;(10)完成各阶段开发所需的估计时间;(11)关于雇佣和培训巴基斯坦人员措施的说明;(12)在本协议终止前或终止时需要废弃的设备、设施或平台废弃计划及实施的说明;(13)已发现油藏的地图以及技术或其他支持理由;(14)利用当地商品和服务的计划。

每项开发计划都需要石油特许权总局批准。只有在开发计划总体上不符合本协议和《规则》规定的条款和条件时,石油特许权总局方可不批准开发计划。在开发计划获得批准后,承包商应按照开发计划进行石油作业。承包商修改开发计划时应经石油特许权总局批准,并在开发区域内出现新的商业发现时修改开发计划。

承包商应在原油、凝析油、液化石油气或天然气开始定期发运后的每年前90日内,制作并向石油特许权总局和政府控股私人有限公司提供预测报表,按季度列出预估生产、储存、运输的原油、冷凝油、液化石油气和天然气总量。

承包商每年应更新租约并向石油特许权总局提交根据最新钻井、地质和地球物理信息制作的地图,在地图上标示哪些油藏处于商业生产,包括需要注水的油藏。在商业发现开始商业生产后10年内,承包商应放弃经批准的开发计划中不覆盖油藏垂直投影及不需要注水的所有区段并向石油特许权总局提供一张描述放弃区段的地图。石油特许权总局应在收到地图后90日内书面通知承包商批准放弃的区段。承包商应在石油特许权总局通知后60日内放弃该区段,除非其向石油特许权总局发出解决争议的书面通知,或双方对争议解决另行约定。

## 五、产品分成

### (一)不同区域的分成比例

合同区域生产和储存的未用于石油作业的所有原油、液化石油气、凝析油和天然气(简称"可用油""可用气")应在测量点进行测量,并按规定分配。试验或试验性生产应按照《规则》获得批准,可用油和可用气应按照《规则》的规定进行分配。

协议及会计程序没有剔除的石油作业支出可以在成本油和成本气的 85% 范围内回收。特许权费和租金可作为支出的一部分从成本油、成本气回收。允许回收的所有支出应视为成本,从成本油、成本气中回收,并根据会计程序以美元计价。成本回收按季度确定,超过规定限额的支出应在下一季度进行回收,直到支出完全回收为止。

从可用油中扣除成本油后的原油、液化石油气和凝析油视为利润油。从可用气中扣除成本气后的天然气视为利润气。合同区域的利润油和利润气应根据协议期间合同区域累计的可用油、可用气总量,在政府控股私人有限公司和承包商之间按月分配。

(二)跨区域分成

如果原油、液化石油气、凝析油和天然气中部分符合浅水区要求,部分符合深水区要求,政府控股私人有限公司的利润油份额将通过以下三个步骤确定:

第一步:确定累计可用油总产量(本合同区域定义的 QS+QD);

第二步:根据合同区域的累计可用油产量,确定累计利润油份额(PSOD);

第三步:政府控股私人有限公司的加权平均利润油份额可根据以下公式确定:

$$(QS\times PSOS+QD\times PSOD)\div(QS+QD)$$

其中,QS 指合同区域内符合浅水网格区域的累计可用油量;QD 指合同区域内深水网格区域的可用油累计量;承包商的利润油份额是扣除政府控股私人有限公司份额后的剩余部分。

上述原则也适用于从浅水、深水、超深水等不同合同区域的不同部分或不同深度生产的石油。

如果从浅水区、深水区和超深水区获得原油、液化石油气、凝析油产量,利润油的确定适用相同的程序。如果在不同合同区域进行天然气生产,承包商和政府控股私人有限公司的利润气份额应按照相同的方式确定。

如果合同区域生产的石油一部分是原油、液化石油气、凝析油,一部分是天然气,政府控股私人有限公司和承包商的利润油和利润气份额应根据合同区域生产的可用油和可用气的合计总量来确定。原油、液化石油气、凝析油的份额根据其在合同区域可用油、可用气总量中的份额计算,天然气的份额根据其在合同区域可用油、可用气总量中的份额计算,并以油当量(BOE)表示。

为了确定储藏深度,使用生产层的顶部到海平面的垂直距离来测量。

(三)暴利税的计算

承包商除支付协议下应付款项外,应根据其利润油、利润气份额,在每月结束后 15 日内向政府控股私人有限公司按以下公式支付暴利税。

1.原油、凝析油生产的暴利税

$$WLO = 0.4 \times (P - R) \times (SCO)$$

其中,WLO 是原油、凝析油份额的暴利税,用美元表示;P 是分配给承包商的原油、凝析油产量的市场价格;SCO 是分配给承包商的原油和凝析油的份额;R 是每桶 40 美元的基准价格,从合同区域首次商业化生产之日起,每年每桶增加 0.50 美元。

2.天然气生产的暴利税

$$WLG = 0.4 \times (PG - BR) \times V$$

其中,WLG 是天然气份额的暴利税,以美元表示;PG 是向第三方销售的天然气价格,以美元/百万英热单位表示;BR 是天然气底价,以美元/百万英热单位表示;V 是出售给第三方的天然气量,不包括特许权费。

当天然气价格小于或等于底价时,暴利价份额应为零。暴利税不适用于向联邦政府、省政府、政府控股私人有限公司或其指定人销售的天然气。政府控股私人有限公司在从承包商处收取石油暴利税或天然气暴利税后,应按照石油特许权总局规定的方式向总统支付所收取的金额。

(四)利润油的测量和选择

各承包公司有权自由出口其石油份额,但应采用石油特许权总局批准的良好国际石油行业规范的方法和测量装置计量合同区域生产、储存的石油体积和质量。未经石油特许权总局事先书面同意,承包商不得对商定的测量方法、程序或经批准的测量装置作出任何变更。政府控股私人有限公司和石油特许权总局可以在任何合理的时间检查、测试测量设备,但是检查、测试应避免干扰石油作业。合同区域开始商业生产前,双方应就石油生产测量点的准确位置达成一致。

政府控股私人有限公司可以选择以现金或实物获得利润油、利润气:(1)如果政府控股私人有限公司选择全部或部分实物形式的利润油,应在利润油交付前不少于 180 日书面通知承包商。之后,在每年开始前不少于 180 日书面通知承包商其选择利润油的数量、等级和质量,最终调整应在每年结束后 90 日内根据实际数量进行。该通知对下一年有效。政府控股私人有限公司未发出上述通知视为不选择实物形式的利润油。（2）如果政府控股私人有限公司选择以实物形式取得全部或部分利润气，则其应在开发计划获得批准后 180 日内通知承包商。政府控股私人有限公司未发出通知的视为不选择实物形式的利润气。

## 六、协议的转让和终止

未经政府事先书面同意，承包公司不得将协议下的任何权利义务向第三方或其关联公司出售、转让、转移、移送或处置。[①] 但是下列情况下，政府不得不合理地拒绝：（1）潜在受让人、受让人有良好财务状况和技术能力，能够履行义务，能够按照协议要求提供无条件担保；（2）转让或转移不会对协议的履行造成不利影响，不违反巴基斯坦的最佳利益；（3）承包公司应向政府无条件承诺，受让人承担本协议的所有权利、特权和义务。在部分转让的情况下，承包公司仍与受让人就义务的履行承担连带责任；（4）潜在受让人、受让人不应是在政府因国家安全或政策原因限制经济关系或在敌对、不友好国家成立的公司。

下列情况下，经政府同意，承包公司可向关联公司或其他承包公司出售、转让、转移、移送或处置本协议项下全部或部分权利和义务：（1）受让人未因国家安全或政策原因受到国际关系上正式限制；（2）转让不会导致政府财政收入损失。作为转让的先决条件，受让人应向政府提交与协议变更后的权益相对应的担保并向政府证明其具有必要的技术和财务能力以履行变更后义务。违反上述规定的转让无效。

政府可另行建立政府控股私人有限公司以外的其他实体，并根据本协议授予该实体产品分成的权利。这种情况下，政府应立即通知承包商，并告知政府在协议下的权利已转移给该实体。承包商收到该通知后，应与该实体处理协议事务。

在下列情况下，政府有权终止协议并收取承包商所有性质的财产且不需要支付费用：（1）承包商未能在到期日后的规定期限内支付法律或本协议规定的任何款项；（2）承包商未在裁决书规定的期限内履行仲裁裁决书；（3）承包商故意向政府提供重大虚假信息；（4）承包商有意开采或授权开采协议不允许开采的矿物，但根据国际石油工业惯例不可避免的开采除外，但应立即通知政府；（5）各承包公司与债权人达成安排、组合，或指定一名接管人，或各承包公司进

---

① 　根据第 1 条定义条款，"关联公司"系指直接或间接有效控制特定实体，或受特定实体直接或间接有效共同控制的公司或其他实体。"控制"是指指导、管理和指示该公司或实体的权力。若双方理解和同意，不需要直接或间接拥有公司或实体 50% 以上的投票权，但直接或间接拥有该公司或实体 50% 以上的所有权自动表明存在着有效控制。

行被动或主动清算，或被主管法院裁判破产，或与债权人签订组合协议、方案，或其他合资合伙人决定不为债务人的利益取得其工作利益；(6)承包商未能履行协议规定的最低工作量义务；(7)各承包商未能按规定提供担保；(8)承包商对协议、许可证、租约或规则存在其他重大违约。

如果总统、政府控股私人有限公司、承包商发生重大违约，守约方有权根据以下程序终止协议：(1)如果守约方宣布有意终止协议，应向违约方发出书面通知，要求违约方在通知后 3 个月内或合理时间内作出补救或向投诉方支付合理赔偿。(2)如果收到通知的一方未能遵守通知，投诉方可在指定期限期满后终止协议。如果违约方和非违约方之间就被通知一方是否存在重大违约存在争议，或就违约是否可补救及补救方式存在争议，或总统、政府控股私人有限公司、承包商在指定期限内将争议提请仲裁，则协议不终止。

承包商履行了协议下所有义务时，可以在发出书面通知 30 日后终止协议。如果不可抗力导致出现协议终止的情形，则在不可抗力持续或双方认为的合理期限内，协议不得终止。

下列情况下，协议应自动立即终止：(1)承包商在协议初始期间、续期和延期期间，未宣布其他重大发现或商业发现；(2)承包商在第一次声明商业发现后的 7 年内，没有进行商业生产；(3)承包商仅宣布了一个或多个重大天然气发现，但在保留期间未将任何重大天然气发现声明为商业发现；(4)承包商未要求初始期或延长第一个续期，或申请后未获批准，且未声明商业发现或重大天然气发现。

协议的终止不影响任何一方在终止日期之前已发生且未履行的义务和责任。协议终止后 90 日内或与政府商定期限内，承包商应自行承担费用并采取一切合理、必要的行动避免环境破坏或对人类生命、第三方财产的危害，拆除石油作业不再需要的设施和设备。承包商在协议终止后发生的成本不是可回收费用。

承包商购买的用于石油作业的资产归其所有，并应负责石油作业所需机械、设备和设施进行适当维护、保险和供应，使其始终保持良好维修维护和工作状态。除协议另有规定外，承包商在协议期间免费使用所有机械、设备和设施。协议终止或提前终止时，政府控股私人有限公司有权要求获得承包商用于合同区域石油作业的固定和可移动资产。协议期满或提前终止时，承包商购买的所有资产的所有权，包括但不限于机械、设备设施及放弃资金应移交给政府控股私人有限公司，与该资产有关的债务担保自动取消。

任何租约终止生产前至少一年，如果商业生产可能继续进行，承包商应向政府控股私人有限公司提交一份石油作业移交计划。

如果气体或液体储层在协议终止后能够继续商业生产,政府控股私人有限公司可自行选择就合同区域谈判新的产品分成协议,或接管合同区域的石油业务。如果在招标基础上协商新的产品分成协议,承包商有权参与该投标,除非本协议因承包商违反规定而终止。如果政府控股私人有限公司认为不可能继续商业生产,且没有使用这些设施的其他可能,则应根据政府批准的国际石油行业惯例和巴基斯坦法律废弃石油作业,废弃计划应在达到累计预期产量50%或开发区域可能终止生产前7年提请批准。

废弃合同区域内与石油作业相关的油井、平台、设施或其他资产时,承包商应设立托管账户以实施废弃计划的预计成本。除非政府控股私人有限公司和承包商另有约定,否则废弃成本的全部资金应存入托管账户,且在废弃计划经批准后7年内按年产量比例计算。经批准的托管账户应在双方同意的信誉良好的国际银行开立,由双方按约定管理和支付。当发生废弃费用时,将首先从废弃基金中支付。向废弃基金存入的款项可用于成本回收气和成本回收油,但从废弃基金支出的款项不可回收。任何存入废弃基金但最终不是花费在废弃成本的资金将按照"先进先出"原则重新计算成本回收油、成本回收气、利润油和利润气的比例,向政府控股私人有限公司支付的利润油和利润气份额应当反映该资金变动。

## 七、石油价值计算

为确定特许权费、成本回收油和成本回收气,应根据《海上石油规则》在测量点计算石油价值。测量点下游的任何作业成本不得从石油价值中扣除。如果政府要求承包商满足巴基斯坦国内石油供应,应根据国内石油供应的规定确定价值。对于液化石油气,支付特许权费的价值应以实际市场价值为准。

为便于计算,原油、天然气、液化石油气和凝析油的价值应在每月最后一天确定该月发生的所有此类交易的加权平均值。承包商不承担在石油测量点上游为石油生产发生的合理用油的成本、消费税和特许权费,但承包商无权将该合理用油成本计入成本回收油、成本回收气的名义成本。测量点应位于合同区域内加工原油、液化石油气、凝析油或天然气的海上平台出口法兰处,以使原油、凝析油、天然气适合从合同区域运输。但不排除在合同区域内建立几个测量点,每个测量点都与特定的生产设施关联。如果没有在海上平台上进行生产,双方应商定一个适当的测量点。

## 八、特许权费和租金

承包商每个月应按照合同区域内生产、储存的石油产量总值的百分比向政府支付特许权费。

联邦政府、省政府经协商后有权选择以现金或实物形式收取特许权费。若以实物形式收取,以其在领海内的液态和气态碳氢化合物(如液化石油气、天然气凝液、溶剂油、汽油等)以及碳氢化合物生产所伴生的硫等物质为限。联邦政府应在批准现场开发计划时作出选择。

现金特许权费应在生产当月结束后 10 日内支付。付款应附有承包商计算特许权费的详细说明。为确定到期特许权费,石油应按照《海上石油规则》和协议进行估价。实物特许权费不受承包商在测量点上游发生的收集、加工、处理和运输费用的影响。如果特许权费以实物形式,承包商应在测量点直接支付给政府控股私人有限公司或其指定实体,仅保留剩余的成本回收油和成本回收气。

承包商应按《海上石油规则》的规定支付年度租金。

## 九、石油收购权

若总统不要求承包商满足巴基斯坦国内石油需求,承包商有权自行选择将其石油份额在巴基斯坦国内外销售。若总统有要求,承包商在巴基斯坦境内交付石油应遵守下列要求:(1)如果在任何一年内,国内需求超过了政府控股私人有限公司原油份额和特许费,政府可要求承包商根据每个生产商的原油产量,按比例向巴基斯坦销售原油,但承包商应提供不少于合同区域原油份额的 60%。政府应在执行该要求前至少三个月向承包商发出书面通知,供应期限按年计算。(2)政府可要求承包商根据《石油政策》中规定的原则,从租约区域提供天然气以满足巴基斯坦国内需求,但应在完成评估计划后 6 个月内书面通知承包商。(3)当承包商向政府控股私人有限公司或其指定人员出售可接受规格的管道质量天然气时,天然气价格是在相关价格通知日前 6 个月内进口阿拉伯/波斯原油的国际公认出版物的 C&F 价格。C&F 价格根据巴基斯坦进口原油的 FOB 价格加上平均运费估价计算。

管道天然气价格按以下公式计算:

$$Pg = Pm \times Dz \div Cf$$

其中,Pg 为每百万英热单位的天然气美元价格。Pm 是以桶为单位的标准气体价格,按下列方式确定:当参考上限价(RCP)为 10 美元/桶或以下时,Pm 等于 10 美元。当参考上限价高于 10 美元/桶且不超过 30 美元/桶时,Pm 等于参考上限价;当参考上限价高于 30 美元/桶且不超过 50 美元/桶时,Pm 等于 30 美元加上超过增量 30 美元的 50%。当参考上限价高于 50 美元/桶且不超过 70 美元/桶时,Pm 等于超过 50 美元的 30%。当参考上限价高于 70 美元/桶且不超过 110 美元/桶时,价格等于 46 美元加上超过 70 美元的 20%。110 美元/桶的参考价格上限将在政策发布后每五年审查一次,或在国际市场价格动态发生显著变化时进行审查。Dz 为区域指数,Ⅲ 区为 64.91%,Ⅱ 区为 68.16%,Ⅰ 区为 71.40%,O 区浅水区为 73.88%,深水区为 84.44%,超深水区为 95%。Cf 为适用的换算系数,即进口到巴基斯坦的阿拉伯/波斯湾原油一揽子价格中以每桶百万英热单位表示的热量值的加权平均数。

承包商在最近炼油厂交付的原油价格应等于可比原油 C&F 价格或一揽子阿拉伯/波斯湾原油的 C&F 价格,加上或减去参考原油和当地原油之间的质量差。除暴利税外,不再进行其他调整或折扣。

C&F 价格根据进口到巴基斯坦的 FOB 价格加上作为特许费率的平均运费估价。承包商的凝析油价格依据最近炼油厂门站交付的可比凝析油国际报价的离岸价格,加上或减去阿拉伯湾原油/凝析油现货产品市场价值的质量产量差。除暴利税外,不进行其他调整或折扣。

如果政府控股私人有限公司或其指定人在测量点购买了原油、冷凝析油、液化石油气和天然气,所购买的石油所有权和损失风险应在测量点转移。若政府控股私人有限公司或其指定人不愿购买,承包商有权根据协议出口或以其他方式处置石油。政府有权在战争或紧急情况下购买全部或任何部分石油。

政府控股私人有限公司或其指定人应以外汇向当地承包公司支付不超过 30% 的石油销售收入,且应在收到承包商发票后 60 日内,以美元支付从外国承包公司购买的石油。如果未及时支付到期款项,承包商无义务向政府控股私人有限公司或其指定人出售和交付石油。逾期付款时后支付利息,利率按《伦敦金融时报》或其他商定出版物公布的伦敦银行间拆借利率(LIBOR)中一个月美元存款利率加 1.5% 计算。

# 十、石油处置

承包商同意不向政府因国家安全或政策考虑限制国际关系的国家出口石油。

根据《海上石油规则》,未用于联合作业且承包商认为其加工使用不经济的天然气应返回到地下结构,或经石油特许权总局批准后燃放,也可根据《气体燃放规则和使用指南》加以利用。

## 十一、外汇

承包商应按要求提供石油业务支出所需的外汇和巴基斯坦卢比。如果承包公司经政府同意将权益转让给外国实体,其应从国外来源支付所有费用,并将该转让产生的所有收益保留在国外。外国承包公司及其在巴基斯坦注册的分支机构有权根据相关外汇法出口根据协议获得的石油份额,有权将其销售收益保留在国外并自由使用。外国承包公司有权按照巴基斯坦国家银行的规定,将其出售石油所得的资金汇出。政府应确保巴基斯坦国家银行允许外国承包公司将所有资金毫不迟延地汇出,不施加其他成本。

承包商和各承包公司应通过正常的银行渠道向巴基斯坦汇入资金,以满足其协议约定的支付义务。外国承包公司不得使用任何巴基斯坦卢比借款机制。协议下所有货币兑换汇率应为巴基斯坦国家银行当时确定的汇率。

各外国承包公司为了石油运营需要,有权控制在巴基斯坦建立的银行账户的资金流动,但可能会被要求向巴基斯坦国家银行或政府指定机构提供一份每月银行存款对账单和账户支付说明,并向政府控股私人有限公司提交副本。按国家银行或其指定办事机构接受的形式按季度提供外汇交易的详细情况,以便于监控此类账户。具体详细情况包括:(1)石油销售收益的存款情况,包括石油销售数量、销售日期和单价;(2)为石油作业偿还的外币贷款本金;(3)支付的贷款利息、费用、支出;(4)因石油作业需要,以外币支付给非巴基斯坦居民的资本货物;(5)因石油作业需要,以外币支付给非巴基斯坦居民的货物和服务,包括外国雇员和顾问服务;(6)应政府要求,为履行协议义务向巴基斯坦或其他地方的汇款及支出;(7)以外币保留或支付给关联企业的净利润、折旧、摊销。

## 十二、进出口和当地购买

从事石油作业的作业人可以进口、出口、转让和处置机械、设备、材料、专用车辆、零部件、备件、化学品、耗材等。

承包商在石油作业中应遵守当地购买要求,包括:(1)优先购买和使用在巴基斯坦制造和生产的货物,前提是这些货物具有可接受的规格,条件可比。(2)雇佣具有所需技能和专业知识的巴基斯坦分包商,只要其服务与其他地方获得的服务标准相当。在没有巴基斯坦分包商的情况下,应最大限度地优先考虑使用巴基斯坦货物的非巴基斯坦分包商。（3）与巴基斯坦国内公司合作，使其能够发展石油行业的服务技能和技术。（4）根据法律、协议及国际石油行业普遍接受的标准，勤勉、认真、熟练地进行高效安全的石油勘探、开发和生产，防止石油损失或浪费，最大限度地从合同区域经济地回收石油。（5）确保石油作业中使用的所有材料、设备、技术和设施符合国际石油行业公认的工程标准，并保持良好的工作状态。（6）确保承包商与分包商的合同含有上述条款。

承包商应建立采购货物和服务的适当程序，包括与政府控股私人有限公司协商的招标程序，以确保巴基斯坦的供应商和分包商有足够机会竞争此类货物和服务供应。投标应以公开竞争性招标为基础进行，招标程序和紧急情况下投标的例外情况应满足并遵守协议规定的所有其他投标要求。在每年结束后120日内，承包商应向政府提交一份《当地采购说明》报告，概述其在该年度内利用巴基斯坦商品和服务方面的成果。

作业人有权出口已进口到巴基斯坦的不再用于石油作业的物品，该出口不需要支付任何费用、税收或出口关税。如果协议下所有石油作业均终止，承包商应确保将其进口的设备、材料出口，除非协议另有约定。承包商应将至少10％的计算机软件合同授予本地软件，但该软件应以具有竞争力的价格提供。

进出口应遵守有效的进出口和贸易政策。贸易政策禁止进口的物品，未经政府特别许可，不得运往巴基斯坦。承包商不负责支付预定货物进出合同区域而征收的任何税款、评估、征收、征税或费用。

## 十三、管理委员会

协议生效日期起60日内，应成立一个管理委员会。政府控股私人有限公司应提名管理委员会两名委员和两名候补委员，承包商应提名三名委员和三名候补委员，其中作业人将任命至少两名委员。如果承包商由一个以上实体组成，至少应有一位委员来自作业人以外的承包公司。政府控股私人有限公司和承包商应在本协议生效日期后尽快以书面形式通知另一方其在管理委员会任职的委员和候补委员的姓名和地址。

政府控股私人有限公司和承包商应指定候补委员，委员缺席时由候补委员全权代理其职权，并可以随时提名另一名委员或候补委员替换被提名的委员，但应提前通知管理委员会其他委员。作业人在管理委员会中任命的委员应作为管理委员会主席，政府控股私人有限公司提名的一名委员应被指定为管理委员会副主席。

承包商应向管理委员会提交以下事项供审查批准：（1）年度工作方案、预算、石油作业雇佣计划及计划的修订。(2)与分包商签订的采购程序和合同条款。(3)开发区域的确定、开发计划的批准建议,及对开发计划的修订和补充。(4)承包商工作进度。(5)建议的产量水平和分配机制。(6)任命审计员,批准和采用经审计的账目。(7)超过管理委员规定限额的承包商索赔及其处理。(8)关于废弃计划、现场恢复的建议。(9)协议要求提交给管理委员会批准的其他事项。(10)承包商决定提交给管理委员会的任何其他事项。(11)政府控股私人有限公司向管理委员会提交的任何事项。

管理委员会应在勘探期每6个月至少召开一次会议,此后每3个月或经任何成员要求应在更短时间内召开一次会议。主席经与副主席协商后,应在每次会议召开前至少28日通知会议的时间、地点、目的,并应在通知中明确会议议程。主席负责处理会议的最终议程,将议程连同证明材料在会议前至少9日提供给委员。未列入议程的事项可在会议上讨论,但应经所有委员(无论是否出席)一致同意。

主席应任命承包商指定的一名委员担任管理委员会秘书,秘书负责用英语编写每次会议的会议记录,并于会议结束后14日内向管理委员会每位委员发送两份会议记录草案副本。委员应在收到会议记录后14日内,告知主席和其他委员其批准会议记录,在会议记录上署名后返回给主席,或通过电传、电报、传真并将副本发送给其他成员。任何成员都可以建议主席和其他委员修改、修正或增补会议记录,或在返回会议记录副本时提出建议。如果主席或任何其他成员不同意任何成员建议的会议记录修改、修正或增补,该事项应提请其他委员注意并重新提交给管理委员会在下次会议上批准。如果委员未能在14日内作出适当回应,视为该委员批准会议记录。

管理委员会会议应在巴基斯坦举行,除非管理委员会委员另行商定。管理委员会委员出席会议的全部费用由承包商承担。所有需要管理委员会批准的事项应经管理委员会委员一致同意。管理委员会召开会议时应至少有两名委员出席,其中一名为政府控股私人有限公司的代表,另一名为作业人指定的承包商代表。如果委员或其候补成员不能出席会议,可以在会议期间通过电传进行投票,该投票与出席会议的投票具有相同效力。管理委员会委员如果不能出席会议,可提前向其他委员发出书面通知,指定一名代表作为代理人出席会议并在会议上投票。

任何建议应提交给委员投票决定。委员应通过向主席的发送信函或传真投票。紧急情况下应在通知送达后48小时内投票。其他情况下,应在通知中指定的时间投票,但通知送达后的投票时间应不少于5个工作日。除紧急情况外,委员可以在提案的书面通知送达48小时内,再次通知要求管理委员会审议提案。委员未能在规定期限内投票的,视为对该提案投赞成票。主席应将投票结果通知所有委员。

管理委员会认为必要时,可任命代表组成法律、财务或技术分委员会以审议任何需要其批准或决定的事项。分委员会的费用可由管理委员会按照会计程序执行。

## 十四、管理和作业

承包商通过作业人进行的所有石油作业以及由此产生的所有费用应遵守经核准的工作方案和预算。承包商应通过作业人向管理委员会提交拟议的年度工作方案和依据会计程序制定的预算。初步预算应在协议项下的活动开始后尽快提交。所有预算应不迟于每年开始前 60 日提交。工作方案和预算经管理委员会批准后生效。管理委员会在每年开始前 30 日内审议工作方案及预算。

承包商经授权开展所有工作并承担所有费用,工作计划和预算应经过管理委员会批准。经批准的预算应作为确定成本的依据。除下列情况外,承包商进行石油作业不能超过批准的工作计划,不能超过批准的预算开支。(1)如果有必要执行批准的工作计划,承包商超出预算支出的上限是经批准预算的 10%,应立即向管理委员会报告实际或预计的超支情况,并提供详细信息和理由。(2)若发生爆炸、火灾、洪水或其他紧急情况,承包商可采取其认为合适的一切措施保护人命和财产,但应立即向管理委员会报告紧急情况,说明其采取的行动和紧急情况导致的损失及支出。

承包商有权通过其全部或部分自有运输设施,或通过第三方拥有的运输设施从合同区域起运和输送石油。若承包商有必要建设新管道或接收站,必须提交申请。政府在批准管道或终端时,可以规定必要条件以确保石油运输体系的合理性。政府可以要求产品分成协议或石油特许权协议的承包商和其他承包人共同安装自有运输设备,也可以授予政府控股私人有限公司及其指定人或第三方以批准的费率非歧视地使用运输能力。政府出于有效的石油作业或公共利益考虑,可以根据《海上石油规则》要求承包商将其拥有的生产、加工、运输设备供其他人使用,但是使用人应向承包商支付公平补偿。

承包商应遵守政府就下列事项发布的指示:(1)承包商雇佣的外籍人员在抵达巴基斯坦前,应拥有完整的旅行证件。若外籍人员希望延长停留期,应从主管机关获得批准。外国人在到达巴基斯坦前应接受安全检查。在合同区域工作的外国人应接受安全机构检查,根据 1946 年《外国人法》在外国人登记办公室登记,并将照片提交给相关政府机构。外国人应遵守内政部发布的工作、雇佣、人员活动指南。(2)承包商雇佣外国人的,应制定计划并经石油特许权总局批准。(3)承包商的雇员不得对禁止和限制场所拍照。(4)除非本协议和《海上石油规则》允许,否则承包商准备的有关合同区域的草图和摄影信息不得发布给任何人。未经石油特许权总局事先书面许可,所有数据和测试结果不得出口到巴基斯坦境外。(5)现场调查方的访问和行动计划应提前转发给主管当局、当地政府、政府控股私人有限公司和石油特许权总局。(6)承包商的雇员不得访问禁止区域,并确保不发生边界违规,承包商应确保不在国际边界(海上边界线)4000米范围内开展活动。(7)未经安全机构事先许可,不得飞越合同区域。(8)按照石油政策的规定对社会福利计划和培训进行投资,将石油作业不同阶段的人力需求提供给石油特许权总局批准。(9)确保在与任何分包商的石油作业合同中包括一项条款,要求该分包商的雇员遵守政府对承包商的指示。

在进行石油作业时,承包商应符合所有的财务要求,按照良好国际石油行业惯例采用通用的先进科学方法、程序、技术和设备。承包商拥有通过作业人直接管理和监督所有石油作业的全部权力和责任,全权保管和控制其所管理的所有财产。

为了开展石油作业,承包商拥有以下专有权利、职责和义务:(1)由其正式授权的管理人员、雇员、代理人,或其独立、合格的分包商、顾问、服务公司进行所有石油作业,并尽力以最有利的条款和条件获得所需的货物、材料、设备和服务。(2)签订包括进行石油作业所需的货物、材料和设备的服务和采购合同。对任何支出可能超过50万美元的合同进行招标采购。(3)地役权。

石油作业不影响和剥夺私人财产所有者的权利,承包商应根据巴基斯坦相关法律遵守与私人财产权有关的必要程序。承包商及其律师应处理由石油作业引起的损害索赔,但未经管理委员会批准,协商解决的索赔不得超过10万美元。

## 十五、信息、数据、保密、检查和安全措施

承包商应立即向政府提供根据协议的石油作业获得的所有数据,包括但不限于地质、地球物理、地球化学物理、工程、钻井日志、地图、磁带、岩心、切片、生产数据以及所有解释和衍生数据,包括就石油作业编制的报告、分析、解释和评估(以下简称"数据")。数据应为政府的财产,但承包商有权为协议的石油作业免费使用这些数据。承包商根据协议获得或准备的所有数据、信息和报告均为机密,未经另一方书面同意,不得向任何第三方披露。

承包商可在石油作业中,保留数据材料和信息的副本及样本,并经政府批准保留原始材料。但在该材料能够复制且已提供给政府的情况下,承包商可根据法规出口样品或其他原始数据用于处理、实验室检查或分析,前提是质量、尺寸和数量相同的代表性样品和同等质量的副本已事先交给政府。

承包商应通过作业人告知政府在石油作业过程中的所有进展,并向政府提供与石油作业有关的完整、准确的信息和进度报告,包括日报告、月度报告、年度报告及其他定期报告,但该报告义务不得延伸到专有技术。承包商应在获得这些数据后立即展示所有地质和地球物理工作结果,以及所有工程和钻探作业结果。

数据、信息、报告的保密义务不适用于下列情形:(1)为石油作业目的,披露给附属公司或分包商。(2)披露给员工、专业顾问、顾问、数据处理中心和实验室,以便其履行与承包公司的石油作业有关职能。(3)为石油作业目的,向银行或其他金融机构披露。(4)向本协议的诚意受让人、出售股票或股份的承包公司、政府控股私人有限公司披露。(5)按照法律或法律程序要求,或承包公司所在的证券交易所要求进行的披露。(6)向政府部门提供或代表政府编制与石油作业及其管理相关的统计报告。(7)将众所周知的数据或信息向一方披露。数据、信息或报告的接收人应遵守保密要求。承包商应将披露的信息及时通知政府。

如果某个区域不再是合同区域的组成部分,承包商应向政府交付其所拥有的该区域的所有数据和信息副本和原件。政府有权根据规则自由使用该数据和资料。

政府有权通过其授权代表,观察石油作业,检查承包商保存的有关合同区域石油作业的所有资产、账簿、记录、报告、账目、合同、样本和数据。但是承包商不得披露任何专有技术。承包商应向政府授权代表提供合理协助、合理设备、不超过 30 日办公空间和住房,设施费用由政府承担。政府授权代表有权进行合理的调查、测量、绘图、测试、文件副本制作、取样,合理使用承包商的设备和仪器,但不得不适当地干扰承包商的石油作业。

承包商应在获得批准后,事先向政府或政府指定当局发出通知,说明用飞机或船舶进行勘测的计划,注明将进行勘测的名称、覆盖区域的大致范围、勘测时间、开始日期、勘测飞机或船舶开始航行的机场或港口名称以及船上船员的资料。政府或政府指定当局有权检查承包商或分包商在合同区域进行的勘测和进行的其他石油作业的飞机或船舶,并有权配备政府指定的飞机或船舶管理人员,以确保承包商、分包商行为符合巴基斯坦的安全要求。

## 十六、石油、数据和资产所有权

原油、凝析油、液化石油气或天然气的所有权按照协议的规定转移给承包商和其他人。

所有规定数据的所有权属于政府，承包商有权按协议规定免费使用。经石油特许权总局事先批准，承包商有权与巴基斯坦以外其他地区交换类似性质的数据。

承包商购买用于石油作业的资产归承包商所有。协议期满或提前终止时，政府控股私人有限公司有权要求拥有承包商用于石油作业的全部资产的所有权。承包商应负责石油作业资产的适当维护、保险和安全，并使其始终处于良好的维修秩序和工作状态，相关费用按照会计程序回收。

## 十七、培训和雇佣

作业人应代表承包商最大限度雇佣巴基斯坦合格国民，提供员工岗位教育培训，包括行政和管理岗位的教育培训。作业人应要求在巴基斯坦运营的分包商履行同样的义务。作业人承诺使用合格的巴基斯坦国民逐步更换其外籍人员。承包商应制定巴基斯坦国民的年度就业和培训计划，并提交给石油特许权总局批准。该计划应列入年度工作方案和预算。在每年结束后 30 日内，承包商应向石油特许权总局提交一份书面报告，说明所雇佣人员的人数、国籍和岗位以及巴基斯坦国民培训计划的执行情况。

作业人应代表承包商建立政府满意的方案，培训石油特许权总局、政府控股私人有限公司和巴基斯坦联邦政府相关人员，提升这些人员有效履行职责的能力。培训方案应涵盖技术和管理学科，包括但不限于地质、地球物理、工程、项目管理、会计、经济和法律方面的在职培训和内部研讨会。

承包商在勘探期间每年应至少支出 2 万美元用于培训，在开发和生产阶段每年至少应支出 10 万美元。除非另有约定，未使用的培训费用应存入石油特许权总局为该目的设立的特别账户。

承包商应联系并将双方商定数量的政府控股私人有限公司人员免费纳入正在进行石油作业的技术领域。

## 十八、管道和加工设施、炼油厂

承包商有权按照巴基斯坦相关政策和法律，在测量点下游建造和运营管道、终端设施、处理设施和炼油厂。在没有足够管道容量或其他基础设施的情况下，为了加快开发第一个商业发现，承包商可向政府提出将管道或其他基础设施作为开发计划的一部分，并作为可回收的成本。

政府决定批准前可以考虑下列条款与条件：(1)有义务在管道或基础设施的海岸出口设立测量点，并在该测量点确定石油价值。(2)第三方或当事人在政府批准条件下接入可用管道或处理能力的权利。(3)政府控股私人有限公司有权免费要求享有承包商拥有的管道和基础设施的全部所有权和产权，该权利可在本协议期满或提前终止时行使，但不应损害承包商或任何承包公司的担保权益。在该管道和基础设施支出成本收回后，承包商有权在协议期间使用该管道或基础设施，但应支付与承包商使用该资产相应的运营费用和资本成本。(4)允许承包商建造和运营符合当地要求且为出口其石油份额的管道，这些管道应由相关监管机构根据法律、规则、法规和第三方开放进入制度的石油政策进行监管。建造此类管道的承包商将根据使用计划优先进入。(5)当承包商、作业人、第三方或政府提名实体建造、运营从出口法兰到最近输送系统的连接管道时，该管道应根据石油政策进行监管，除非相关监管机构决定该管道为不受监管管道(non-regulated pipeline)。(6)如果拟定由第三方或买方建造互联管道，承包商应在各当事方拟同意的供应合同内确认必要的天然气供应量、供应压力、储量和其他技术参数。(7)从出口法兰到输送系统的每月收费基础由监管机构决定，按照 12% 投资回报率计算，资本成本至少分摊 15 年。允许成本包括运营成本和至少 15 年摊销期内的初始资本的应付利息。还款期结束后，作业人将能够获得运营成本 12% 的利润率。如果该管道被多个托运人使用，则每年年初应在汇总所有托运人申报基础上形成管道总容量。当年交付量达不到或超过申报量时，费用应从该年度费用中扣除或补足。(8)除非专门建造管道的目的是促进作业人、承包商与监管机构正式批准的第三方之间达成的第三方接入协议，否则建造从海上油气田到出口法兰的管道应预留 30% 的额外容量，除非石油特许权总局根据客观评估的未来可能使用容量另有决定。(9)承包商应尽可能有效地利用现有输送系统，并配合出口法兰和输送系统上游管道的施工和运营。除非石油特许权总局或相关监管机构另有约定，否则共享所有权和备用容量应基于各作业人的综合同步共享平台。鼓励承包商在延伸初始系统中进行合作，确保规模经济和最大利用率，并确保整个管道保持在石油政策规定的费率限额以下。(10)如果该管道位于近海地区且过剩容量随后被第三方利用，费用应由石油特许权总局批准的提供管道进入方收取，该收入可以作为产品分成中的利润油、利润气处理。(11)支付给任何第三方或生产商的连接出口法兰到输送系统的管道费用总计不超过 0.5 美元/百万英热单位。特别情况下需要超过这一限制的,由监管机构根据具体情况决定,并应经巴基斯坦联邦政府批准。收费限制的指数化是基于监管机构的建议和政府批准。公用事业公司将继续在相关法律框架内按照单独的收费制度取费。(12)连接油气田至出口法兰和出口法兰至输送系统管道的所有权和运营应在启动管道的租约期满或提前终止后移交给政府。移交的管道不存在任何留置权、负担或其他责任。

## 十九、其他矿物

承包商应立即向石油特许权总局报告发现的任何潜在可生产的矿物。承包商发现生产核能所需的任何矿物时,应立即向巴基斯坦原子能委员会和石油特许权总局报告。本协议未规定承包商有权开发、开采此类矿物。

## 二十、账目和审计

承包商应在作业人位于巴基斯坦的注册办事处保存与石油作业有关的所有账目、账簿、报告和记录,提供清晰、准确的实际支出和收入记录。账户应包括石油作业中获得的所有收入和支出、合同区域获得的产量,以及根据良好国际石油行业惯例和会计程序获得和出售的所有财产。账目应在生效日至该年终了的时间内进行审计,此后每年通过国际认可的合格、独立特许会计师事务所进行审计。

审计报告的副本应在每年终了后 6 个月内提交给总统和政府控股私人有限公司。如果总统、巴基斯坦审计长、政府控股私人有限公司在收到相关报告副本后 6 个月内未对审计账户作书面特别处理,该报告是最终的,对承包商、政府控股私人有限公司和总统有约束力。但是,账户、支持凭证、文件以及审计所需的合理设施,应提供给巴基斯坦审计长并通知石油特许权总局。审计长可在收到报告之日起的两年内以书面形式要求承包商进一步提供信息。承包商应在收到审计长的要求后 3 个月内提供解释。总统、政府控股私人有限公司和承包商应在必要时就审计长的要求采取适当行动。

政府控股私人有限公司有权在收到相关审计报告之日起 5 年内审计承包商提交的账户和相关记录,但应提前 45 日通知作业人,费用由承包商承担且可以计入成本油、成本气回收。

协议规定的会计和审计规定及程序不影响巴基斯坦法律规定的其他要求,包括与公司税收有关的法律法规的具体要求。作业人应向审计人员提供根据协议编制和保存的所有账簿、记录、账目、会计凭证和其他文件及信息。审计应按照协议和良好国际石油行业惯例进行。

承包商经管理委员会批准,应选择具有适当石油审计经验的国际认可的独立特许会计师事务所。会计师事务所应在审计开始前提交一份详细的审计计划给管理委员会批准。审计费用由承包商承担,并可根据具体情况从成本油、成本气中回收。

审计委员会由相同数量的政府控股私人有限公司和承包商代表组成,职能是针对选择审计人员和批准审计计划提出建议。审计委员会在收到审计报告副本后,应向管理委员会就解决审计中的特殊情况提出建议,并向管理委员会提交最终审计报告。

政府控股私人有限公司对审计报告中存在的疑点应以书面形式向承包商提出,并在审计完成后两个月内向审计委员会提交该报告副本,除非承包商书面同意作出合理延期。

承包商应在收到审计索赔后 6 个月内对疑点作出书面答复。如果承包商在 6 个月内无法回应索赔,应对未回复的疑点进行调整,除非其提出附有明确工作计划的延期申请并就解决日期达成一致。如果承包商不同意索赔,则应在答复中给出详细解释。如果承包商同意索赔,应在同意后一个月内对账目进行调整,调整的证据应在下一个季度支出报表中反映。

审计委员会应对所有索赔的状况每半年向双方报告一次。承包商和政府控股私人有限公司应在审计委员会协助下,尽一切合理努力解决索赔。在承包商答复 6 个月后,审计委员会报告的未解决的索赔应立即提交管理委员会解决。如管理委员会未能在确定期限内达成协议,应按照协议中解决争议的规定进行解决。审计决议的所有必要调整应经承包商报告给审计委员会,并按照规定进行调整。

# 二十一、保险和赔偿

承包商应遵守巴基斯坦关于工人赔偿、雇主责任的法律和保险法。协议期内,承包商应根据良好国际石油行业惯例,对石油作业通常的风险投保。承包商应向政府提供有效的保险证明。保险单应将石油特许权总局、政府和政府控股私人有限公司作为额外被保险人,承保人应放弃对石油特许权总局、政府和政府控股私人有限公司的代位求偿权。

保险承保的范围包括:(1)与石油作业有关的所有装置、设备和其他资产损失或损坏;如果承包商未能为此类装置、设备或资产投保,应自费更换、修复所造成的损害;(2)石油作业过程中污染或不利环境影响造成的损失、损害、伤害;

(3)石油作业过程中或石油作业导致任何第三方遭受的财产损失、损害、人身伤害;(4)政府因任何第三方在石油作业过程中或因石油作业遭受的财产损失和人身伤害而承担的任何索赔,承包商应就此赔偿石油特许权总局、政府和政府控股私人有限公司;(5)在石油作业过程中或石油作业导致的事故后清除沉船和清理作业费用;(6)承包商对从事石油作业雇员的责任。

如果无法投保、未投保第三方责任保险或石油作业造成的索赔或损害,承包商应承担全部责任,对所有索赔、损失和损害进行抗辩、赔偿,使政府免受损失。

承包商有权指定承包公司的附属保险公司作为主要保险人或再保险人,但该保险公司的身份以及该保险公司提供的保险条款和条件可能需要管理委员会同意。承包商应要求其分包商取得并购买保险,有关保险的规定同样适用于分包商。

承包商应随时保障政府控股私人有限公司、石油特许权总局、政府、总统不受任何诉讼、费用、指控、索赔、损失、损害及要求的影响,包括但不限于承包商或代承包商进行石油作业的第三方造成的财产损失和死亡索赔。承包商不对政府控股私人有限公司、石油特许权总局、政府或总统的任何间接损害和损失包括利润损失承担责任,不对后者相关人员疏忽行为造成的任何损失、索赔、损害或伤害承担责任。

# 二十二、履约保证

各承包公司应在协议生效前及后续各阶段开始前自行取得并向政府提交保函,保函可以采取两种方式:第一,巴基斯坦境内信誉良好的知名银行开出不可撤销、无条件银行保函,保函金额与承包公司未履行金额相当。第二,在石油特许权总局接受的国际知名银行设立的托管账户,账户资金相当于最低财务义务的25%。

所有银行保函应明确:(1)每年结束时,石油特许权总局代表政府向银行签署证书,允许按比例减少保函金额,减少的保函金额等于该区域完成工作单元的25%;(2)各阶段届满时,银行提交政府出具的证明,证明开采利益所有人已经履行该阶段最低工作义务,可以解除担保。

如果承包商选择进入下一阶段或勘探期的续展期,应提前将银行担保交给石油特许权总局。若承包商未在规定期限内提交规定的银行保函,政府可以根据《海上石油规则》终止协议。

## 二十三、有效性和期限

协议按照约定生效,至协议期届满、放弃整个合同区域、终止或争议最终解决时失效。协议的终止或期限届满不影响双方应承担的责任、义务和权利,协议关于保密、赔偿、仲裁和法律适用的规定在协议终止或期限届满时继续有效。

## 二十四、不可抗力

不可抗力是指不是由签约方引起、不能通过合理注意以合理成本加以预防和控制的事件,包括但不限于天灾、战争、革命、起义、暴动、封锁、暴动、罢工、停工或其他工业骚乱、火灾、闪电、异常恶劣天气、风暴、洪水、爆炸、事故或政府约束、行动,直接影响承包商和作业人义务的延迟或不作为。

如果任何一方因不可抗力无法履行协议义务,暂停履行义务。因不可抗力无法履行义务的一方应立即通知另一方不可抗力的发生和所受影响的全部细节。要求中止履行义务的一方应在能力范围内,立即补救不可抗力造成的影响。不可抗力停止时,应及时通知另一方。然而,任何罢工、停工或其他工业骚乱的解决条款应完全由该当事方酌情合理行使,不得强制要求该方立即同意另一方提出的单方补救罢工、停工或工业骚乱的方式。财务不足不应视为不可抗力事件,不可抗力事件的不发生中止应付款项的支付义务。

协议期限应延长至不可抗力影响期间和政府决定的恢复石油作业期限。如果不可抗力的发生超过协议期限内连续三年或双方同意的更长期限,总统、政府控股私人有限公司或承包商可在发出书面通知后 3 个月终止本协议,且不再承担义务。如果不可抗力事件发生且持续可能超过 60 日,双方应开会讨论不可抗力造成的后果和应采取的行动,以减轻影响。当事方可以同意在受不可抗力事件影响的合同区域内继续进行石油作业。

## 二十五、争议解决

因本协议、许可证或租约条款引起的问题或争议,双方应在争议方送达争议通知之日起 30 日内通过真诚协商友好解决。如果争议具有技术性质,且在合理期限内未能友好解决,双方可将争议提交给双方协议指定的唯一专家。该专家应独立、公正,具有相关资格、经验和国际声望,不得因国籍、个人关系或商业利益而在自身利益与唯一专家的职责之间发生冲突。如果 30 日内或双方同意的更长时间内无法就指定唯一专家达成一致,该专家应由双方同意的一个机构或个人指定。如果没有机构或个人指定唯一专家,或该机构、个人在 30 日内或双方同意的更长时间内未能指定唯一专家,此争议应提交仲裁。任何被指定的唯一专家应作为专家而不是仲裁员,若唯一专家的决定未被一方接受,应在 90 天内按规定进行仲裁。

任何不能按照协商和唯一专家解决的争议,应提交常设仲裁机构按仲裁规则进行仲裁并最终解决。仲裁员人数为 3 名,由常设仲裁机构指定。如果索赔金额低于 1000 万美元,常设仲裁机构只指定一名仲裁员。仲裁地点应在巴基斯坦伊斯兰堡或总统和外国承包公司同意的其他地方。如果不能就仲裁地达成协议,由常设仲裁机构决定。仲裁中使用的语言为英语。该规定适用于外国承包公司之间、外国承包公司与总统或政府控股私人有限公司之间,或外国承包公司与本地承包公司之间。

如果在当地承包公司之间,或当地承包公司与总统、政府控股私人有限公司之间发生争议,仲裁应按照 1940 年《仲裁法》进行。如果索赔的金额低于 1000 万美元,双方应同意指定一名仲裁员。然而,如果争议金额超过 1000 万美元,各方应指定一名仲裁员,该两名仲裁员应共同指定巴基斯坦高等法院或最高法院的退休法官作为第三名仲裁员,第三名仲裁员为仲裁庭主席。仲裁地点应为巴基斯坦伊斯兰堡。

外国承包公司与总统或政府控股私人有限公司之间,或外国承包公司与当地承包公司之间就某一特定争议进行仲裁时,外国承包公司可选择 1940 年《仲裁法》。如果行使选择权,该特定争议不进行国际仲裁,而是按照国内仲裁进行。

## 二十六、环境保护

石油作业会对合同区域的环境造成一定影响。因此,在履行协议时,承包商应适当考虑到环境保护和自然资源保护,在进行石油作业时采用先进技术、做法和操作方法防止环境破坏,采取必要和适当步骤防止环境破坏,并在对环境不可避免地造成不利影响时,尽量减少对人员、财产或其他方面的间接影响。如果承包商未能遵守规定或违反相关法律的规定,且导致环境损害,应立即采取一切必要和合理的补救措施。

如果政府有合理理由相信承包商建造的工程、设施或承包商进行的任何石油作业正在危及或可能危及人员、财产,造成或可能造成污染,造成或可能造成政府认为不可接受的环境损害,政府可要求承包商在政府确定的合理期限内采取补救措施,纠正对环境的损害。如果政府认为有必要,也可以要求承包商全部或部分停止石油作业,直到承包商采取补救措施或修复造成的损害。

承包商应在石油作业开始时与政府协商确定,若石油作业的范围或方法发生重大变化应考虑类似情况下适用的良好国际石油行业惯例,以及根据相关法律进行环境影响研究。承包商应以书面形式将其最终确定的措施和方法通知政府,并应根据现有情况对这些措施和方法进行审查。

除巴基斯坦法律规定外,承包商应使用政府批准的具有环境专业知识的人员进行两项环境影响研究:第一项是确定合同区域和邻近区域的环境、人类和当地社区、野生动物和海洋生物的主要情况。第二项是确定根据本协议进行的相关石油作业对合同区域及邻近地区的环境、人类和当地社区、野生动物和海洋生物的可能影响,提交降低环境影响、修复现场的方法和措施,供各方考虑。

环境影响研究应包含为减少环境破坏需要采取的具体措施,包括但不限于:拟议开凿的通道、木材清理、野生动物和栖息地保护、燃料储存和处理、炸药使用、营地和工作台位置选择、液体和固体废物处理、文化和考古遗址保护、钻井地选择、地形稳定、淡水层保护、井喷预防计划、完井和测试井燃放、弃井、钻机拆除和现场竣工、废弃物回收、噪声控制、泥浆和碎片处理等。

承包商应确保以环境可接受和安全的方式进行石油作业,符合良好国际石油行业惯例,并进行适当监测。承包商应向其员工和分包商提供环境影响研究成果,以便其对实施石油作业的环境保护措施和方法建立充分、适当的认识。承包商与分包商签订的石油作业合同应涵盖承包商的环境保护义务。

承包商在进行钻井活动之前,应准备并提交处理溢油、火灾、事故和紧急情况的应急计划,以实现快速、有效的应急响应,并经政府审查。石油作业造成紧急情况、事故、溢油或火灾时,承包商应立即通知政府,及时实施相关应急计划,按照良好国际石油行业惯例进行必要的现场恢复和损害控制活动。若石油作业引起影响环境的紧急情况或事故,承包商应按照良好国际石油行业惯例采取谨慎和必要的行动。若承包商未能在政府规定的期限内履行环境保护义务,政府在合理通知承包商后,可采取必要措施。政府在采取行动后应立即收回与该行动相关的所有费用和支出,以及根据本协议确定的利息。

## 二十七、适用法律

《海上产品分成协议》规定了承包商、政府控股私人有限公司和总统之间达成的完整协议,对各方具有约束力。除非各方另行同意外,协议应继续有效,无需任何修改或修订。《海上石油勘探与生产规则》、2001年《所得税条例》、1948

年《矿山、油田和矿产开发政府控制法》以及协议生效时的其他法律仍适用,无论随后是否进行修订。对于协议未具体处理事项,或协议条款与法律存在冲突时,应以法律规定为准。开始商业生产十年后,政府有权根据政策修改协议中利润油和利润气的百分比份额。

如果承包商由两个以上个人或公司组成,其应就本协议的活动产生的所有义务和责任对其他方承担连带责任。协议受巴基斯坦法律管辖,不赋予任何自然人或法人有违反巴基斯坦法律的权利、特权或权力。

# 第六章 天然气政策

天然气在巴基斯坦的能源平衡中起着关键作用。天然气约占巴基斯坦一次能源供应的50%。随着经济增长,预计天然气的需求将进一步增加,但是可采本土天然气储量将不足以满足这一需求。如果不通过进口补充供应,已经出现的天然气短缺将更加严重。

为解决天然气供给短缺问题,巴基斯坦强调通过跨境天然气管道和液化天然气从邻近产气国进口天然气。巴基斯坦采取了必要措施,安装液化天然气接收、储存、再气化设施并扩大天然气输送基础设施,以便在国内市场分销、销售再气化液化天然气。巴基斯坦石油和自然资源部在2006年发布了液化天然气政策,2011年进行了修改,以促进液化天然气项目的快速实施。2016年,巴基斯坦石油和自然资源部发布了液化石油气生产和分销政策,主要目标是使国内消费者能以可承受的价格获得液化石油气,避免频繁的价格波动,确保价格水平可持续。

## 第一节 天然气分配和管理政策

巴基斯坦的天然气储量有限,天然气在一次能源供应中的份额从1999—2000年的约40%增加到2004—2005年的52%以上,天然气消费量不断增长,因此迫切需要增加天然气供应。预测表明,巴基斯坦天然气消费量在2020—2030年期间年均增长率约24.37%。[①] 巴基斯坦联邦政府认为应加强天然气勘探增加本土供应并通过邻国管道进口天然气以及液化天然气。同时,联邦政府认为,建立一个天然气分配和管理计划以有效利用宝贵的天然气资源极为重要,尤其是考虑到天然气在国内能源领域的主导地位。为此,联邦政府在2005年发布了《天然气分配和管理政策》作为指导方针。

---

① Raza Muhammad Yousaf & Lin Boqiang. Natural Gas Consumption, Energy Efficiency and Low Carbon Transition in Pakistan [J]. Energy,2022(2):33-54.

## 一、天然气消费者

天然气消费者主要是：家庭、商业、化肥厂、工业、水电发展署和卡拉奇供电公司、水泥厂、自备电厂和压缩天然气。

对天然气需求高峰的管理方案主要是：(1)家庭和商业消费者获得持续的天然气供应。(2)对化肥厂连续供应天然气。(3)减少或断开对超过9个月合同的工业天然气供应。(4)在满足家庭、商业、化肥和工业部门需求之后向发电厂供应天然气。(5)水泥厂在"可行"基础上(as and when available basis)获得供应。

## 二、天然气分配标准

天然气公用事业公司将新的消费者与天然气网络系统连接时，应遵守以下指南：(1)对家庭消费者的天然气供应按照联邦政府确定的年度目标进行。(2)鼓励向商业部门供应天然气。(3)对化肥行业分配天然气时，联邦政府应考虑家庭需求天然气的供应情况。(4)一般工业部门的天然气供应标准是：工艺气体的天然气供应按12个月，其他用途的保证天然气供应为9个月，其余时间尽最大努力供应。

自备电力部门以外的所有电力部门消费者的天然气供应是：(1)尚未签署《天然气销售协议》的所有电力部门消费者应在6个月内与各自的公用事业公司签署协议。(2)对电力部门所有现有消费者的天然气保证供应时间为9个月，其余时间的供应将尽最大努力，除非《天然气销售协议》另有规定。(3)对采用联合循环双燃料发电技术的新发电厂，合同期内将提供天然气并采用适当的保障措施来保护天然气供应商和联邦政府的利益，使其免受无气可用或削减使用事件的影响。

在首先满足家庭、化肥、商业、工业和电力（包括水电发展署、卡拉奇电力公司和独立发电厂）部门的需求后，按以下规定向自备电力部门消费者供应天然气：(1)鼓励向采用联合循环技术或热电联产技术且容量达50兆瓦的火电厂配置燃气。为了确保发电中最佳地使用天然气，工业单位集体建立仅供自用的商业电厂也包括在这一类。(2)不同地方自用发电的天然气供应将以"可行"为基础。(3)如果需要扩建管道，费用由工业单位的发起人承担。

向服务行业供应自用发电天然气时，发起人的投资应不低于5亿卢比，且每日气体供应量不超过一百万立方英尺。按照现有安排继续向压缩天然气部门供气。水泥部门将在可行基础上获得天然气供应。具有战略性质的特殊项目都将优先获得天然气供应。联邦政府可以将天然气从独立系统配置给化肥和发电部门，或者经联邦政府批准配置给具有战略性质的特殊项目。

独立发电商以外的其他项目需要的气体负荷超过日一千万立方英尺时，配置条件是：(1)项目发起人应按以下公式向联邦政府支付保证金，直到缔约方签订《天然气销售协议》并提交油气监管局批准。如果《天然气销售协议》未能在分配函发出后 24 个月内提交给油气监管局批准，则该分配自动过期。

每月付款＝每日分配的热量 X30 卢比(0.5 美元)/百万英热单位

第一个月的保证金应在发出分配函后 30 日内支付。若项目发起人未能在款项到期后 30 日内支付，天然气分配自动过期。已支付的保证金不可退还。

向工业消费者供天然气的管道和其他基础设施成本由天然气公用事业公司在透明和客观标准基础上承担，并应当在本政策发布后 3 个月内提交给各自董事会批准。

## 三、负荷管理政策

天然气配置应最大程度地促进国家社会经济发展。在供不应求情况下，天然气配置应遵守先后顺序，如表 6-1 和表 6-2 所示。

表 6-1　连接系统的天然气配置顺序

| 序号 | 消费者类型 | 优先顺序 |
|---|---|---|
| 1 | 家庭和商业部门 | 第一 |
| 2 | 化肥；工业部门工艺用气体 | 第二 |
| 3 | 在《天然气销售协议》中作出不可撤销承诺的独立发电厂、水电开发署、卡拉奇电力公司 | 第三 |
| 4 | 一般工业和压缩天然气部门 | 第四 |
| 5 | 水电开发署和卡拉奇电力公司其他未作出不可撤销承诺的发电厂；自备发电 | 第五 |
| 6 | 水泥 | 第六 |

表 6-2　独立天然气系统配置顺序

| 序号 | 消费者类型 | 优先顺序 |
|---|---|---|
| 1 | 化肥厂 | 第一 |
| 2 | 在《天然气销售协议》中作出不可撤销承诺的电力部门，包括水电开发署、卡拉奇电力公司、独立发电厂 | 第二 |
| 3 | 水电开发署、卡拉奇电力公司、独立发电厂中未作出不可撤销承诺的电力部门 | 第三 |

## 四、加大天然气供应

联邦政府将继续努力,增加国内资源的天然气供应。为应对不断增长的天然气需求,联邦政府将加快天然气进口计划,加大南方的液化天然气进口,并将富余气体向北方市场供应。

## 五、系统扩建

联邦政府努力扩建天然气网络,以促进社会经济发展。由于向经济落后地区供应天然气不符合联邦政府确定的供应成本标准,因此,联邦政府和省政府向经济落后地区提供的天然气将高于成本标准。

为了从新油田快速开采天然气,以满足国内市场的迫切需要,经联邦政府批准,公用事业公司将建设、运营、拥有连接油田和输气系统的天然气管道。

# 第二节　液化天然气政策

巴基斯坦于 2011 发布了《液化天然气政策》,涵盖了进口液化天然气的项目结构、液化气采购、接收站所有权与运输、监管框架、政府激励措施、液化气定价、政府保证、技术规范和标准、液化气装运、许可证与执照等内容。

## 一、进口液化天然气的项目结构

液化天然气进口项目可采用的项目结构有两种。第一种是一体化项目结构。这种项目结构中,私营或公共部门、合资企业、联合体(统称液化天然气开发商)负责采购液化天然气,运输至液化天然气进口接收站(包括接收、储存和再气化设施),并向国内市场供应或自己使用。液化天然气开发商将直接与政府指定买方、天然气公用事业公司和其他客户(统称再气化天然气买方)签订《天然气销售协议》。第二种是非一体化项目结构。这种项目结构中,政府指定买方、天然气公用事业公司、消费者及液化天然气供应商(统称液化天然气买方)根据《液化天然气销售协议》以船边交货(DES)、船上交货(FOB)或成本加运费(C&F)方式直接进口液化天然气。对于 FOB 采购,液化天然气买方应与船运公司签订协议,由船运公司将液化天然气运输至接收站。液化天然气买方与液化天然气接收站所有人或经营人签订协议,由液化天然气接收站所有人或经营人根据收费协议提供液化天然气接收、储存和再气化服务。

## 二、液化天然气采购

允许液化天然气开发商及液化天然气买方根据相关进口法律、法规和条例进口液化天然气。油气监管局在向液化天然气开发商和再气化天然气卖方颁发许可证时,将考虑政府的政策指南,采用以下标准以确保液化天然气供应链的可持续性:(1)对于液化天然气开发商,联合体成员至少有一方具备液化天然气供应链方面技术和商业经验。(2)液化天然气开发商、液化天然气买方、再气化液化天然气卖方应提供证据,证明终端用户最低数量的再气化液化天然气购买量足以支持终端投资和进一步销售的潜力。必要时该最低购买量应足以涵盖全部合同下的液化天然气购买承诺。(3)进口液化天然气也可以基于市场和商业考虑进行现货采购。(4)液化天然气开发商和液化天然气买方不需要进口许可证。

买方采购液化天然气可通过以下方法:(1)与一个或多个液化天然气供应商直接谈判液化天然气供应,供应的合理时间由油气监管局决定。(2)由油气监管局通过国际招标决定液化天然气供应。(3)根据市场和商业考虑,直接从液化天然气现货市场购买,但此方法不包括向公共部门天然气公用事业的供应。

如果由公共部门实体采购液化天然气,而液化天然气的供需动态要求采用直接谈判方法,政府可授权该公共部门实体与不同液化天然气供应商进行直接谈判。

## 三、液化天然气接收站的所有权和运营

根据 2002 年《油气监管局条例》,液化天然气开发商、液化天然气接收站满足以下标准时,可以从油气监管局取得设计、建造、运营、拥有液化天然气接收站的许可证。

技术方面,液化天然气开发商联合体、液化天然气接收站所有人、经营人联合体中至少有一名成员应具有开发和经营液化厂或再气化终端的经验。液化天然气接收站应根据油气监管局规定的技术标准建造,技术标准包括规定的国际可接受的行业技术标准,并经爆炸品部批准。

财务方面,液化天然气开发商联合体及液化天然气接收站所有人、经营人

联合体的财务流动性、收入、净收入和资产净值应高于规定的最低阈值。最低阈值由油气监管局设定,并应考虑与液化天然气进口接收站的开发和运营。

健康、安全和环境(HSE)方面的标准包括:(1)液化天然气开发商及接收站所有人、经营人、液化天然气买方应确保项目符合世界银行《健康、安全和环境指南》、1997 年巴基斯坦《环境保护法》的法规规则和指南、《国家环境质量标准》及巴基斯坦健康、环境和安全标准,并符合液化天然气行业的最佳国际实践。(2)液化天然气开发商和接收站所有人、经营人及液化天然气买方应根据国际标准和惯例,对项目的设计、施工和经营方面进行全面的环境影响评估,包括与项目相关的航运影响评估。1997 年巴基斯坦《环境保护法》规定了项目规划、施工、调试和作业阶段所需的研究和批准文件。(3)所有液化天然气接收站周围应设有安全区,安全区应符合美国国家消防协会安全规范和风险评估研究中规定的行业标准,确保能保护邻近社区和航运交通。

场地标准方面,液化天然气开发商及接收站所有人、经营人设置液化天然气接收站时,不论是陆上还是海上接收站,都应考虑以下因素:该场地现有和预测的人口及人口统计特征;场地附近现有和拟议的土地利用;场地位置;场地附近应对设施造成风险的医疗、执法和消防能力;按照国际标准应遵守的从接收站到财产和人口的禁区距离;与现有天然气基础设施和市场的距离;鼓励在偏远地区选址;其他需要考虑的重要社区问题;环境因素。在申请许可证时,液化天然气开发商、液化天然气接收站所有人、经营人有责任通过风险评估和模拟研究来证明其符合上述标准。

被许可方应确保快速交付液化天然气并作出保证。如果被许可方未能在规定的日期内交付液化天然气,油气监管局将取消或审查其享有的第三方进入权。

## 四、再气化液化天然气的营销与运输

液化天然气开发商及卖方应根据 2002 年《油气监管局条例》的规定,获得在国内市场销售再气化液化天然气许可证,包括隋南天然气有限公司和隋北天然气管道有限公司管道覆盖地区,遵守油气监管局向隋南天然气有限公司和隋北天然气管道有限公司颁发许可证规定的条款和条件。液化天然气开发商和卖方应根据 2002 年《油气监管局条例》的规定,从油气监管局获得建造和经营天然气管道许可证。有兴趣利用国内天然气在本地进行液化天然气小规模生产、运输和分销的各方,如液化天然气卡车生产等,应获得油气监管局颁发的许可证。

## 五、监管框架

监管框架由天然气项目建设期间、经营期间、定价、输送、再气化质量等构成。

建设期间,油气监管局应确保发给液化天然气开发商、液化天然气接收站所有人、经营人的许可证包含以下参数,被许可方需遵守这些参数:(1)该接收站符合油气监管局要求的液化天然气安装方面国际公认的技术参数和标准。(2)项目符合许可证中规定的健康、安全和环境标准。(3)其他执照和批准文件,包括国防部、港口管理局、环境保护局、爆炸物总督察以及省和地方政府机构等政府部门颁发的执照、许可证。

经营期内,油气监管局对以下内容进行监管:(1)准入权方面:所有液化天然气接收站和相关设施将在客观竞争环境下,根据公布或协商的收费标准,在受监管的第三方进入基础上经营,不得有任何歧视。但是公共部门的收费标准应经油气监管局批准。为自用或专门用途开发的液化天然气接收站和相关设施属于例外,此类接收站的使用是基于第三方协商进入。受监管的第三方进入和第三方协商进入将由油气监管局通过一个明确的调控机制进行管理。液化天然气开发商有权优先使用其自身液化天然气接收站容量,但前提是其拥有自用或专用固定容量利用计划,且使用期至少10年。(2)接收站收费和收益方面:如果液化天然气是出售给公共部门天然气公用事业公司,油气监管局将批准公用事业公司和液化天然气接收站所有人、经营人之间根据以下因素协商收费:容量及包含容量预留和其他固定费用的因素;可变要素,包括液化天然气接收站的可变经营和维护费用;产能利用。(3)为了确保液化天然气接收站的容量得到最佳利用,液化天然气接收站所有人、经营人应采用并实施"用或不用"机制。(4)报告要求:液化天然气开发商及液化天然气接收站所有人、经营人必须按油气监管局的决定定期发布经批准的容量利用率和费率。(5)液化天然气储存设施方面:液化天然气开发商及液化天然气接收站所有人、经营人可开发天然气储存设施。天然气储存可按照油气监管局确定的价格进行。

天然气定价方面,对于向隋南天然气有限公司和隋北天然气管道有限公司供应再气化天然气,其价格将作为销售给联邦政府指定的消费者和行业使用天然气价格的加权平均成本因素。液化天然气开发商和买方有权根据协商价格直接向最终用户出售再气化天然气。隋南天然气有限公司和隋北天然气管道有限公司出售的天然气价格应不低于巴基斯坦联邦政府所选择行业的再气化天然气价格。

天然气输送方面,油气监管局将确保在有容量可用情况下,液化天然气开发商、液化天然气卖方、再气化天然气买方有权按照《第三方进入规则》确定的费率进入隋南天然气有限公司和隋北天然气管道有限公司管道网络或任何其他新实体,第三方的进入权不受隋南天然气有限公司和隋北天然气管道有限公司这两个实体私有化的影响。如果隋南天然气有限公司和隋北天然气管道有限公司没有可用容量,液化天然气开发商、液化天然气买方、再气化天然气买方可要求这两家公司或其他管道经营人根据技术和经济考虑扩大容量,也可以根据油气监管局授予的许可证自行建造管道。在确定可用容量时,油气监管局将考虑通过这两家公司管道系统之间交换气体所能提供的容量。

再气化天然气质量方面,拟注入天然气公司输配网的再气化天然气的质量应与该系统中的天然气质量兼容,并由天然气公司根据油气监管局通知的天然气规范进行审核。液化天然气开发商和卖方对再气化天然气的混合、稀释后质量负责。

## 六、政府激励措施

液化天然气开发商、卖方和买方有权获得以下财政奖励:(1)对进口液化天然气免征关税。进口液化天然气买方及开发商在进口阶段免除代扣所得税(withholding tax)。(2)扩大进口销售税适用范围,免除相关工厂、机械、设备和部件的非当地生产进口销售税超过5%以上部分的销售税;根据2001年《所得税条例》,免除相关工厂、机械、设备和部件的代扣所得税。(3)根据2001年《所得税条例》第23条,初始补贴按可折旧资产成本的50%的比例发放,对工厂和机械允许10%的正常折旧。(4)根据2001年《所得税条例》规定,允许免除向外国债权人支付利息的代扣所得税。(5)进口和供应液化天然气按适用费率征收销售税和联邦消费税。

当液化天然气开发商、接收站所有人及经营人确定了合适的接收站场地(无论是陆上还是海上)时,政府将积极协助其在合理时间内以合理成本取得液化天然气接收站所需要的土地和港口设施。

政府将请求多边开发银行参与液化天然气进口项目,以支持政府向公共部门公司提供的担保,确保液化天然气、再气化天然气的长期供应,并通过多边开发银行及其工具的股权参与提供政治风险担保和部分信贷担保。

工作组由石油和自然资源部部长领导,成员包括财政、国防、工业部长及港口和航运部门、油气监管局代表、关税成员、海港管理局主席、环境保护部部长、海岸警卫队和海上安全局、卡拉奇或瓜达尔港总司令。2006年液化天然气政策确定的这一工作组保持不变,目的是促进液化天然气进口项目的实施。工作组将提供"一站式"服务,解决有关液化天然气进口项目的所有问题,包括政策和法规的解释。

## 七、再气化天然气的定价

公共和私人部门天然气公用事业公司和再气化天然气买方可以通过一体化或非一体化方式,从天然气开发商、再气化天然气卖方采购中长期再气化天然气,后者在指定交付地以最低价格交付天然气。此价格作为天然气价格的加权平均成本因素。

如果公共部门采购液化天然气、再气化天然气,其价格将由油气监管局基于以下因素在终端法兰确定:(1)购买液化天然气的价格;(2)液化天然气开发商、接收站所有人、经营人的运输、储存、再气化发生的直接和间接成本;(3)液化天然气开发、接收站所有人、经营人的合理投资回报。

私营部门、公共部门或公私合作企业也可以根据监管机构证明的最低价格采购再气化天然气。

## 八、政府担保

政府不得为液化天然气进口项目提供任何担保。但是,必要情况下,政府可以考虑给予支持,以确保巴基斯坦能获得长期液化天然气供应。如果公共部门公司作为政府指定的买家购买液化天然气,政府可以为公共部门公司向液化天然气、再气化天然气供应商支付款项提供财务担保。所有符合政策规定标准的相关方均可以自由参与液化天然气价值链的任何环节。

## 九、技术规范和标准

液化天然气进口项目设施的设计、建造和运行应符合国际公认和经过验证的液化天然气安装规范和标准。

不得在液化天然气接收站和相关设施处安装二手或翻新的液化天然气工厂、设备、机械或其中任何部分。经油气监管局、港口和航运署长允许,可以将二手液化天然气船舶转换为浮动液化天然气接收站,或作为海上液化天然气接收站用于存储,但是船只要保持国际船级社协会成员船级社认证的船级身份,持有有效的分级证书和船旗国法定证书。所有向巴基斯坦运输液化天然气的液化天然气船舶都必须在可接受的国际船级社注册。

油气监管局将根据经测试的国际认可技术,发布液化天然气接收站及相关设施设计、建设和作业许可证。所有进入巴基斯坦海域的液化天然气船舶均应遵守国际海事组织的规定。

项目发起人应承担项目申请费用及必要的专业知识外包费用。油气监管局在收到拟建液化天然气项目完整申请材料后 90 日内作出签发或拒绝许可证申请的决定。申请材料应包括项目发起人通过国际知名顾问完成的完整可行性研究报告。

## 十、其他许可证和执照

液化天然气开发商、接收站、经营人及再气化液化天然气卖方必须遵守相关法律、法规和规章,从政府部门如国防部、海军总部、港口管理局、环境保护署、爆炸物首席检查官、省级和地方政府机构取得所需许可和执照。

## 十一、其他措施

为了方便尽早开始液化天然气进口项目,油气监管局将在收到具备必要技术和财务能力且提交详细可行性研究报告的申请人申请之日起 90 日内,根据 2002 年《油气监管局条例》签发许可证。如果申请人在该许可证签发后的 12 个月内没有达到财务能力,油气监管局可以在发出通知一个月后终止该许可证。

政府可随时向油气监管局发出指示,确保液化天然气政策和相关事项得以实施。如果实施液化天然气政策时出现困难,政府可发出必要命令以消除困难。液化天然气政策适用于巴基斯坦的所有液化天然气进口项目。

## 十二、相关技术规范和标准

液化天然气接收站及相关设施的设计、建造、运营应满足以下国际公认的陆地和海上液化天然气设施规范、标准及指南。

（一）航运和海运设施标准

2006 年《液化天然气生产、储存和处理标准》

1997 年《液化天然气安装和设备——陆上安装设计》

1996 年《液化天然气安装和设备——加载/卸载臂的设计和测试》

1996 年《液化天然气安装和设备——液化天然气船至海岸接口》

1997 年《液化天然气安装和设备——液化天然气的一般特性》

1984 年《海上构造第 1 部分：一般标准》

1994 年《海上构造第 4 部分：防护和系泊系统设计操作规范》

1993 年及修订《国际海事组织 IGC 规范：国际散装运输液化气体船舶构造和设备规则》

2004 年 4 月修订第 2 版，《劳氏船级社指南说明：海上浮动液化气装置的分类和认证》

2004 年 4 月修订第 1 版，《劳氏船级社指南说明：基于海上重力的液化气接收站分类和认证》

（二）指南

1997 年《液化天然气港口和码头的选址和设计》，西格托出版，书号：1856091295。

1995 年《关于港口地区危险货物安全运输和相关活动的建议》，国际海事组织出版，书号：9280113291。

1985 年《港口危险货物：对港口设计者和港口经营人的建议》，国际航运协会。

1996 年《系泊设备指南》，石油公司国际海洋论坛，书号：185609088413。

1985 年《大型液化气体载体设计荷载预测》，国际气体运输与码头经营者协会，书号：0900886978。

1974 年《大油轮和接待处》，国际航运协会。

1989 年《港口安全和环境保护指南》，国际港口协会。

（三）操作惯例

1996 年《事故预防——在海上接收站使用软管和硬臂处理液化气体》，国际气体运输与码头经营者协会，书号：1856091147。

1987 年《化学污染手册第 1 节：问题评估和响应安排》，国际海事组织，书号：9280112236。

1989 年《船舶码头散装液化气体应急规划指南》，国际气体运输与码头经营者协会，书号：0948691816。

1988 年《对地方一级紧急情况的认识和准备》，联合国环境规划署，书号：928071183000900P。

1999 年《与恶劣天气区特别相关的海上装载安全指南》，石油公司国际海运论坛，书号：ISBN1856091481。

1997 年《港口拖船使用》，航海研究所，书号：1870077393。

1992 年《作为辅助安全操作管理的危害分析指南》，国际气体运输与码头经营者协会，书号：185609054X。

### (四)陆上液化天然气接收站标准

2006 年《液化天然气生产、储存和处理标准》，美国消防协会标准 59A 号。

2002 年《大型焊接式低压储罐的设计和施工——制冷产品的低压储罐》，美国石油学会 620R 号。

1997 年《液化天然气安装和设备——陆上装置设计》，欧洲标准委员会的英国标准 1473 号。

1993 年《平底立式圆柱形低温储罐》，英国标准 7777 号。

1997 年《液化天然气的安装和设备——液化天然气的一般特性》，欧洲标准委员会的英国标准 1160 号。

2016 年《冷冻液化气储罐的设计和建造标准》，英国石油装备及材料协会标准 147 号。

## 第三节　液化石油气生产和分销政策

液化石油气(LPG)是一种无色、无气味、由碳氢化合物(主要是丙烷和丁烷)构成的对环境友好的混合物，在常温常压下呈气态，在低温或中等压力下液化。液化石油气正迅速成为那些没有天然气分销网络地区的首选燃料。在巴基斯坦的 2700 万户家庭中，有 700 万户连接到天然气网络，其余的家庭依靠液化石油气和煤、木柴、煤油、动物粪饼等传统燃料。

## 一、政策沿革

2000 年 6 月，联邦政府决定解除对液化石油气行业的管制，引进不同投资者，促进健康竞争，提高安全标准，以确保更好的消费者服务。2001 年，石油和自然资源部制定了《液化石油气生产和分销规则》，取代了 1971 年《液化石油气生产和分销规则》，以保护液化石油气分配解除管制之前的营销公司和生产商。这些规则还授权生产商和经销公司分别为产品确定合理的生产和零售价格。2002 年《油气监管局条例》颁布后，2001 年《液化石油气生产和分销规则》中设想的所有液化石油气监管职能于 2003 年 3 月移交给油气监管局。政府于 2006

年推出了《液化石油气生产和分销政策》,目的是以可负担的价格精简分销,促进竞争。该政策涉及许可证、安全标准、定价、进口和汽车行业等内容。

之后,政府在 2011 年和 2013 年推出了《液化石油气生产和分销政策》,目标是通过本土生产和进口产品,增加液化石油气供应。然而,尽管采取了政策措施,国内消费者支付的液化石油气价格相当高,因为国内液化石油气生产者价格与国际价格关联,消费者价格管制解除了,生产者价格高,经销公司收费过高。液化石油气被认为是穷人使用的燃料,但对维持生计的国内消费者来说,其价格是天然气 20 多倍以上。认识到这个问题,石油和自然资源部全面审查了该问题,得出结论认为,放松价格管制的政策未能实现以可负担的价格供应液化石油气的预期目标。因此,石油和自然资源部在 2016 年发布了新的《液化石油气生产和分销政策》。

## 二、政策原则

(一)公共部门勘探开发公司和炼油厂生产、处理液化石油气

公共部门勘探开发公司应直接或通过其他公司行使权利,在可以商业化提炼液化石油气的气田按照政府批准的发展计划建立液化石油气提炼设施。

如果公共部门勘探开发公司无法按照石油特许协议规定的开发计划建立液化石油气提炼厂,应将提炼液化石油气的权利交回政府,政府可以通过竞争性投标程序开展提炼工作。

公共部门勘探石油公司和炼油厂应根据政府对国内消费者供应燃料的社会经济考虑,优先向天然气公用事业公司出售液化石油气。如果天然气公用事业公司无法接收液化石油气,由持有许可证的液化石油气经销公司通过透明的竞争性投标程序处理,分销条款和条件由买卖双方根据液化石油气定价政策解决。然而,炼油厂和勘探生产公司现有的液化石油气供应协议应得到遵守。

(二)私营部门勘探开发公司和炼油厂生产、处理液化石油气

有潜力生产液化石油气的私营部门勘探开发公司应向石油特许权总局提交其液化石油气生产潜力情况,并作为野外开发计划和有意行使提炼液化石油气权利的一部分。

如果私营部门勘探开发公司无法按照石油特许协议规定的开发计划建立液化石油气提炼厂,应将提炼液化石油气的权利交回政府,政府可以通过竞争性投标程序开展提炼工作。

(三)其他私营部门生产商生产和处理液化石油气

其他私人液化石油气生产商应按照透明方式向经许可的液化石油气销售公司处理液化石油气,营销条款和条件由买卖双方根据液化石油气定价政策解决。

## 三、液化石油气许可证

油气监管局将向技术和财务状况良好的申请人发放液化石油气营销临时许可证以便于工程建设,临时许可证期限为两年。申请人的工作计划应根据公司的营销计划和时间安排,建设足够的存储、储罐和物流基础设施。在完成令油气监管局满意的工程后,临时许可证将转换为有效期 15 年的市场营销许可证。

油气监管局将颁发生产、提炼液化石油气的空气混合工厂、储存和灌装厂以及汽车液化石油气加油站许可证。申请人还应取得爆炸物部的许可。出现不符合许可条款和条件情况时,应当注销许可证。

## 四、液化石油气安全标准

为确保整个液化石油气供应链安全,即液化石油气提炼厂、储罐、运输商和销售端应达到最低安全标准。除非经适当安排并事先书面通知油气监管局,禁止液化石油气换瓶,禁止液化石油气销售公司的气瓶交叉灌装。液化石油气营销公司违反该规定的,油气监管局应撤销相关许可证。

液化石油气经销公司、石油经销公司、压缩天然气气站、加油站及其他公司应遵守汽车加注液化石油气和建立加气站的规范和标准。巴基斯坦碳氢化合物研究所或油气监管局授权的其他部门应确认上述设备符合国家防火协会的要求。油气监管局利用国家防火协会的标准监管汽车行业对液化石油气的使用,并根据相关法律和规则建立有效的合规监测机制。

禁止在汽车上使用家用或商业液化石油气气瓶。禁止在液化石油气加气站补充家庭或商业气瓶或任何其他气瓶。

油气监管局将公布所有液化石油气设备的授权制造商名单,包括液化石油气加油站、燃料罐、气罐、储罐等,并经巴基斯坦碳氢化合物研究所或油气监管局授权的其他部门批准和认证。经授权制造商生产的设备应经过验证和监督,通过油气监管局严格的质量控制和质量保证措施,确定符合国际标准。

液化石油气经销公司应在每年 12 月 31 日前向油气监管局提供正式注明其气瓶编号的证书,确认气瓶已按照液化石油气规则和标准的要求进行了测试。此外,液化石油气经销公司有责任确保其液化石油气气瓶在油气监管局规定的时期届满后依法重新验证。

## 五、液化石油气定价

油气监管局应根据联邦政府的政策方针,监管并通知当地液化石油气价格,包括生产者价格、市场营销和分销公司的利润和消费者价格。

政府可根据 1961 年《石油产品石油税条例》的规定,向当地液化石油气生产商征收石油税。联邦政府将随时与油气监管局和相关利益相关者协商,确定进口液化石油气的数量,以弥补供需差距,该数量将由公共部门公司进口。针对液化石油气和天然气基础设施开发征收的石油税可以用于补贴公共部门公司进口的液化石油气,以使其价格与国内部门向本地供应的液化石油气价格相同。

供应给居民和商业消费者的液化石油气混合气的关税由联邦政府决定。

液化石油气价格以供应链各环节的最高价格为限,但是生产商、经销公司和分销商可以低于最高价格销售。如果经销公司和经销商偏离定价基础,油气监管局、当地政府将进行干预,对违反规定的营销公司和经销商采取惩罚措施。

## 六、液化石油气进出口

拥有油气监管局有效许可证的任何一方可以在支付政府关税和税款后进口液化石油气。石油和自然资源部可以根据当地对液化石油气的需求,允许出口过剩的液化石油气。

## 七、其他事项

为了有效制定和实施政策,所有液化石油气被许可方应根据石油和自然资源部及油气监管局的要求提供必要的信息数据。油气监管局应按季度将政策实施情况通知石油和自然资源部。

联邦政府可以随时向油气监管局发出实施本政策和相关事项的指示。油气监管局应从液化石油气经销公司取得所有现有液化石油气分销商的名单后并在本政策签发之日起 90 天内予以登记注册。油气监管局将向液化石油气经销商收取不超过 10000 卢比的合理费用。经销公司应在指定新的分商后 7 日内通知油气监管局，油气监管局在收到通知后 90 日内登记注册分销商。液化石油气经销公司为油气监管局发放的许可证持有人，负责分销商营业场所的所有安全规范和标准，并执行由油气监管局通知的液化石油气销售价格。

为了确保足够的液化石油气，阻止开伯尔—普赫图赫瓦省和旁遮普省山区及阿扎德查谟和克什米尔地区、联邦直辖部落区和北部地区森林砍伐，所有开伯尔—普赫图赫瓦省和旁遮普省的液化石油气生产商应将其产量的 10% 专门投入这些地方的液化石油气混合气工厂和营销公司。同样，信德省和俾路支省的所有当地液化石油气生产商将把其产量的 10% 专门投入这些地方的液化石油气混合气工厂和营销公司。

公共部门公司应按照规定的安全标准自行运营或通过其第三方运营空气混合气体工厂。本地液化石油气生产将主要供应给居民和商业消费者。汽车和工业等其他部门将只被允许使用进口液化石油气。如果居民和商业部门没有消费完本地液化石油气，联邦政府可适当考虑由其他部门使用。

# 第七章　可再生能源政策

　　巴基斯坦具有极其丰富的可再生能源资源,尤其是光伏资源。但是巴基斯坦尚无针对替代能源和可再生能源的专门立法,只有 1997 年《发电、输电、配电监管法》第 14 条笼统地规定促进可再生能源发展,难有实际操作上的指引价值。为了加快国内可再生能源开发利用和技术发展,巴基斯坦在 2019 年发布了《替代能源与可再生能源政策》,在 2021 年发布了《加快发展太阳能光伏行动框架指南》,一定程度上填补了替代与可再生能源发展中的诸多问题漏洞,为将来出台相关法律提供了政策实践。

## 第一节　替代与可再生能源电力政策

　　巴基斯坦的发电来源包括热电、水电、可再生能源和核电,巴基斯坦于 2006 年发布了《可再生能源发电政策》,在国内启动了可再生能源项目开发。政策引入了强有力的经济激励措施,以吸引投资,消除项目实施的障碍,并扶持开创性项目。这一政策于 2018 年 3 月到期。2019 年《替代与可再生能源政策》为进一步开发巴基斯坦替代与可再生能源潜力,达到具有竞争力的价格提供了路线图。这一政策的立法授权源于《发电、输电、配电监管法》第 14 条的规定,即对发展可再生能源市场作出专门规定,确保逐渐增加可再生能源在电力行业的比例。《替代与可再生能源政策》主要针对的是电力系统中使用替代与可再生能源技术。

## 一、政策目标与范围

### (一)政策目标

　　巴基斯坦的长期综合能源计划设想了四项指导原则:可持续性、负担得起、责任和可用性。2019 年《替代与可再生能源政策》作为整体计划的组成部分,旨在发展一个高效、可持续、安全、负担得起、具有竞争力和环境友好的电力市场,同时促进技术本地化,开发熟练人力资源和当地生产能力。为此,2019 年《替代与可再生能源政策》的主要目标是:(1)通过增加绿色能源在整体能源组合中的份额保护环境;(2)实现最低成本发电上网;(3)通过拍卖快速发展并透明地采购替代和可再生能源发电技术项目;(4)开发和开放电力市场;(5)发展替代与可再生能源技术当地制造业,开发熟练的人力资源和技术转让;(6)使私营部门能够投资和参与联网和离网替代与可再生能源技术项目及创新性的供应解决方案;(7)减轻电力系统投资扩大带来的公共采购压力。

(二)政策范围

有技术和应用两方面,政策涵盖的替代与可再生能源技术包括:(1)使用任何有机物质的生物质气体;(2)生物质,包括但不限于甘蔗渣、农业废物和其他废物;(3)废物能源,包括但不限于城市废物、工业废物、污水、垃圾衍生燃料;(4)地热能;(5)氢;(6)合成气;(7)海洋能、波浪能;(8)太阳能光伏或热能,或任何利用热或太阳光发电的技术;(9)储能技术,包括但不限于电池系统、各种类型电池、压缩气体;(10)陆上与海上风能。

上述技术的混合利用也属于技术范围内。该政策还延伸到需要改造现有甘蔗渣、太阳能和风能项目。其他未列入的技术经替代能源发展局确定为替代与可再生能源的技术也应包括在内。小于 50 兆瓦的小型水电项目不在政策范围之内,针对小型水电项目政策单独考虑。

《替代与可再生能源政策》的应用范围扩展到并网和离网以外的替代与可再生能源技术项目及净计量结算项目。[①] 虽然并网场景主要是由国家输电公司、配电公司、售电公司拥有和运营,但是政策中激励制度也适用于卡拉奇电力有限公司使用的替代与可再生能源技术项目及以后的公用事业私有化项目。同时,联邦政府不承担替代与可再生能源技术项目和卡拉奇电力有限公司、公用事业私有化项目之间的合同义务。

# 二、主要政策措施

(一)2025 和 2030 目标

联邦政府设定的目标是到 2025 年可再生能源发电至少占并网发电的

---

① 净计量政策使拥有可再生能源发电设施的消费者可以根据向电网输送的电量,从自己的电费账单上扣除一部分,也就是只计算"净消费"。净计量电价一般用于用户端的小型发电设施。

20％,2030年至少达到30％,即2025和3030目标。为实现这些目标,大比例新增容量和退役电厂替换将被视为替代与可再生能源技术项目,同时要考虑基本负载、无功功率支持、热备用和输电系统约束,还要考虑技术解决方案,如可再生能源预测能力、混合式替代与可再生能源技术项目和分布式发电。

(二)竞争性投标

通过拍卖完成可再生能源容量采购、能源容量置换和退役发电厂容量替代。因此,拍卖前应获得市场运营商(一定程度上买方是签约配电公司)和国家电网公司同意,增加容量。最好是每年稳定地采购可管理的容量,而不是多年不采购而后进行大量采购。

(三)《指示性发电扩容计划》在采购中的优先性

《指示性发电扩容计划》的产量将构成所有并网容量采购的基础,但是净计量除外。电力系统规划和发电系统扩容的采购相互独立但功能协同。电力系统规划是国家电网公司的法定职能,国家电网公司使用最先进的系统规划工具每年更新《指示性发电扩容计划》。应根据本政策作出响应《指示性发电扩容计划》的采购决定。

《指示性发电扩容计划》是国家电网公司根据电网规范产生的监管义务,是国家电网公司电力系统规划功能的一个子集。目前的《指示性发电扩容计划》是在2019年2月准备的,规划期间从2018年到2040年。最先进的《指示性发电扩容计划》软件工具将被使用,以识别替代与可再生能源技术。修订后的《指示性发电扩容计划》从2019年底实施,以保持可再生能源并网目标

(四)置换昂贵的能源

除扩大发电容量外,应该用替代与可再生能源技术项目取代使用化石燃料热电厂的昂贵电力。这对过去是一个重大方向性变化,源于替代与可再生能源技术项目的双重优势。过去几年,替代与可再生能源技术项目价格大幅下降。因此,取代化石燃料从而降低系统的平均发电成本成为采购可再生能源技术项目的驱动因素之一,由此增加新的容量并更换退役发电厂。

下列情况下,应增加替代与可再生能源技术项目:(1)系统的平均发电成本明显降低;(2)在被置换的热电厂的排名顺序更高;(3)考虑联邦政府、市场运营商、配电公司及政府担保签署的热电厂的合同承诺。

(五)收费

按照目前惯例,替代与可再生能源技术项目的收费将仅包括能源购买价

格,不支付容量费,并在购电协议确定的期限内实行"强制购买义务"。对于成熟的技术,公共事业采购替代与可再生能源技术项目将只通过竞争性招标,不采用预付或成本加成收费。为了推广新技术,国家电力监管局认为合适时,可以允许新技术实行预付或成本加收费。

### (六)本地化与当地含量

替代能源发展局将建议联邦税务局和机械发展局撤销替代与可再生能源技术消费品进口税。替代能源发展局将与商会、工业界一起持续追求这一目标。

现有或新工业企业进口的用于可再生能源技术项目机器其部件装置和机械应免除进口关税。当地行业能够提供可再生能源技术项目所需的规格且获得必要的认证时,废除 25MW 以上可再生能源技术项目才能免税进口的规定。替代能源发展局将对歧视当地行业的税收情况保持积极的持续监督,并将与联邦政府共同干预以消除异常情况。

### (七)简化监管和合同框架

审查合同结构,消除与法规涵盖主题的不必要重叠。对非公用事业采购的许可证框架进行简化和合理化,最大限度减少监管费用、合规成本和时间。

### (八)建设积极能动的替代能源发展局

替代能源发展局的角色将从被动响应者转变为替代与可再生能源技术和项目的积极推动者,逐步落实本土化的干预措施。

### (九)可再生能源培训与技能发展

替代能源发展局将根据学术和体制框架设立可再生能源技术学院,并可在全国各地灵活设立学院分校。研究院的目标将延伸到学历授予及实用和市场技能,进行研究、测试和认证。这些活动和研究成果将被商业化利用以便使研究院能在财务上自我维持。行业可以基于培训需求和创造就业机会联合发起设立研究院。

## 三、公用事业采购

### (一)联邦所有的电力公用事业

国家电力系统由国家电网公司和联邦政府所有的 10 家配电公司拥有和运

营,统称为联邦电力公用事业。虽然卡拉奇电力公司连接到国家电网,但不包括在联邦电力公用事业中。联邦电力公用事业采购替代与可再生能源技术项目将主要通过竞争性投标,使用《指示性发电容量扩大计划》增加新容量(包括改造现有替代与可再生能源技术项目),置换昂贵的化石燃料发电及退役容量。为实现政策目标,联邦电力公用事业采购可再生能源使用了三种模式。

(二)模式一:竞争性投标

第一种模式是预计中最常用的模式,需要通过公开、透明的竞标,采取以下步骤:(1)替代能源发展局根据《指示性发电容量增加计划》和联邦电力公用事业在投标前的购买及互联承诺,每年宣布要拍卖的容量;(2)拍卖的互联承诺将根据监管规定,由联邦电力公用事业为替代与可再生能源技术项目提供规定距离内的互联服务。适当时,招标建议函可征求子公司投标建设替代与可再生能源技术项目互联设备;(3)拍卖应回应国家电网公司事前确认的位置或"互联节点",考虑政策目标和替代与可再生能源技术项目的目标运营时间;(4)地理位置的分布将根据多种考虑确定,包括:资源测绘、负荷中心、互联的可负担成本、技术原因和支持全国平衡发展。指导委员会开始审议之前,应设立一个基准,以确保每个省享有的最低份额;(5)考虑不同的替代与可再生能源技术项目的间歇性,保持符合电网规范和电网稳定性;(6)投标人可采用单一或多种技术;(7)投标人应根据招标文件提供投标保证金和履约保证金;(8)不要求进行可行性研究,尽管有些地方的公共部门实体进行可行性研究;(10)投标评估方法将在招标文件中说明,以最低估算费用法为主要评价方法。(11)年度拍卖容量将基于《指示性发电容量扩大计划》;(12)替代能源发展局网站公示未来两年的预期拍卖时间表;(13)替代与可再生能源技术项目使用的所有设备应是新设备,且符合国际标准;(14)替代与可再生能源技术项目独立承担可再生能源资源可获得性和易变性风险;(15)与拍卖有关的其他细节,包括但不限于资格标准、使用本地制造项目的费用优惠等,应作为投标文件中当地采购份额的一部分。

指导委员会应准备招标建议函和相关的一揽子合同,并经替代能源发展局批准。必要文件应经过国家电力监管局及其他主管部门审批。省级能源部门进行招标时应利用经批准的招标建议函和相关的一揽子合同,并联系替代能源发展局一名代表参与招标程序。投标结果将由省级能源部门处理,经国家电力监管局审批并授权中标者收取费用。之后,联邦政府通过替代能源发展局向中标者授予特许权,中标者应签署一揽子合同,按照招标文件制定的时间提供履约保证金。

若国家电网公司由于技术或财务上限制无法承诺从已批准的项目利用电

力的时间表,应允许省级电网公司和项目发起人在符合电网规范情况下进行互联或撤销互联。如果该互联部分不属于拍卖项目,国家电力监管局将以成本加成的方式决定互联投资费用,并授予其获得与国家电网公司相同的股本回报率和内部收益率。省电网公司和项目发起人应单独承担与电力互联和撤销互联相关的合同及财务义务,以便于获得国家电网公司和相关配电公司的偿付。

国家电力监管局已经对竞争性投标制定了相关法规,在必要时将重新审查这些法规,以使其审批过程与本政策中概述的关键拍卖参数和步骤保持一致。

### (三)模式二:G2G(政府间合作)

在一些情况下,在 G2G 框架下为欠发达地区实施项目具有重要的战略意义。G2G 项目是根据适用的框架协议与外国政府谈判后产生,此类采购在商业上是可行的且符合巴基斯坦法律,不会优先授予竞争性采购范围的项目。G2G项目的收费必须低于商业性费用,而且必须低于发电的平均一揽子价格。对于带来重大环境效益如废弃物转化为能源项目的新技术,G2G 项目收费低于平均一揽子电价的要求,但须经国家电力监管局批准。替代能源发展局将在其网站上列出 G2G 项目的流程步骤。

### (四)模式三:未经请求的项目

开发新技术的项目应进行可行性研究,如果得到替代能源发展局的批准应允许采用成本加成的方法。未经请求的替代与可再生能源技术项目费用必须低于平均一揽子发电价格。

省或私营发起人可以向替代能源发展局建议将未经请求的替代与可再生能源技术项目并入国家电网和支线,该建议应提交给替代能源发展局处理。若获得批准,应遵守 2006 年《可再生能源政策》规定的未经请求替代与可再生能源新技术项目的程序。替代能源发展局将在其网站上列出主动请求的替代与可再生能源技术项目的处理步骤。

### (五)费用

所有模式的费用均以巴基斯坦卢比计价。对于竞争性投标模式,国家电力监管局将与联邦政府协商确定任何一轮竞争性招标所允许的费用,并在招标文件中明确规定。虽然国家电力监管局在这方面保留了管辖权,但应继续遵循先例,在其认为切实可行的范围内,维持替代与可再生能源技术项目的实际费用。

外国投标人可就国家电力监管局确定的费用,以美元、英镑、日元、人民币或欧元外币进行指数化投标。这种情况下,评估方法将对投标价格附加调整因子,使用投标文件中规定的贬值因子对巴基斯坦卢比对投标货币的名义贬值进行调整。但是评估以美元进行,使用基准日的交叉汇率,设定投标货币指数化的基础汇率。参考的货币基准利率为投标日前 30 天有效的美元银行间同业拆借利率。

(六)合同框架

目前的合同结构包括联邦政府的实施协议(IA)与能源购买协议(EPA)。联邦政府对市场运营商支付义务的担保和特许权将继续有效。替代与可再生能源技术效率和产能增加会降低实施成本,这不利于长期的能源购买协议。居于主导地位的特许权方案规定能源购买协议的期限是 25 年,以照付不议为基础(take-or-pay basis)。另一方面,短期能源购买协议的价格可能会更高。为了在两者之间作出平衡,建议投标文件就替代能源发展局根据指导委员会的建议所决定的期限进行投标,并附加两项内容:①必须购买义务(must-purchase ob-ligation),期限不低于债务偿还期,且不超过投标建议函明确的期限;②电力购买者可以选择照付不议的剩余期限,但在必须购买义务期满后,剩余期限内的替代与可再生能源技术项目将继续遵守能源购买协议的优先调度顺序标准。

目前的标准特许权方案是建立在大约 20 年前开发的遗留方案基础上的,当时《发电、输电、配电监管法》下的监管框架还没有建立起来。对独立发电商的监管是通过合同进行的,存在多种多样的监管立法,如国家电力监管局的许可规则、电网和配电法规、性能标准、市场运营商规则、商业规则等。因此,应当重新审视特许权方案以消除与监管工具的重叠,将精简合同纳入监管框架。经联邦内阁或其委员会批准修订后的特许权方案将被纳入投标建议函。在引入修订后的特许权方案之前,应继续使用目前广泛应用的特许权方案。

通过竞争性投标采购的项目,发起人在替代与可再生能源技术项目调试阶段处于锁定期,在此期间发起人不得退出项目。

(七)财政激励

目前对替代与可再生能源技术项目采取的激励措施包括:免除企业所得税;免除进口关税;返还股息和投资收益;允许外国持有 100%股份;允许设立外汇账户;防止法律变化;稳定的合同框架;保护不受征用;国际争端解决及由各省提供项目用地。联邦政府将来对目前的激励措施作出修改或撤销激励措施时,不影响已签署合同和已提交投标中的税收保护条款。

(八)碳信用

巴基斯坦是《京都议定书》和《巴黎协定》的签署国。这两部条约均允许减缓和适应措施进入全球碳信用市场、环境和气候基金以及其他融资方案。公共和私营部门实体可以选择这些融资方式。联邦政府鼓励替代与可再生能源技术项目的开发商通过各种碳信用机制申请碳信用,包括合规市场下的碳信用机制、自愿市场下的融资选择以及国家缓解行动计划下的减缓和适应行动。

联邦政府授权替代能源发展局促进、协调、协助可再生能源项目开发商和《联合国气候变化框架公约》规定的巴基斯坦国家指定机构,以获得碳信用的最有效方法。替代能源发展局还可以促进可再生能源项目开发商在国际碳市场上进行碳信用交易,并帮助国家指定机构制定国家碳信用交易计划。

替代能源发展局将协助发展当地能源,建立对联合国气候变化框架公约下各种碳信用机制的认识。考虑到目前正在努力实施新的国际气候条约,联邦政府致力于修订相应的激励措施。替代能源发展局有权在出现适合巴基斯坦的新国际机制或条约时提供必要便利。

### (九)省角色

如果生产的电力用于省内且替代与可再生能源技术项目不与国家电网联网,根据巴基斯坦宪法第 157 条①,各省有权开发省内的发电项目,铺设输电线路,配送电力,甚至设置省内的收费。各省可以自行为省内项目制定政策。在此情况下,合同应直接在替代与可再生能源技术项目与省政府或其机构之间签订,联邦政府或其任何实体无财务上或合同上承诺。

各省参与联邦电力公用事业竞争性采购应通过下列方式:(1)替代能源发展局董事会成员;(2)指导委员会成员;(3)提供土地和其他便利条件以激励在其辖区落地替代与可再生能源技术项目,如通行权、承诺建设联合基础设施、供水等;(4)确保与省、市机构有关的安全和其他事项;(5)根据替代能源发展局批准的投标建议函和合同包进行投标。

### (十)指导委员会

政策的重大方向性变化需要高水平的积极指导和关键参与者之间的协调,包括各省之间的协调。考虑到这种必要性,《替代与可再生能源政策》宣布设立

---

① 巴基斯坦《宪法》2012 修正案第 157 条是关于电力的专门条款,规定:(1)联邦政府可在任何省建造、安排建造水电、火力发电设施和电网,并铺设或安排铺设省际输电线路,但联邦政府在决定建造、安排建造水电站之前,应与有关省政府商量。(2)省政府可以:在国家电网向该省供应的电力范围内,要求向本省趸售电力,并在省内进行输电和配电;对省内用电征收税;在省内建设发电厂和电网,铺设输电线路;决定省内配电价格。(3)如果联邦政府和省政府之间就本条规定的事项发生争议,任何一方可提请共同利益委员会解决该争议。

替代与可再生能源指导委员会,成员包括:(1)增加一名能源部电力司秘书;(2)能源部电力司联合秘书;(3)替代能源发展局的首席执行官;(4)省级能源部长;(5)国家电网公司执行董事(无表决权);(6)市场运营商的首席执行官(无表决权);(7)具有发电容量规划职能的系统运营商的首席执行官(无表决权);(8)如果本政策适用于阿扎德·查谟克什米尔及吉尔吉特—巴尔蒂斯坦,其能源部长作为无表决权成员。

指导委员会作为替代能源发展局的一个分委员会设立。指导委员会作出决定时应经其成员协商一致。指导委员会的职能是:(1)制定与本政策相一致的操作程序;(2)根据《指示性发电容量扩展计划》和国家电网公司在每年4月前确认的并网节点和位置,与各省联系确定其愿意为替代与可再生能源技术项目提供的土地和其他设施;(3)每年9月30日前准备一份临时的可再生能源年度采购计划,并提交给替代能源发展局批准;(4)根据替代能源发展局的要求,对可再生能源年度采购计划进行修订,以便能在12月31日前批准后进行年度拍卖。

对于已实施的成熟技术,采购模式只能通过投标,拍卖的地点根据并网节点和位置确定。

(十一)卡拉奇电力公司和私有化配电公司的采购

竞争性采购有可能获得比协商费用或通过收费听证程序授予的成本加成更低的费用水平。在法律和许可工具允许的最大程度内,国家电力监管局将要求卡拉奇电力公司和私有化的公用事业以竞争性投标方式采购,除非能证明竞争性投标产生的费用将高于直接磋商或国家电力监管局设定的成本加成费用。

# 三、非公用事业采购

## (一)非公用事业采购的意义

联邦政府认识到微网、离网、地方能源系统及B2B解决方案在应对电力短缺中具有巨大潜力,也考虑到公共部门投资能力的有限性。因此,国家级的政策主要集中于独立发电商的采购,以增加国家发电能力。在过去十年左右的时间里,替代与可再生能源部署能力的革命加上价格大幅下降,使得联邦电力公用事业可以协同离网、微网、地方能源系统和B2B解决方案,从而满足其普遍服务义务和相应的投资需求。

2018年《发电、输电、配电监管法》修正案下,配电公司不再具有排他性,即大电力消费者能够在提前一年通知配电公司后变更配电公司,国家公用事业需要从之前的排他性供电区域操作模式上重新定位其运营。国家公用事业随意选取赚钱的消费者的供应解决方案仍然是一个威胁,使得联邦电力公用事业长期承担过剩的购电义务。解决这一威胁需要基于市场的反应,不能再由法令控制。

公用事业受困于长期过多的购电义务,继续坚持单一买方和单一供应方的角色,没有探讨私人提供一部分负荷要求的可能性。该政策并不寻求限制微网、离网、地方能源系统及 B2B 解决方案可以采取的多种形式,而是将这项任务留给市场和具有独创性的企业家,政策只寻求在解决方案没有实现其潜力之处制定措施。因此,国家输电公司和配电公司应确保向 B2B 销售、净计量、分布式发电提供输配电设备。若发生争议,应提交国家电力监管局依法进行修订。

### (二)降低成本和简化监管

2018 年《发电、输电、配电监管法》修正案大幅度修改了该法 1997 年制定时的监管框架。修正案明确承认电力市场,引入了新的电力供应商和电力交易商许可证,引入了市场运营商和系统运营商,并规定在 2023 年之前取消发电许可证。大电力消费者从主配电公司供应站迁移的三年通知期缩短至一年。国家电力监管局目前的许可规则是在 20 年前设计的,由大型公用事业公司在可再生能源革命和分布式发电广泛存在之前编写。时至今日,地方小型能源系统的分销和生产许可规则与大型公用事业公司及独立发电商相同。自发电、微网、地方能源系统和 B2B 解决方案市场面临着不相吻合的繁重许可和收费体制。

国家电力监管局应制定一个统一的或模块化的许可制度,使得非公用事业以可负担得起的成本采购替代与可再生能源技术项目,不需要漫长的步骤在听证会上详细陈述工厂规范和昂贵的基于"单位生产模式"的监管费用。虽然这种严密的对 B2C 交易和公用事业监管是合理的,但它并不符合非公用事业,构成了非公用事业采购情形下的进入障碍,尤其不符合缔约方关注其商业利益的 B2B 交易。

### (三)市政当局授权

市政当局可以与私营部门合作各种替代与可再生能源技术项目,如可用于电动汽车充电的太阳能停车场、市政照明、垃圾能源项目、目前由联邦电力公用事业提供补贴的清真寺和学校照明等。在公私合作模式下,可以同时解决公民和环境问题。这类倡议的主要障碍是能力不足和透明度问题。

根据本政策,替代能源发展局的任务是制定一个可被市政实体采用的竞争性采购框架包。这类项目可以由公民团体确定,替代能源发展局在必要时可以为项目结构和签约提供支持。国家电力监管局应在简化许可制度方面发挥积极作用。

**(四)离网解决方案**

太阳能消费是最流行的离网解决方案,构成了不受管制的自发电。过去 5 年,巴基斯坦进口了大约 2500 兆瓦的太阳能光伏发电设备,成本约为 20 亿美元,其中只有 430 兆瓦是公用事业性质。

微网和地方能源系统可以独立运行或者与公用事业电网联网运行,能满足一些消费者需求并减轻公用事业的负载。策略目标是为微网及地方能源系统赋能环境。市场参与者和客户目前在构建替代与可再生能源微网和地方能源系统方面相当成熟,具有前瞻性的技术制造商和企业家能够提供广泛的解决方案。

任何涉及使用公共部门基金或实物出资(如土地)的微网和地方能源系统项目都需要竞争性投标。微网和地方能源系统的关键问题是微网的安全性,这可以由替代能源发展局通过其批准的安装人员以适当的安全认证来监控解决。

**(五)自发电**

自发电是由企业和工厂生产的电力。自发电已经不受管制,这导致工厂和企业建立替代与可再生能源技术的自发电项目的趋势上升。自发电仍然是联邦电力公用事业的一个选择,尽管大多数自发电机是主体配电公司的备用电源。《替代与可再生能源政策》对自发电没有提供特殊奖励或要求。

**(六)转供电**

尽管国家电力监管局的监管已经实施了相当长一段时间,但失去高价值大消费者是联邦电力公用事业抵制电力专供的主要原因。另一个原因是,离网和本地化解决方案(尤其是太阳能)现在可以轻松部署,而无需公用事业的参与。

《发电、输电、配电监管法》在 2018 年修正后,明确认可电网公开进入。监管机构将为电力转运采取更为积极的方法,更严格地审查公用事业不开放网络的原因,尤其是当私人融资扩大电力转供时。联邦政府希望国家电力监管局在配电公司的合法关切和市场开放之间取得平衡。

**(七)净计量的特殊情况**

净计量是一个特殊情况,没有必要将其归入并网或离网中的任何一类。自

2015 年 9 月以来,净计量实施情况良好,目前净计量容量约为 33 兆瓦。净计量本身并不是一项业务。目前 1.5 倍的负荷限制和 1 兆瓦的上限被认为是足够的。替代能源发展局通过净计量批准的安装人员认证和评级服务已经并将继续发挥积极作用。替代能源发展局正致力于实现线上净计量应用程序处理,集成了国家电力监管局和主配电公司许可程序。

### (八)财政激励

在联邦政府撤销或修改财政激励前,适用于替代与可再生能源技术项目的财政激励将得以保留,且不损害已取得的权利。如果此类激励措施的使用取决于替代能源发展局的确认,这些替代与可再生能源技术项目应向替代能源发展局登记注册规定的事项。该登记不属于批准性质,而是替代能源发展局确认替代与可再生能源技术项目利用激励措施的依据。登记需要提交一个描述拟议项目的表格,并提交给替代能源发展局。

## 四、国产化与当地含量

应有效利用当地含量进行进口替代,这具有多重利益,包括节省外汇资源、进行本地制造、开发人力资源、创造就业机会等。有了适当的激励措施,当地工业就能够制造消费品和部分替代与可再生能源技术项目。

### (一)二分法的错误

把当地制造业分为外国制造业和本地制造业的二分法是不正确的。巴基斯坦有大量的本地和外国工业的合资企业。"本地制造"的表述并不是用以衡量整个价值链构成,而是对已竣工的替代与可再生能源技术项目进行的权衡。

普遍存在的进口关税结构存在一些异常问题,抑制了当地制造业的积极性,对当地工业投资替代与可再生能源技术制造业、外国替代与可再生能源技术制造商独资或合资保持沉默。如果当地工业要与本国和世界正在经历的替代与可再生能源技术革命保持一致,这些异常问题就会得到解决。

### (二)进口替代与可再生能源技术消费品免税

对大量的替代与可再生能源技术消费品继续免税。尽管这一免税措施满足市场需求已经有一段时间,但这种持续的免税并没有帮助新兴的本地行业。应通过分阶段取消免税,在此类物品的本地和外国制造之间创造公平竞争环境。

当地工业通过与外国制造商合作,有能力对类似的激励措施快速作出反应。例如,2017 年宣布 LED 灯为本地制造产品后,一些外国制造商在短时间内到巴基斯坦制造 LED 灯。

替代能源发展局将建议联邦税务局和机械发展局取消针对本地工业有能力制造或承诺制造的替代与可再生能源技术消费品的免税进口,替代能源发展局为此将与各工商会进行联系。作为国家电力政策,考虑中的项目一定程度上不涉及可再生能源发电设备的组件,替代能源发展局将通过《替代能源发展局法》而不是通过本政策进行干预。

(三)生产替代与可再生能源设备免税进口

工业企业进口的机械设备,关税分别为 3%、11% 和 15%,且需要缴纳销售税和预付所得税。进口成品的替代与可再生能源技术产品免税。太阳能光伏电池制造是唯一的例外,没有税收,从而有别于替代与可再生能源技术发电项目及其终端消费品和制造。因此,如果现有或新工业企业进口的工厂和机械是用于制造替代与可再生能源技术及其终端消费品或部件,应免征进口关税和税收。

(四)当地制造的 25 兆瓦以上发电项目设备

一般情况下,对在巴基斯坦当地同样能生产的工厂、机械和设备的进口不得免除进口税。25 兆瓦以上的替代与可再生能源技术发电项目目前免税。这一免税主要是基于没有符合当地生产的项目能容易地取代进口项目,除了进口外,没有合适的能保证本地制造的组件。

这项免税在推出时确实是有意义的,但多年来,随着国内几个成熟技术项目的通过,这项免税应逐步取消,努力纠正两方面障碍:第一,标准化和认证方面,对于主要部件,本地制造必须满足与外国设备互操作性的标准化和认证要求。第二,规模方面,不需要标准化的组件仍然需要最低规模的订单以保障设计和制造投资的合理性。

《替代与可再生能源政策》规定,替代能源发展局将与工商商会、机械发展局和其他组织合作,准备一个用户友好型的当地生产设备数据库、替代与可再生能源技术发电项目及产品和部件数据库,以及当地行业能随时满足需求的供应量。该数据库应能从替代能源发展局网站上获得。

数据库将被区分为"需要认证的项目"和"不需要认证的项目"两类。对于后一类,将确定与外国设备的互操作性或适合使用程度。例如,太阳能电池板的封套或吊杆可能不需要国际认证,但需要符合"即插即用"要求。

　　当本地制造设备项目可以使用时,进口项目必须在满足当地制造设备条件才能免除进口关税,而不论该替代与可再生能源技术项目的规模大小,除非当地生产能力不足以满足需求。这种情况下,只有超过当地生产能力的 25 兆瓦替代与可再生能源技术项目才能免税进口。替代与可再生能源技术项目必须提供认证,替代能源发展局可以在其门户网站上公布需求并联系其数据库中列出的制造商。在本地工业获得进一步制造能力时,替代能源发展局将定期更新其数据库。本地工业能够提供所需规格且获得必要认证时,将取消 25 兆瓦以上替代与可再生能源发展技术项目的当地制造设备免税进口豁免。

### (五)持续监督

　　替代能源发展局将持续监督进口关税制度。当地制造业相对于进口处于劣势时,替代能源发展局应与联邦政府和主管当局迅速进行干预,注意当地行业应对需求的时间和滚动增加替代与可再生能源技术在国家能源组合中的必要性,以满足《替代与可再生能源电力政策》设定的目标。政策中的可再生能源目标将为当地制造业的能力提升带来积极效果。

　　联邦政府可发布不违反《替代与可再生能源电力政策》的指令,以澄清、消除政策执行过程中的困难。但是,除非经共同利益委员会批准,任何机构不得对《替代与可再生能源电力政策》进行任何修改,也不得改变政策规定的实施过程。

# 第二节　加快发展太阳能光伏行动框架指南

　　巴基斯坦位于北纬 23°31′至 36°45′,东经 61°50′至 75°31′之间,地处亚热带,大部分地区属于亚热带气候区,南部沿海属于热带气候区,日照强气温高。过去十年中全球太阳能光伏技术快速进步,成本明显下降,太阳能光伏能源现在是全球最便宜的能源形式之一。太阳能光伏能源将来在能源供应中会占更高比例,这有助于增加清洁能源的本土发电份额,确保廉价的电力供应。为此,巴基斯坦联邦政府在 2022 年发布了《加快发展太阳能光伏行动框架指南》(以下简称《指南》)。

## 一、目标与范围

　　《指南》主要目标是:(1)部署太阳能光伏能源以替代昂贵的进口化石燃料,

降低电力系统平均发电成本,从而有助于建立可持续的电力部门;(2)最大限度地利用现有输电网络为联邦电力公用事业提供电力;(3)通过减少对进口化石燃料的依赖,减轻外汇储备压力;(4)通过公开透明的竞争性招标过程和政府间合作确保物有所值;(5)以透明的方式支持、鼓励本地和外国私营部门投资参与可再生能源部署。

《指南》明确的太阳能光伏应用范围有三方面:一是用太阳能光伏能源替代昂贵的进口化石燃料;二是在 11 千伏馈线上进行太阳能光伏发电;三是在公共建筑上使用太阳能光伏。

# 二、应用

## (一)用太阳能光伏替代进口化石燃料

用太阳能光伏能源替代进口化石燃料将使发电一揽子平均成本降低。可以在白天利用太阳能替代进口化石燃料的火力发电,晚上利用火电生产能力满足峰值需求。

相应的框架指南是:(1)在技术和合同基础上,适当采购太阳能光伏产能以替代热电厂白天使用的进口燃料。(2)燃料替代应通过独立发电厂竞争性投标模式或政府间合作(G2G)确定。(3)国家输配电公司获得项目用地,并由巴基斯坦联邦政府通过替代能源发展局租赁给项目发起人;(4)由国家输配电公司提供电网互联;(5)中央电力采购局(CPPA)将购买项目生产的电力;(6)项目类型为 BOOT,期限是 25 年;(7)不同阶段需缴纳投标保证金、履约保证金和相关费用(见表 7-1);(8)项目的外汇成本由中标人通过外资安排;(9)国家电力监管局将确定由替代能源发展局通过竞争性招标产生的单位基准度电价格;(10)采用一阶段、双信封的招标方式;(11)总费用的 70% 将按季度收取,并考虑美元兑巴基斯坦卢比的汇率变动;(12)G2G 模式下的费用必须低于通过竞争性招标确定的费用;(13)项目必须在环境保护署签署实施协议后 20 个月内达到化学需氧量(COD)要求;(14)免除太阳能光伏项目所需的机械、设备、其他相关货物及材料的进口关税和税费。必要时,联邦税务局将发起对相关法律进行必要修改的意见;(15)发电项目销售电力所得的利润和收益,在项目期间应缴纳 15% 所得税;(16)除了巴基斯坦联邦政府提供担保,确保在发票开出后 60 日内从中央电力采购局的专用太阳能账户付款。

表 7-1  不同阶段费用汇总

| 序号 | 费用类型 | 应付费用 | 支付时间 |
|---|---|---|---|
| 1 | 发出征求建议书 | 500 美元 | 发出征求意见书时或之前 |
| 2 | 投标处理费 | 500 美元/兆瓦，最高 5 万美元 | 投标提交时或之前 |
| 3 | 投标保证金 | 1 万美元/兆瓦 | 投标提交时或之前 |
| 4 | 履约保证金 | 2 万美元/兆瓦 | 支持函签发前 |
| 5 | 项目处理费/支持函发函费 | 800 美元/兆瓦，最低 2 万美元，最高 5 万美元 | 支持函签发前 |
| 6 | 在财务结算完成后 | 500 美元/兆瓦，最低 1 万美元，最高 20 万美元 | 财务结算日期当天或之前 |

### (二)11 千伏馈线太阳能光伏发电

巴基斯坦大量电力消费者消费的电力质量差,如计划和非计划断电、电压低。分散、中型的太阳能光伏发电可以通过直接接入中压电网协同有效地缓解这些问题,从而改善局部损耗和电压情况。此外,向中压电网注入太阳能光伏电力将为国家电网提供廉价电力,而无需对电网基础设施进行任何扩充或重大升级。为此,巴基斯坦将通过 11 千伏馈线的竞争性招标程序采购最高 4 兆瓦的太阳能光伏项目。

相应的框架指南是:(1)通过竞争性投标,在 11 千伏馈线上安装合适的太阳能光伏产能;(2)国家电力监管局提供基准收费,以进行竞争性投标;(3)采用一阶段、双信封的招标方式[①];(4)总费用的 50% 将按季度收取,巴基斯坦消费者物价指数最高计为 15%;(5)项目必须在环境保护署签署实施协议之日起200 日天内达到化学需氧量要求;(6)配电公司将购买环境保护署规定项目的所有发电量;(7)项目以 BOO 方式,期限为 25 年。经国家电力监管局批准,双方同意后可延长期限;(8)投标人应提供投标保证金、履约保证金和相关费用;(9)费用应在发票开出后 30 日内,通过配电公司账户支付,以代替巴基斯坦联邦政府担保;(10)投标时对太阳能光伏项目适用的财政激励将继续有效。

---

① 《巴基斯坦公共采购规则》规定,公开竞争性招标是巴基斯坦公共采购的基本采购方法。公开竞争性招标又细分为四种不同的招标程序,即一阶段单信封招标程序,一阶段双信封招标程序,两阶段招标程序和两阶段双信封招标程序。参见:李业成.巴基斯坦公开竞争性招标的招标程序类型解析[J].招标采购管理,2016(4):63-64.

(三)公共部门建筑的太阳能化

公共部门建筑太阳能化是一个公认概念,清洁太阳能技术有助于满足一部分电力负荷需求,减少公共办公室电费,减少电力公用事业和配电公司的长期费用。《指南》鼓励在普通中小型住宅和商业建筑部署太阳能光伏。

相应的框架指南是:(1)公共部门实体将通过租赁模式和自负成本模式招标安装太阳能光伏净计量系统;(2)政府部门将为安装太阳能光伏发电提供空间;(3)供应商、出租人将保证每年最低能源生产;(4)由太阳能光伏系统生产的所有电力均为政府部门的财产;(5)租赁模式下,通过投标确定季度付款额,付款应通过银行循环担保或其他预付方式以保证及时支付给出租人;(6)替代能源发展局将编制标准招标文件和协议,以方便公共部门实体采购净计量系统;(7)替代能源发展局将设立一个第三方顾问团队,以便对投标安装的太阳能光伏系统进行技术评估和认证。

# 参考文献

[1] Dubey A, 2017. The Jadhav Case before the International Court of Justice [J]. Indian Journal of International Law, 57(3):357-384.

[2] Ghafoor A, Rehman T U, Anjum Munir A, et al., 2016. Current status and Overview of Renewable Energy Potential in Pakistan for Continuous Energy Sustainability [J]. Renewable and Sustainable Energy Reviews, (60):1332-1342.

[3] Jahan K A, 2014. Structure and Regulation of the Electricity Networks in Pakistan [J]. The Pakistan Development Review, (4):505-530.

[4] Ministry of Energy, 2017. Year Book 2016-2017 [EB/OL]. (2017-06-01) [2023-11-12]. https://petroleum. gov. pk/publications.

[5] Ministry of Energy, 2017. Year Book 2016—2017 [EB/OL]. (2017-06-01) [2023-11-12]. https://petroleum. gov. pk/publications.

[6] Ministry of Energy, 2023. Circular Debt Report [EB/OL]. (2023-10-31) [2024-02-11]. https://www. power. gov. pk/Reports.

[7] Ministry of Energy, 2023. Year Book 2022—2023 [EB/OL]. (2023-11-10) [2023-12-12]. ,https://www. power. gov. pk/publications.

[8] National Electricity Power Regulatory Agency, 1995. Hydel Potential in Pakistan[EB/OL]. (1995-12-30)[2023-10-28]https://nepra. org. pk/Policies/Hydel%20Potential%20in%20Pakistan. pdf.

[9] Private Power & Infrastructure Board, 2004. Pakistan Coal Power Generation Potential[EB/OL]. (2004-06-30)[2023-10-08]. https://nepra. org. pk/Policies/Coal%20Potential%20in%20Pakistan. pdf.

[10] Raza M Y, Lin B, 2022. Natural Gas Consumption, Energy Efficiency and Low Carbon Transition in Pakistan [J]. Energy, (2):33-54.

[11] Rehman A, Ma H Y, Radulescu M, et al., 2021. Energy Crisis in Pakistan and Economic Progress: Decoupling the Impact of Coal Energy Consumption in Power and Brick Kilns [J]. Mathematics, (9):17-32.

［12］Shabbir N，Usman M，Jawad M，et al，2020. Economic Analysis and Impact on National Grid by Domestic Photovoltaic System Installations in Pakistan［J］. Renewable Energy,153(6):509-521.

［13］安那伊姆,2015.伊斯兰和世俗国家［M］.吕耀军,等译.北京:中国社会科学出版社.

［14］陈继东,2016.中国西部与南部贸易能源通道建设研究［M］.昆明:云南大学出版社.

［15］国务院发展研究中心,壳牌国际有限公司,2019.全球能源转型背景下的中国能源革命战略研究［M］.北京:中国发展出版社.

［16］喀什驻伊斯兰堡商贸联络站,2020.巴基斯坦市场调研报告——电力能源部分［EB/OL］.（2020-04-16）［2023-05-21］. http://www. kstq. gov. cn/kstq/uploadfiles/20200416110721312a. pdf.

［17］孔亮,2016.巴基斯坦概论［M］.北京:中国出版集团、世界图书出版公司.

［18］李琳,冀鲁豫,张一驰,等,2022.巴基斯坦"1.9"大停电事故初步分析及启示［J］.电网技术,(2):655-661.

［19］李业成,2016.巴基斯坦公开竞争性招标的招标程序类型解析［J］.招标采购管理,(4):63-64.

［20］邱立新,2016.能源政策学［M］.太原:山西出版传媒集团、山西经济出版社.

［21］屈秋实,王茂礼,牟初夫,等,2019.巴基斯坦能源发展演变特征分析［J］.世界地理研究,(6):50-58.

［22］孙红旗,2012.巴基斯坦研究(第一辑)［M］.北京:中国社会科学出版社.

［23］孙红旗,2017.巴基斯坦研究(第二辑)［M］.北京:中国社会科学出版社.

［24］田隆,2016.巴基斯坦矿业管理与投资环境［J］.矿产勘查,(6):1034-1039.

［25］文绪武,2009.美国能源产业管制的法律分析［J］.经济社会体制比较,(1):106-113.

［26］文绪武,胡林梅,2013.发电业管制改革与搁置成本回收法律路径［J］.杭州电子科技大学学报(社会科学版),(4):53-58.

［27］文绪武,胡林梅,2016.在压力型体制中嵌入市场化的节能减排机制［J］.经济社会体制比较,(9):43-51.

［28］肖欣,王哲,张慧帅,2020."中巴经济走廊"电力投资项目运营风险评估［J］.国际经济合作,(6):138-147.

［29］杨勇,2019.巴基斯坦对外政策决策研究［M］.北京:时事出版社.

［30］耶金,1992.石油风云［M］.东方编译所,译.上海:上海译文出版社.

[31] 余民才,2001.海洋石油勘探与开发的法律问题[M].北京:中国人民大学出版社.

[32] 张超哲,2014.中巴经济走廊建设:机遇与挑战[J].南亚研究季刊,(2):79-85.

[33] 中国驻巴基斯坦经商处,2004.巴基斯坦主要矿产资源情况[EB/OL].(2004-11-19)[2023-10-08].http://finance.sina.com.cn/roll/20041119/15381167923.shtml.

[34] 中国驻巴基斯坦使馆经商处.巴基斯坦水电发展署员工抗议拆分和私有化[EB/OL].(2007-11-01)[2023-12-10].http://pk.mofcom.gov.cn/aarticle/jmxw/200711/20071105201136.html.

[35] 朱红梅,2014.中国石油企业境外勘探开发法律问题研究[D].长沙:湖南师范大学.